| 개정판 |

2019 개정 누리과정을 반영한

유아사회교육

| 박찬옥 서동미 엄은나 공저 |

EARLY CHILDHOOD
SOCIAL EDUCATION

양 성 원

머리말

사회생태계가 많이 변화하고 있습니다. '나'와 '너'가 구분되던 시대에서, 나와 너가 함께한 '우리'가 강조되는 시대로 변화하더니 이젠 우리 너머 '그들'도 공감의 세계에서 소통해야 하는 시대로 옮겨가고 있습니다. 이를 두고 미국 경제학자 제레미 리프킨(Jeremy Rifkin)은 이제 세계는 cosmopolitan ecology(지구집 생태)의 모습을 띠게 되었다고 말합니다.

인종, 지역, 종교, 생활방식, 토속음식, 언어 등이 다른 사람들이 지역의 경계를 허물고 이웃해 살아가는 현재와 미래의 삶의 구도에서, 가장 필요하고 중요한 생존능력은 무엇일까요? 학자들은 공감, 소통, 조망, 자기조절, 창의성, 협동, 관계맺기... 등을 꼽으며 이러한 능력들은 민주 시민의 자질을 전제로 한다고 입모아 말합니다.

민주 시민은 자유와 평등의 원리를 지키고 타인 존중의 규칙을 잘 내면화한 사람입니다. 현대의 지구공동체 사회에 있어서 '우리'와 '그들'간의 관계를 균형있고 조화롭게 형성할 수 있는 유능한 생활인을 가리킵니다. 그러나 유능한 민주 시민은 단시간 내에 길러지는 것도, 지속적으로 영구히 이어지는 것도 아니란 점에서 전생애에 걸쳐 교육이 필요합니다. 여기에 유아사회교육의 중요성이 있습니다. 유아사회교육은 유능한 생활인, 곧 민주 시민의 자질을 키우는 인프라가 된다는 점에서 중요합니다.

특히 유아사회교육은 국가수준의 교육과정인 2019 개정 누리과정이 지향하는 바와 가장 잘 부합되는 교육 영역입니다. 말하자면, 2019 개정 누리과정의 추구하는 인간상(건강한 사람, 자주적인 사람, 창의적인 사람, 감성이 풍부한 사람, 더불어 사는 사람)은 지구촌사회, 다문화사회, 인공지능시대, 공유 · 소통 · 관용의 덕목이 요청되는 사회에서 목적으로 하는 유아사회교육의 방향과 일치합니다.

따라서 이 책은 2019 개정 누리과정을 반영하여 내용을 구성하였습니다.

기본적으로 유아사회교육의 본질적 의미와 방향을 다루고, 놀이, 활동, 일상생활을 주요 경험으로 하는 2019 개정 누리과정을 반영하여 유아사회교육 활동의 체계적 접근 등을 안내하고자 노력하였습니다. 모두 4부로 나누어 1부는 유아사회교육의 기초로서, 유아사회교육의 정의 · 동향 · 관련 교육과정을 다루었습니다. 2부는 영유아의 사회정서적 발달 이해를 돕고자 애착, 자아개념, 정서, 마음이론, 우정, 성역할, 도덕성에 대해 알아보았습니다. 3부는 유아사회교육의 계획 및 운영을 설계하는데 기본이 되는 목적 · 목표, 내용, 교수 · 학습 방법, 평가 등을 체계화하였습니다. 4부는 유아사회교육의 실제편으로서 실제 유아교실에서 유아들의 자유놀이와 연계된 활동들을 예시하였습니다.

이 책은 대학에서 한 학기 동안 강의가 이루어질 수 있도록 구성하였으나 유아교육 현장의 교사들에게도 유아사회교육에 관련된 지식과 기술 · 가치 및 태도를 형성하고 실천하는데 도움이 되리라고 봅니다.

이 책이 나오는데 도움을 주신 양성원 관계자들께 감사드립니다.

2020년 2월

저자

차례

Part 01 유아사회교육의 기초

Part 02 영유아의 사회정서 발달

차례

Part 03 유아사회교육의 계획 및 운영

차례

Part

01

유아사회교육의 기초

인류의 역사와 궤를 함께해 온 학교교육은 유능한 생활인을 육성하는 데 목표를 두어 왔다고 해도 과언이 아니다. 특히 사회교육은 학교교육의 여러 영역 중 유능한 생활인 육성을 가장 효과적으로 수행할 수 있는 영역이라고 할 수 있다.

유능한 생활인이란 어느 한 시기의 교육으로 육성되는 것이 아니며, 출생으로부터 계속적인 교육을 통해서 이루어진다. 이에 따라 생애 기초 단계가 되는 유아기의 사회교육이 매우 중요하다고 하겠다.

제 1부에서는 유아사회교육을 정의해 보고, 현실적으로 시대 변천에 따라 유아사회교육의 접근방식이 어떻게 변화되어 왔는지를 살펴보고자 한다. 그리고 유아사회교육이 유능한 민주 시민 육성의 기초가 될 수 있도록 갖춰야 할 조건을 정리해 보고자 한다. 아울러 유아사회교육이 유치원과 어린이집에서 실제적으로 계획되고 운영될 수 있도록 지침을 제공한 2007년 개정 유치원 교육과정의 사회생활 영역과 2012년에 고시된 3~5세 연령별 누리과정의 사회관계 영역 및 2019년에 고시된 2019 개정 누리과정의 사회관계 영역을 제시하고, 이들 교육과정의 사회관계 영역의 변화를 도식화하고자 한다.

Chapter 01

유아사회교육의 정의

<table>
<tr><td>학습목표</td><td colspan="3">• 사회교육의 개념을 이해할 수 있다.
• 민주 시민을 육성하도록 돕는 통합적 관점에서 사회교육을 개념화할 수 있다.
• 유아사회교육에 대한 정의를 인지할 수 있다.</td></tr>
<tr><td rowspan="2">학습내용</td><td>지식</td><td>기술</td><td>태도</td></tr>
<tr><td>• 민주주의의 원칙과 민주 시민의 자질
• 사회교육의 개념과 방향에 대한 개괄적 이해
• 유아 사회교육에 대한 기본 정의</td><td>• 사회적 지식, 기술, 태도를 유아교육에 적용하는 능력</td><td>• 유아 사회교육의 중요성과 가치를 이해하는 태도</td></tr>
<tr><td>주요용어</td><td colspan="3">사회적 존재, 민주 시민, 민주 시민의 자질, 사회과학적 지식, 사회적 기술, 사회적 태도와 가치, 유아사회교육</td></tr>
</table>

사회교육의 당위성은 인간이 사회적 존재라는 점에서 찾을 수 있다. 사회적 존재라는 것은 인간이 혼자서는 살 수 없으며, 둘 이상의 관계 속에서 살아야 한다는 것을 말한다.

갓 태어난 아이가 생명을 유지하려면 엄마를 비롯한 보호자가 젖(음식)과 사랑을 주어야 하며, 부모로부터 완전히 독립했다고 주장하는 사람들조차 친구를 비롯한 타인들과 상호관계를 맺으면서 살아가야 한다.

일반적으로 부모는 행복한 얼굴로 벙글거리며 안기는 아이에게 애착을 느끼고 맹목적인 사랑을 다짐한다. 그러나 모든 정서적인 노력에도 불구하고 아이가 무표정한 얼굴로 반응을 보이지 않을 때 부모는 걱정과 실망을 느낀다. 이러한 현상이 오래 지속되면 아이에 대한 사랑을 체념할 수도 있다. 이러한 관계는 성장해가면서 경험하게 되는 다양한 사회생활에서도 볼 수 있다. 자기의 주장만을 고집한다거나 상대방의 입장이나 감정에 무관심하거나 모른 체하는 경우, 규칙을 어기고 제멋대로 행동하며 함께 어울리려고 하지 않는 등의 행동을 보이는 사람은 다른 사람들로부터 수용되기 어려우며 언제나 외롭고 고통스럽게 살아간다.

이와 같이 인간은 사회적 존재로 태어나기는 하나, 사회생활을 어떻게 하느냐에 따라 사회적 존재로서의 의의와 가치가 달라진다. 여기에 교육의 필요성이 있다. 말하자면 사회교육은 유아가 유능하게 사회생활을 영위할 수 있도록 필요한 자질을 키워 주는 교육이라고 할 수 있다.

유아가 유능하게 사회생활을 한다는 것은 무엇일까?

현대 지구촌 사회에서 유능한 생활인이란 민주 시민을 가리킨다. 그것은 민주주의가 인류의 오랜 공동체 생활에서 시행착오의 과정을 거쳐 바람직한 삶의 원리나 지혜로 성숙된 제도라는 점에서 그 이유를 찾을 수 있다. 또한 민주주의를 지향하는 삶의 원칙은 인간의 존엄성을 최상의 목적으로 삼는 것이며, 그러기 위해 인간은 누구나 자유와 평등의 원리를 중요하게 지킨다는 점이 또 하나의 이유가 된다. 특히 현대의 다원화된 사회구조에서 서로의 차이와 다양성으로 인한 갈등을 이해하고 극복하는 데는 민주주의의 원칙이 중요하게 작용한다.

따라서 문용린(1990)은 민주 시민의 자질을 자유와 평등 및 인간의 존엄성에 대한 올바른 신념과 태도, 그리고 타인 존중에 대한 행위 규칙을 성공적으로 내면화하는 데서 찾았다. 김용선과 강만철(1987) 역시 바람직한 민주 시민의 자질로 인간 존중의 정신, 자율적 책임 하에 자신의 자유와 권리를 바람직한 방향으로 행하려는 태도와 정신, 자신의 능력에 따른 자아 실현 성취, 건전하고 올바른 집단생활을 영위하려는 시민 정신 등을 열거하였다. 스위니아르스키, 브라이토드 및 머피(Swiniarski, Breitorde, & Murphy, 1999)는 세계 민주 시민의 자질로 상호

존중과 상호 의존을 특히 강조하였다.

이에 따라 모든 학교교육은 민주 시민을 양성하는 데 궁극적인 목적을 두고 있다. 씨펠트(Seefeldt, 2001)는 학교교육의 모든 교과 중 특히 사회교육 영역이 다른 교과 교육 영역에 비해 유아가 가정과 학교, 사회에 참여하고 미래 사회의 시민으로서 기능하는 데 필요한 지식, 기술, 태도, 가치를 얻을 수 있도록 돕기에 가장 적합한 교육 영역이라고 주장하였다. 씨펠트의 사회교육에 대한 주장은 결국 유능한 민주 시민이 되기 위해서는 사회과학적 지식, 사회적 기술 및 사회적 태도와 가치가 형성되어야 함을 말해 준다.

이와 같은 관점에서 그동안 사회교육학계에서는 사회교육의 방향을 크게 두 가지 차원으로 구분해서 논의해 왔다. 하나는 사회과학 지식 중심의 입장이고, 다른 하나는 사회적 기술이나 태도 중심의 입장이다.

먼저, 사회과학적 지식을 강조하는 학자들(예를 들어, 베릴슨(Berelson), 브루너(Bruner))은 과거로부터 현재, 미래에 이르기까지 사회 현상과 제도, 생활 면에 복잡하게 얽혀 있는 지식들을 알아야 할 필요가 있다고 주장한다. 이들의 주장에 근거하여 전미사회교육위원회(National Council for the Social Studies, 1992)는 사회교육에서 다루어야 할 지식으로 인류학, 고고학, 경제학, 지리학, 역사, 철학, 정치과학, 심리학, 종교학, 사회학 등의 사회인문과학적 지식과 함께, 수학, 물리학, 생물학 등의 자연과학에서도 필요한 내용들을 탐구하여 체계적으로 통합한 지식들로 규정한 바 있다. 이러한 지식들은 해결을 요구하는 개인적·사회적 문제에 당면했을 때 합리적으로 의사 결정을 하고, 바람직한 행동을 하도록 하는 근거를 제시한다는 점에서 중요한 의미를 지닌다.

그러나 사회과학 분야의 결과론적인 지식들을 수동적으로 수용하는 방식보다는, 유아 스스로가 다양한 문제 사태들을 탐구하는 경험을 통해 사회과학적 지식들을 구성·재구성하는 방식이 더욱 효과적이라고 할 수 있다. 브루너(Bruner, 1960)는 사회과학자가 사회과학적 지식을 체계화하는 사고방식을 유아사회교육에 도입해야 한다고 하였는데, 이는 사회적 문제들을 반성적, 비판적으로 사고하고 문제를 해결하는 과정을 통해서 사회과학적 지식들을 발견하고 구성해 가는 것이 무엇보다 중요하다는 것을 말한다.

다음으로, 많은 사회성 발달론자들은 사회적 기술, 태도 등이 민주 시민 육성에 기초가 된다고 주장한다. 즉 기본 생활 습관을 비롯하여 친구 사귀기, 친구와의 갈등 문제 해결하기, 양보하기, 공유하기, 분배하기, 협동하기, 돕기, 물건 사기, 길 찾아가기 등 실제적인 기술이 있을 때 사회적으로 유능한 민주 시민이 된다고 본다.

또한 엥글(Engle, 1970)은 사회적 기술과 함께 태도와 가치를 중요시해야 한다고 주장한다. 태도와 가치 간의 차이점이 무엇이며, 두 개념 간의 관계가 무엇이냐에 대해서는 아직도 의견의 일치를 보지 못하고 있다. 그러나 대체로 태도는 특수 대상에 초점을 둔 몇몇 신념의 지속적인 조직을 말하며, 사람들로 하여금 다른 어떤 선호의 방식으로 응답하게 하는 것을 말한다. 반면에 가치는 어떤 특수 대상이나 상황을 초월하는 것이며, 행위의 양식과 생활의 목적 상태에 관련이 있다. 다시 말하면, 한 사람이 가치를 가졌다고 하는 것은 어떤 특별한 행위의 양식이나 어떤 특별한 생활의 목적 상태를 개인적으로나 사회적으로 다른 행위의 양식이나 생활의 목적 상태보다 더 좋아한다는 것을 말한다(Rokeach, 1968).

이에 따라 가치는 우리의 일상생활에서 중요한 목적을 달성하는 데 도움이 되는 표준이나 평가기준－즉, 어떻게 행동하고 무엇을 추구해야 하는지에 대한 표준이 되기도 하고, 또 어떤 태도를 우리가 지녀야 하는지에 대한 기준을 제시하기도 한다.

태도와 가치는 의미상 차이점이 있기는 하지만 실제 문제에 적용될 때는 외형적으로 큰 차이점이 나타나지 않으므로 대체로 함께 사용되고 있다. 민주 시민적 태도와 가치는 교사가 자기의 가치를 가지고 유아에게 전수하거나 유아의 가치를 확인시키는 방법이 있고, 또는 유아로 하여금 가치를 발전시키도록 자극을 주는 방법이 있다.

말하자면, 전자는 교사, 지역, 사회, 국가 등의 지배적인 가치에 유아가 순응하도록 하는 것이고, 후자는 유아가 자기의 입장을 옹호할 수 있는 이유를 찾아 자신의 가치를 논리적으로 정당화하는 자기 발달과정을 겪도록 지원하는 것이다. 예를 들어, "친구의 의견을 존중하는 것이 옳다"고 교사가 말하고 그대로 따를 것을 요구한다면 전자의 예에 해당하고, 교사가 "왜 너는 친구의 의견을 존중하는 것이 옳다고 보니?"라고 유아에게 묻고 그 생각을 수용한다면 후자의 예를 말한다고 하겠다.

이와 같이 사회과학적 지식과 사회적 기술, 태도로 구분하는 것은 서로 상반되는 입장을 보이는 듯하나, 이들은 민주 시민을 육성하는 데 상호 보완적 역할을 한다는 차원에서 이들을 통합하여 사회교육을 개념화하는 것이 합리적일 것이다. 그림 1－1은 이러한 통합적 관점에서 사회교육을 정의한 것이다.

이와 같이 유능한 민주 시민이 되기 위해서는 익혀야 할 사회과학적 지식과 사회적 기술, 그리고 사회적 태도와 가치 등이 많이 있지만, 실제로 유아기에 모든 것을 완수해야 하는 것은 아니다.

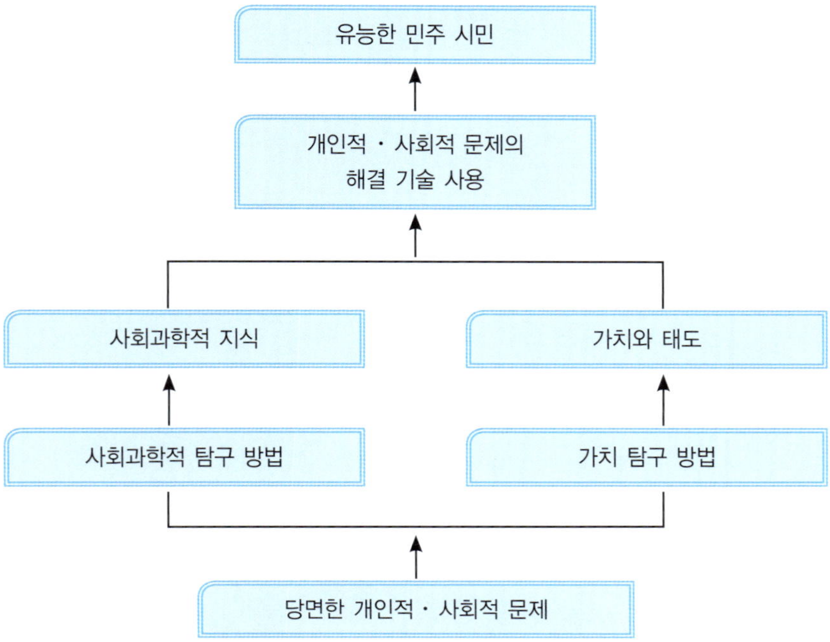

[그림 1-1] 사회교육의 정의

전미사회교육위원회(1989)는 유아기에는 직관적 수준의 아이디어와 관심을 발달시키는 것이 중요하다고 하였으며, 이는 성인기에 필요로 하는 복잡한 지식, 기술, 태도를 정교화하는 데 기초로 작용할 것으로 보았다.

유아들은 작은 민주 사회라고 할 수 있는 유아교육기관의 교실에서 자연스럽게 사회교육을 학습하게 될 것이다. 여기서 유아는 개인 존중, 다양성의 가치화, 통제, 공유 등을 경험하고, 그 밖에 평등한 권리, 사회적 지식, 기술, 태도, 성향 등을 익힌다. 그림 1-1의 정의를 기초로 유아사회교육의 정의를 내린다면 다음과 같다.

유아사회교육은 유아가 자신과 주변 세계와의 관계를 탐구하고 판단하는 경험을 통하여 사회적 지식, 기술, 태도를 익히고 활용함으로써 유능한 민주 시민으로 성장하도록 돕는 교육 영역이다.

Chapter 02

유아사회교육의 동향

학습목표	• 시대와 사회에 따른 유아사회교육의 흐름을 이해할 수 있다. • 유아사회교육의 접근방식을 구분하여 이해하고 비교할 수 있다. • 유아사회교육의 접근방식에 따라 유아 사회교육의 시사점을 도출할 수 있다.		
학습내용	지식	기술	태도
	• 사회생활 접근방식의 관점 • 직접 환경 접근방식의 관점 • 공휴일 접근방식의 관점 • 사회과학 개념의 구조화 접근방식의 관점 • 사회문화적 환경 접근방식의 관점 • 다문화 교육 접근방식의 관점	• 유아사회교육의 접근방식을 비교하는 능력 • 유아사회교육의 접근방식에 따라 유아사회교육의 계획 및 운영의 시사점을 도출하는 능력	• 유아사회교육의 다양한 관점을 수용하는 태도 • 유아사회교육의 다양한 관점을 바탕으로 유아사회교육의 중요성과 가치를 이해하는 태도
주요용어	사회생활 접근방식, 기본적인 생활습관, 사회적 기술, 직업환경 접근방식, 여기-지금에 기초한 접근방식, 공휴일 접근방식, 사회과학 개념의 구조화 접근방식, 지식의 구조화론, 탐구과정, 나선형 조직, 계열성, 사회문화적 환경 접근방식, 헤드스타트 프로그램, 사회문화적 환경 체계론, 다문화 교육 접근방식, 공동체 개념, 사회적 다양성과 평등성, 관광식 교육과정, 세계시민교육		

사회교육이 유아의 민주 시민 기초 교육으로 자리매김할 수 있으려면 어떻게 접근해야 할 것인가? 이 문제를 놓고 각 시대와 사회에 따라 달리했던 유아사회교육의 접근방식을 씨펠트(2001)와 뱅크스(Banks, 2008)를 참고로 하여 살펴보기로 한다.

1. 사회생활 접근방식

1920~1930년대 힐(Hill, 1923)이 제안한 유아 사회생활 접근방식(The Social Living Approach)이다. 힐은 유아를 민주 시민으로 기르기 위해서는 우선적으로 기본적인 생활 습관을 형성하고 사회적 기술을 발달시키는 것이 무엇보다 중요하다고 보았다. 그가 저술한『유치원과 1학년을 위한 활동 중심 교육과정(A Conduct Curriculum for the Kindergarten and First Grade)』은 학교생활에 적응하는 데 필요한 사회적 기술과 습관들을 자세히 제시해 놓았다.

아동발달 및 정신분석이론에 기초한 힐의 사회생활 접근 방식은 1930년대 시민교육에 대한 관심이 증가하면서 확대되었다. 이 접근에서 힐은 유아기는 발달적으로 단체생활에서 요구되는 기술들을 학습할 준비가 되어 있다고 보았으며, 이에 따라 유아는 먼저 가정에서 자신은 누구이며, 구성원으로서 어떻게 행동해야 할지를 배우고, 다음에 유아교육기관에서 사회생활에 필요한 사회적 기술들을 발달시켜야 한다고 하였다. 특히 심리사회적 생활을 강조하고 있는 정신분석이론은 이 접근 모형에 많은 영향을 주었는데, 유아는 학교 상황에서 자신의 감정을 표현하고 사회 정서적 지지를 받을 수 있어야 건강하게 사회생활을 할 수 있다고 하였다.

따라서 미국의 경우, 초기 유아원들의 대부분은 이 사회생활 접근방식에 따라 교육하는 경향을 보였다. 이들 유아원의 주요 목적은 유아의 사회 정서적 발달에 두었는데, 구체적으로 다음과 같았다.

- 놀이자료와 아이디어를 공유하는 것을 학습하도록 한다.
- 다른 사람들과 행복하고 건강한 관계를 발달시키도록 한다.
- 자신감 있는 사람이 되도록 한다.
- 자기 행동에 책임감을 느끼도록 한다.

- 흥미와 주의집중 능력을 발달시키도록 한다.
- 다른 사람들과 친근하고 마음을 다하여 협동하도록 한다.
- 다른 사람의 가치와 기여도를 인식하도록 한다.
- 자아개념과 자기 존중감을 발달시키도록 한다.

이와 같은 목표들을 달성하기 위해서 자유로운 블록쌓기 놀이, 감정 이야기하기, 나누어 쓰기, 협동하기, 규칙 지키기 등을 주요 내용으로 하였다. 그러나 다양한 생활 환경이나 다른 사람과의 복잡한 관계로부터 경험되는 상호작용, 협동, 상호 의존성 같은 개념을 인지적으로 인식하는 데는 크게 초점을 두지 않았으며, 유아의 습관 형성과 사회적 기술에만 주력하는 경향을 보였다. 따라서 이 접근방식은 유아가 전체적으로 세상을 볼 수 있는 능력을 키워 주지 못한다는 비판을 받기도 하였다.

2. 직접 환경 접근방식

1934년 미첼(Mitchell)에 의해 개발된 유아사회교육 접근방식으로, 여기-지금에 기초한 교육과정(here and now curriculum)이라고도 한다. 유아는 주변 환경을 직접 경험함으로써(직접 환경 접근방식, The Immediate Environment Approach) 학습이 이루어질 수 있다는 것을 주요 개념으로 하고 있다.

이 접근방식은 듀이(Dewey)의 진보주의 교육 운동과 아동 발달 이론을 기초로 하여, 교사가 유아로 하여금 유아 주변의 세계에 대한 이해를 확장하고 풍부하게 할 수 있도록 돕는 실제적이고 자세한 교육 방법을 소개하고 있다.

미첼은 사회교육에 있어서 근본적으로 중요한 것은 유아가 현재 서 있는 곳에서 직접적으로 경험하면서 세계를 발견하는 것이라고 보았다. 유아가 현재 서 있는 곳에서 경험하게 되는 사실이나 현상들 간에는 어떤 관계성이 형성되어 있으며, 이들 간의 상호 의존적인 망(구조, Web)을 감각적으로 느끼고 생각하는 것이 중요하다는 입장이다. 예를 들어, 유아는 집 주변 거리를 돌아다녀 보면서 다양한 사람들, 그들이 사는 집과 가게, 간판, 도로, 도로에 다니는 여러 가지 차들, 때때로 날아오는 새, 가로수들을 경험하게 된다. 이들이 별개의 것으로 보이다가도 사실은 서로 연결되어 동네를 이루는 것을 유아는 느끼게 된다. 유아는 관계적인 사고를 하고 이제까지의 경험을 일반화하며, 동네를 돌아본 경험을 극놀이로 표상하면서 지적 능력을 개발한다.

이러한 점에서 미첼은 특히 사회교육에 있어서 인지적 작용에 강조를 두었다. 이것은 다음과 같은 점에서 피아제(Piaget, 1969), 비고츠키(Vygotsky, 1986)의 견해와도 맥락을 같이 한다.

- 어릴수록 유아의 직접적이면서 감각적인 경험이 더 필요하다.
- 사실과 사실 간에, 현상과 현상 간에, 경험과 경험 간에, 아이디어와 아이디어 간에 연결이 필요하다.
- 학습한 것은 실생활에 활용될 수 있어야 한다.
- 놀이와 능동적 학습이 필요하다.

이 사회교육 접근방식은 오늘날에도 많은 학습 이론과 연구에 의해 지지되어 오고 있으며, 실제로 유아교육기관 및 초등학교 사회교육의 전형적인 접근 형태라고 할 수 있다(Brophy, 1990). 그러나 자칫 가족, 지역사회기관 등으로 주제를 단순화하여 사실적 지식만을 무의미하게 전달하는 수준에 그칠 우려도 있다.

3. 공휴일 접근방식

1930년대 이후 유아교육의 현장에서 교사들이 즐겨 사용했던 사회교육 접근방식이다.

공휴일은 정규적인 학교 생활에서 기분을 즐겁게 전환시키고 유아와 교사 모두에게 매우 흥미로워서 교실에서 사회교육을 실시하는 데 좋은 자원이 된다.

공휴일은 자체로 기념할 만한 의미를 갖고 있어 이를 축하하거나 기념할 수 있는 다양한 형태의 행사, 전시, 공연 등을 하게 된다. 교사는 유아들이 이러한 행사에 직접 참여하도록 하거나 관람하게 할 수도 있으며, 또는 공휴일을 주제로 이야기 나누기, 조사활동, 극활동 등 다양한 표상활동을 통해 관련된 지식, 기술, 태도를 형성하도록 도울 수 있다.

특히, 공휴일 접근방식(The Holiday Approach)은 유아가 즐겁고 재미있는 활동을 통해 가족, 지역사회, 국가에 대하여 자연스럽게 인식하고, 정체성을 형성하는데 도움이 된다. 그리고 여러 나라의 기념일을 아는 것으로 다른 나라나 지역의 문화와 전세계적 관계를 깨닫게 한다.

그러나 매년 같은 유형의 공휴일 관련 활동을 반복하거나, 관광식 위주의 형태로 단편적인 사실들을 열거하거나 전달하는 데 그칠 우려도 있다는 점에서 공휴일만을 중심으로 한 사회교육 접근은 지양되어야 할 것이다. 특히 최근에 나타나고 있는 상업적 차원의 행사 중심 프로그램들은 사회교육의 교육적인 의미와 가치를 약화시키거나 왜곡시킬 수도 있다는 점에서 신중히 고려해야 한다.

4. 사회과학 개념의 구조화 접근방식

1960년 브루너가 주장한 지식의 구조화론에 기초하여 접근하게 된 사회교육 방식이다. 구소련의 인공위성 발사에 충격을 받은 미국의 교육계는 그동안의 교육 이론과 방법을 재평가하게 되었다. 1959년에 열린 우즈호올 회의에서 과학자와 교육자들은 학교 교육내용과 학습방법에 대해 논의를 하였으며, 이 회의 이후로 브루너(1960)는 학문적 지식의 구조화론을 펼치기도 하였다. 여기서 구조란 학문의 기본이 되는 원리, 개념, 일반화인 동시에 이와 같은 원리, 개념, 일반화에 도달하기 위한 탐구 과정을 의미하는 것이다. 그는 학문적 지식의 개념과 이론들이 교육과정의 중핵이 되어야 하며, 귀납적 사고 활동을 통한 교수 방법이 이루어져야 한다고 주장하였다. 이에 따라 수학, 과학은 물론 사회교육 영역에도 지식의 구조화론에 근거하여 접근하는 경향을 띠었다.

브루너의 지식 구조론에 기초하여 사회적 탐구 과정의 모형을 제시한 학자로는 타바(Taba), 마시알라스(Massialas) 등을 들 수 있다. 이들은 탐구 과정으로서 문제 의식, 가설 설정, 자료 수집, 가설 검증, 결론 도출의 단계를 거쳐야 한다고 보았으며, 이 과정을 통해 사회과학적 개념에 도달한다고 보았다.

이들 중 스포덱(Spodek, 1973)은 다음과 같이 유아의 능력을 기술함으로써 사회적 탐구과정을 통한 개념 형성이 가능함을 설명하였다.

- 의미 있는 사회과학 개념들을 발달시키기 시작한다.
- 알고 있는 지식의 배경을 학교에 가져온다.
- 오랜 시간에 걸쳐 아이디어를 다룬다.
- 여러 가지 방법으로 정보를 모은다.
- 사회과학자가 사용하는 탐구 방법들을 사용한다.
- 이해한 것을 새로운 상황에 전이한다.

이 사회교육 접근방식은 현대 사회교육과정에서 경험해야 할 내용들을 나선형적으로 조직하고 있는 데서 잘 보여주고 있다. 말하자면 사회과학 분야의 여러 학문들 – 역사학, 경제학, 지리학, 심리학, 정치학 등의 핵심 개념들을 선정하고, 이들을 학습자의 발달과 학습 수준에 맞추어 계열성 있게 조직하는 것이다. 이러한 접근은 유아가 사회과학적 개념들을 명료하게 형성하는 데 도움이 된다고 할 수 있으나, 자칫 지식 중심으로 흐를 수도 있다는 우려를 낳는다.

5. 사회문화적 환경 접근방식

1960년대 이후 피아제, 비고츠키, 브론펜브레너 등 사회문화적 환경의 중요성을 제기한 이론들을 기초로 접근하게 된 사회교육 방식이다.

신속하게 변화하는 현대 사회에서 유아들의 적응력을 향상시키고자 유아사회교육은 새로운 접근 방안을 모색해 왔다. 특히 빈곤층 유아들을 위한 교육 문제에서 비롯된 시민 권리 운동 등의 정치 · 사회적 사건과 피아제의 인지발달 이론, 비고츠키의 사회문화적 영향론 그리고, 브론펜브레너(Bronfenbrenner)의 인간 발달 생태학 등은 이제까지의 유아사회교육에 대한 접근방식을 바꿔 놓은 계기가 되었다.

1950~1960년대 미국은 교육과정과 교육 실제에 대한 재검토가 활발히 논의되고 있을 때 교육 기회의 불평등 문제가 제기되었다. 즉 인종, 사회 · 경제적인 지위에 관계없이 교육받을 수 있는 시민의 권리를 주장하는 여론이 일어났다. 이러한 시민 권리의 주장은 존슨 대통령 행정부의『가난에 대한 전쟁』을 선언하는 동인이 되었다.

『가난에 대한 전쟁』은 1965년의 초·중등교육법과 헤드스타트 프로그램에 포함되었다.

특히, 헌트(Hunt, 1961)와 블룸(Bloom, 1963)의 지능 유동성 및 조기 환경의 중요성 이론은 미국 정부 당국으로 하여금 유아의 지능을 높이고, 가난의 악순환을 끊을 수 있는 방안은 유아교육을 실시하는 것이라는 생각을 갖게 하였다.

이에 따라 헤드스타트 프로그램은 지속적인 영향력을 가지고 긍정적으로 실시되어 왔다. 예를 들어, 헤드스타트에 참여했던 유아들이 청소년기 비행이나 학업 부진 현상을 보이는 비율이 점점 낮아지고 있으며, 같은 사회 저소득층이면서 헤드스타트 프로그램에 참여하지 못했던 유아들에 비해 긍정적인 사회 적응력을 보였다는 것이다(Washington & Bailey, 1995).

그것은 여러 가지 측면에서 그 원인을 찾을 수 있겠으나, 헤드스타트 프로그램 중 사회교육 영역이 현장 견학, 주변 환경 탐색, 부모 일터 관찰, 교실 방문자들과의 대화 등을 통해 자아개념의 발달, 대인관계 기술, 다문화에 대한 이해 등을 강조함으로써 유아들이 자기 자신을 더 잘 이해하고, 여러 관계 속의 자신을 인식하도록 도왔다는 점에서도 기인한다고 할 수 있다.

이와 같은 교육 기회 균등의 논의가 한창일 때 피아제의 연구와 이론이 미국에서 주목을 받기 시작했다. 1900년대 초기부터 아동의 사고 과정을 탐구하였던 피아제의 연구물은 1960년대에 와서야 영어로 번역되었으며, 이때부터 아동 학습에 대한 새로운 시각을 당시 학습 심리학자들에게 제공했다고 볼 수 있다.

유아사회교육의 방향 역시 피아제의 지능 발달 단계론에 영향을 받았다. 세계, 시간, 공간에 대한 유아들의 개념과 유아기의 능력을 기술한 그의 연구는 사회교육을 계획하고 운영하는 교사들에게 통찰력을 제공했다고 할 수 있다. 교사들은 피아제식 임상적 면접 방법을 활용하여 유아들이 구성한 사회과학적 개념을 발견하고 평가하는 경향을 보이기도 하였다.

특히 피아제와 같이 유아의 사고 활동에 관심을 가졌던 비고츠키는 유아 발달에 영향을 준 요인으로 사회문화적 환경을 강조하였다. 1917년 모스크바 대학을 졸업하면서 1920년대 심리학 분야의 연구물을 왕성하게 발표한 비고츠키는 1960년대와 1970년대에 그의 연구물이 영어로 번역되면서 부각되기 시작하였다. 비고츠키는 다음과 같은 신념을 가지고 있었으며, 이는 사회교육의 모형 정립에 많은 작용을 하였다.

- 인간의 사회적 세계와 심리적 세계는 연결되어 있다.
- 유아와 성인의 상호작용은 인지 발달에 중요하다.

- 사고와 행동을 조절하기 위해 언어를 사용하는 능력은 인간에게만 있으며, 이는 정신적 생활의 근원이 된다.
- 사회적 경험은 인지적 성장에 매우 중요하다.
- 교육은 발달을 이끈다.
- 교육 활동은 근접발달지대(Zone of Proximal Development : ZPD)에 적절하게 이루어져야 하고, 유아의 기존 지식과 배워야 할 내용을 조화시켜야 하며, 성인의 도움과 함께 유아가 독립적으로 성취할 수 있게 해야 한다.

이러한 비고츠키의 아이디어는 여러 면에서 피아제의 견해와 비슷하다고 할 수 있다.

이들은 학습이란 유아 환경에서부터 나오는 직접 경험의 결과라고 보았으며, 다른 사람들과의 사회적 상호작용은 놀이와 더불어 유아 학습에 중요한 변인이라고 보았다.

피아제와 비고츠키가 주장한 사회문화적 환경의 중요성은 브론펜브레너(1989)의 사회문화적 환경 체계론에서 더욱 확대되었다. 그는 현대 사회에 다양한 생활양식이 공존하고 있으므로 유아는 자신이 속하는 사회뿐 아니라 간접적으로 경험하게 되는 사회, 앞으로 다가올 사회 현상과 환경에 대한 관심을 가지는 것이 중요하다고 보았다. 유아가 생활하게 되는 생태적 환경에 유능하게 적응하기 위해서는 역사, 지리, 경제, 직업 등과 같은 사회 현상에 대한 기본적 이해와 지식이 필요하며, 유아 개인생활, 가정생활, 집단생활에 필요한 사회적 기술과 태도가 함께 길러져야 함을 강조하였다. 이는 유아사회교육의 방향을 결정짓는 데 중요한 자원적 역할을 했다고 할 수 있다.

6. 다문화 교육 접근방식

1990년대 전후 국가 간에, 문화권 간에 공동체 개념이 형성되면서 현대 지구촌 사회에 적응력 있는 인간을 육성하는 방안으로 접근하게 된 사회교육 방식이다.

문화권에 따른 문화의 다양성과 차이를 쉽게 발견할 수 있는 나라가 러시아, 미국, 중국, 인도 등 다민족 국가이다. 그중에서도 미국은 지속적으로 이민이 이루어지고 있고, 이민 자체가 미국 사회의 주요 요소가 되기도 한다. 따라서 다양한 인종과 민족들이 이웃해 살고 있고 거리를 오가며 부딪치기도 한다. 그러나 내면적으로는 서로가 상대적인 문화적 우월감을 가지고 경쟁과 협동의 논리를 작동시키는 생활을 하는 것이 현실이다. 이에 따라 작게 또는 크게 민족 간에 분쟁과 갈등이 일어나고 있으며, 이에 대한 대책으로 미국은 1960년대 소수 민족의 권리와 가치를 존중하며 이러한 정신을 공교육에 반영하기 위한 법(The Civil Rights of 1964)을 제정하여 다민족 교육 프로그램을 수행하였다. 그러나 다민족 교육이 미국 주류 사회 집단의 소수 민족에 대한 배려 차원에서 시작되었다는 점에서 한계를 갖는다는 점을 고려하여, 이보다 더 포괄적인 개념인 다문화 교육이 요구되었다. 다문화 교육은 문화적 다양성을 가치 있는 자원으로 지원하고 확장하려는 교육이다.

즉 다른 문화를 단순히 인정해 주는 것이 아니라, 다양성이야말로 앞으로의 세계에서 가장 중요한 요소라는 인식의 변화를 의미한다. 이 같은 다양성에 대하여 멜렌덱, 벡 및 플레처(Melendeq, Beck & Fletcher, 2000)는 다음의 여덟 가지 요소로 설명하고 있다.

① 국적 : 자신과 부모의 출생 국가
② 종족 : 자신의 정체성 형성에 영향을 주는 집단의 문화적 전통
③ 종교 : 자신의 신념 체제
④ 사회계층 : 자신이 속한 사회적 집단의 위치(수입, 교육, 직업, 생활방식, 가치 등)
⑤ 언어 : 모국어와 같은 자신의 근원과 관련된 언어
⑥ 성 : 남성과 여성에게 부여된 사회적 역할과 기대
⑦ 예외 : 장애 또는 영재와 같은 특별한 요구와 능력을 가진 사람
⑧ 연령 : 연령 집단에 부여된 사회적 역할과 기대

이들 여덟 가지 요소는 개인이나 집단이 현실적으로 갖는 정체성을 구성하는 자원이기도 하다. 누구나 8개의 각 영역에서 하나의 지위를 반드시 차지하여 이들을 통합한 자아를 형성하며, 통합된 자아는 독특성을 갖고 다른 사람(집단)과의 차이를 나타낸다. 이러한 차이는 다양성의 차원에서 서로 이해되고 존중되어야 한다는 것이 다문화 교육의 입장이다. 이와 함께 다문화 교육은 평등성을 가치화하고 있다. 모든 사람은 법 앞에 평등하며 각자의 독특성과 다양성을 존중받을 권리와 의무가 있다고 본다. 더만 스팍스와 포스(Derman-Sparks & Force, 1989)는 현대의 지구촌 사회에서 가장 중요한 능력은 사회적 적응력이며, 이는 유아기부터 다양한 사회 구조에서 효과적으로 상호작용하는 데 필요한 행동과 기술을 발달시키는 것이라

고 주장하였다. 이를 위해 가정, 이웃, 교실, 지역사회, 매체 등 다양한 장면에서 경험을 하는 것이 중요하며, 이를 통해 유아는 사회적 다양성과 평등성을 발달시켜 나갈 수 있다고 하였다.

이에 따라, 유아 다문화 교육을 어떻게 수행할 것인가에 대한 논의가 많은데, 뱅크스(Banks, 2008)는 네 가지 단계론을 제안한 바 있다. 즉 기여적 단계, 부가적 단계, 변혁적 단계 및 사회적 행동 단계이다. 기여적 단계는 소수 집단의 영웅, 명절, 축제 등 문화 요소를 교육과정 속에 포함시켜 소수 집단이 주류 사회의 발전에 기여한 바를 부각시킴으로써 그들의 자긍심을 높이도록 하는 방법이다. 부가적 단계는 소수 집단과 관련된 내용, 개념, 주제, 관점을 기존 교육과정에 추가하는 방법이다. 전통적인 교육과정의 목표, 특성, 구성체제를 본질적으로 변화시키지 않고 관련 주제를 교육과정 내에 첨가하는 형태로 이루어진다. 변혁적 단계는 교육과정의 기본 가정, 목표, 구성체제 등을 변화시켜서 새로운 관점에서 다문화적 사건이나 다문화 관련 주제 등을 비판적으로 사고하도록 하는 방법이다. 사회적 행동 단계는 변혁적 단계에서 다루어지는 주제에 포함된 개념, 관심사, 문제 등에 대해 토의하고 의사결정하는 과정에 유아들이 참여하며 생활에 실천하도록 하는 방법이다. 뱅크스는 기여적 단계에서 사회적 행동 단계로 갈수록 더욱 진보한 다문화교육 접근방식이라고 보았다(모경환, 2009).

모리슨(Morrison, 1998)은 다문화 교육에서 교사가 갖춰야 할 능력으로 다양한 문화의 인식, 유아의 학습양식 인지, 협동적 학습의 격려, 갈등 해결 전략의 증진 및 사용, 부모와 지역사회 인사의 참여 유도 등 다섯 가지를 꼽고 있다.

그러나 다문화 교육은 그 필요성에 비하여 적용 과정에서 추상적인 교육이 되기 쉬우며, 때로는 다른 나라에 대한 단편적인 지식을 전달하기 쉽다는 문제에 부딪치고도 있다. 예를 들면, 람세이(Ramsey, 1982)가 말했듯이 유치원에서 진행되는 교육과정과는 별도로 각국의 음식, 집, 의복, 민속춤, 노래 등을 특별 행사로 꾸며 소개하는 식의 활동은 이국적 차이를 단순히 즐길 수 있을 뿐이지, 그에 깃든 다양한 삶의 가치, 방식, 신념 등을 경험하기 어렵다는 것이며 이러한 방법은 관광식 교육과정이라 하여 비판받고 있다.

다문화 교육과 유사한 접근으로서 반 편견 교육은 기존의 선입견, 고정관념 및 편견에 도전하는 능동적이고 자극적인 접근방식을 말한다. 이는 제도적으로 성이나 인종, 장애에 대한 차별이 지속되는 사회에서, 편견을 방관하는 것은 옳지 못하며, 유아기부터 다양한 편견에 도전하고 반대할 수 있도록 적극적으로 교육할 필요가 있다는 데에 근거한다.

홀과 롬버그(Hall & Rhomberg, 1995)는 반 편견 교육은 통합 교육(inclusion)을 통해 실효를 거둘 수 있다고 주장한다. 통합 교육은 교실에서 한 명의 유아라도 소외됨이 없이 그 집단(상황 · 활동)의 구성원으로서 소속감을 느끼게 하는 방법을 말한다. 이 통합 교육은 인간주의적 철학을 기초로, 각 유아가 서로의 차이를 존중하고 수용하는 분위기에서 긍정적인 자아감을 형성하도록 하는 데 목적을 두고 있다. 이는 반 편견 교육이, ① 성과능력 등의 차이를 통해 문화적 다양성의 인식을 강조하고, ② 유아가 자기 정체성과 사회적 태도를 구성해 나가는 발달 과제에 기초하며, ③ 고정관념, ④ 편견, ⑤ 차별적 행동 등이 유아들의 발달과 상호작용에 미치는 영향을 강조하는 것 등에서 설명될 수 있다.

더만 스파크스(1992)는 차이(difference), 다양성(diversity), 존중(respect), 수용(acceptance) 등의 주요 개념을 공유하는 다문화 교육과 반 편견 교육을 함께 고려하는 것이 발전적이라고 보며, '유아를 위한 반 편견/다문화 교육의 목표와 발달적 기대'를 다음과 같이 제시하고 있다.

- **목표 1** : 유아가 통찰력 있고 자신감 있는 자기 정체를 구성해 가도록 돕는다. 이 목표는 유아 개인의 정체성과 집단 정체성을 모두 포함한다. 이는 우월감이 아니라 자신감을 육성하는 데 의미를 둔다.
- **목표 2** : 유아가 다양한 사람들과 편안하고 감정이입적인 상호작용을 하도록 돕는다. 이 목표는 사람들 사이의 유사점과 차이점을 이해하고, 차이점에 대해 공손하게 효율적으로 묻고 학습하며, 차이점에 편안하게 협상하고 적응하는 지식과 성향을 발달시키는 것을 포함한다.
- **목표 3** : 유아가 편견에 대하여 비판적인 사고를 할 수 있도록 돕는다. 편견에 대해 진지하게 생각한다는 것은 불공평한 고정관념, 부당한 언사, 자신이나 다른 사람의 정체성(성, 인종, 무능력, 계층, 연령, 몸무게, 기타 특성 등)에 대한 차별적 행동을 인식하는 인지 기술과 편견이 고통을 준다는 것을 아는 정서적 감정이입의 발달을 의미한다.
- **목표 4** : 유아가 편견에 대항하여 자신과 다른 사람을 옹호할 수 있는 능력을 갖도록 돕는다. 이는 ① 다른 유아가 자신에게 편견된 태도로 행동할 때, ② 한 유아가 다른 유아에게 편견된 태도로 행동할 때, ③ 성인이 편견된 태도로 행동할 때 당당하게 말할 수 있는 여러 가지 방법을 학습하도록 돕는 것을 의미한다.
- **목표 5** : 목표 3을 기초로 하여 자신이나 다른 사람을 위해 행동하도록 돕는다. 즉 비판적 사고와 감정이입은 편견에 대하여 자신이나 다른 사람을 위해 행동하는 데 필요한 구성 요소이다.

이 같은 더만 스팍스(1992)의 반 편견/다문화 교육 아이디어는 스위니아르스키, 브라이토드 및 머피(1999)의 세계시민 교육과 그 맥을 같이 하고 있다. 특히 세계시민 교육은 어린이가 생활하고 있는 현실세계 – 미시체계에서부터 거시체계에 이르기까지 지구촌 가족(global family)의 생활문화에서 나오는 모든 주제들을 교육내용으로 하고 있다(예를 들어, 가정, 음식, 옷, 우정, 놀이, 자연탐구 등).

이러한 주제들이 문화권을 달리하는 지역에서 어떤 특징을 가지고 생활화하고 있으며, 문화권 간 차이를 비교하면서 어떤 점을 특히 수용하고 존중하면서 우리 문화에 어떻게 반영할 것인지를 탐구하는 데 주된 관심을 둔다. 이에 따라 세계시민 교육은 다음과 같은 사항들을 기본 입장으로 한다.

1. 모든 인간은 나름대로의 능력을 갖고 있다.
2. 능력을 표현하는 방식이 다양하고, 또한 의미가 있다.
3. 표현방식의 다양성으로 인해 인류사회가 발전하는 것이다.
4. 발전에는 권리, 존중, 평등, 협동 등이 작용한다.
5. 교육과정은 권리, 존중, 평등, 협동 등의 개념을 형성하는 데 초점을 둔다.
6. 세계시민 교육은 주제중심 접근을 기본으로 한다.
7. 생활 속에서 주제를 선정하고 경험적 원리를 수행한다.
8. 세계시민 교육은 다름을 수용하고 같음과 다름을 통합한다.
9. 구성적 과정에 기초한 학습을 원칙으로 한다.
10. 세계시민 교육은 결국 "우리는 서로 다르지만 함께 살아간다"는 것을 인식하도록 하는 교육의 과정이다.

이상에서 살펴본 바와 같이 다문화 교육의 접근 방식은 다민족 교육에서 다문화 / 반편견 교육으로, 나아가 세계 시민 교육의 차원으로 변화되는 양상을 보이고 있다.

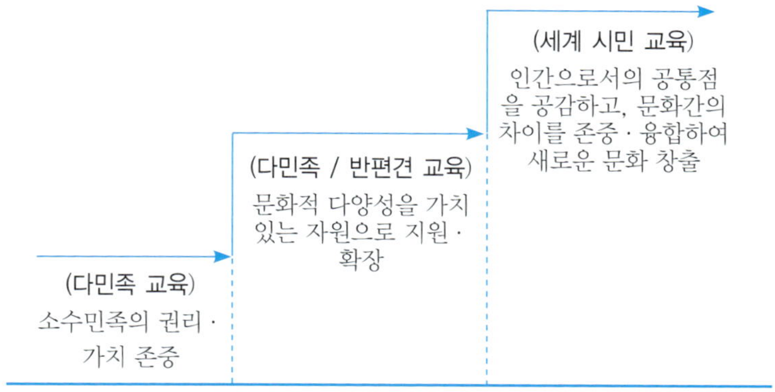

[그림 2-1] **다문화교육 접근 변화**

2장에서 살펴본 여섯 가지 유아 사회교육 접근방식을 요약하면 표 2-1과 같다.

[표 2-1] **유아사회교육의 동향**

접근방식	의미	장점	단점
사회생활 (1920~30년대)	사회적 기술이 민주 시민생활에 필요하다.	사회적 기술은 민주 사회에서 살아가는 데 중요하다. 협동하기, 나누기, 협상하기, 타인 입장 고려하기 등의 능력이 길러질 수 있다.	사회적 학습의 복잡성은 간과되고 단순한 습관 훈련과 기술 형성에 초점을 두기 쉽다.
직접 환경 (1930년대)	주변 환경을 직접 경험하면서 상호관계성을 인지한다.	현재 직접 경험하는 세계에 작용하는 현상들 간의 관계성을 감각적으로 인식할 수 있다.	가족, 지역 사회 등 주제를 단순화하여 사실적 지식들을 전달하는 데 그칠 수도 있다.
공휴일 (1930년대 이후)	공휴일은 가족, 사회, 문화를 즐겁게 인식할 수 있는 자원이다.	다른 나라나 지역의 문화를 다각도에서 심층적으로 이해할 수 있다.	전형적인 관광식 위주의 내용들을 열거하는 데 그칠 수도 있다.
개념의 구조화 (1960년대)	사회과학적 개념 형성은 중요한 사회적 능력이다.	개념 형성을 위한 사회적 탐구과정이 강조됨으로써 유아의 비판적 사고력이 길러질 수 있다.	자칫 지식 중심으로 흐를 수 있다.
사회문화적 환경 (1960년대 이후)	사회문화적 환경은 유아발달에 중요한 요인이다.	사회적 지식, 기술, 태도가 통합적으로 유의미하게 이루어질 수 있다.	다양한 사회문화적 현상이나 환경에 관련된 사실들을 단순하게 전달하는 데 그칠 수도 있다.
다문화 교육 (1990년대 전후)	문화적 다양성은 사회교육의 가치 있는 자원이다.	서로 간의, 문화 간의 차이를 존중하고 융합하여 새로운 문화를 창출하는 힘을 기를 수 있다.	다양한 문화적 자료나 사실들을 수집하거나, 반 편견 의식만을 강조하는 데 그칠 수 있다.

Chapter 03

유아사회교육이 갖추어야 할 조건

<table>
<tr><td>학습목표</td><td colspan="3">• 효율적인 유아사회교육을 위해 갖추어야 할 조건을 파악한다.
• 유아사회교육이 갖추어야 할 조건을 고려하여 유아사회교육에 적용할 수 있다.</td></tr>
<tr><td rowspan="2">학습내용</td><td>지식</td><td>기술</td><td>태도</td></tr>
<tr><td>• 사회문화적 상황에 대한 개념
• 유아사회교육의 통합성
• 유의미한 학습
• 발달에 적합한 교육
• 흥미를 가져오는 요인</td><td>• 유아사회교육을 통합적으로 접근하는 능력
• 유아의 수준을 고려하여 사회교육을 수행하는 능력
• 유아의 흥미를 고려하여 사회교육을 수행하는 능력</td><td>• 유아의 다양한 흥미와 특성을 존중하는 태도
• 유아의 발달적 다양성을 수용하는 자세</td></tr>
<tr><td>주요용어</td><td colspan="3">통합적 접근, 유의미한 학습, 문제상황, 반성적 사고, 교육적 만남, 발달에 적합한 교육 실제, 흥미, 직접 학습, 자기 선택, 상호작용</td></tr>
</table>

1920~1930년대의 사회적 기술을 중시한 접근에서부터 현대의 다문화 교육 접근에 이르기까지 시대와 사회의 변천에 따른 다양한 학자들의 견해를 들어 보면서 공통적으로 유아 사회교육이 갖추어야 할 조건을 몇 가지 추출할 수 있다. 그것은 유아교육의 모든 분야가 그러하듯이 사회교육 또한 통합적이어야 하며, 유아에게 의미가 있을 때 학습이 이루어지고, 유아의 흥미를 유발할 때 비로소 사회교육은 효율적으로 이루어질 수 있다는 점이다.

1. 통합적이어야 한다

이란 네야드, 멕키치 및 버라이너(Iran-Nejad, McKeachie & Berliner, 1990)는 "유아에게 경험되는 사건이 상황 중심적이고 사회문화적 배경에 뿌리를 두고 있으며 이전의 지식과 연관이 있을 때, 유아는 쉽게 이해하고 학습하며 기억하게 된다"고 주장하였다. 이 말은 비고츠키의 사회문화적 환경의 영향론과도 상통한다고 할 수 있다.

실제로 사회문화적 상황이란 단일한 성격이라기보다는 여러 가지 요인들이 복잡하게 얽혀져 만들어지는 것으로 유아가 한 가지 상황에 처한다해도 사실은 상황에 내재된 여러 가지 요인들을 동시에 경험하게 된다고 할 수 있다. 예를 들어, 박물관을 견학하는 사건은 단순히 박물관에 갔다 온다는 것으로만 끝나는 것이 아니다.

박물관 견학에 동반되는 내용들을 다음과 같이 열거할 수 있다.

- 박물관은 우리 유아교육기관에서 버스로 20분 거리에 있다.
- 박물관에는 여러 나라의 유물들이 전시되어 있다.
- 유물들을 통해 과거 – 현재 – 미래를 연결할 수 있다.
- 유물들을 통해 그 나라의 지리와 자연 환경 등을 알 수 있다.
- 유물들을 통해 그 나라의 문화적 특성을 알 수 있다.
- 알고 있던 지식을 기초로 유물들에 대한 이해를 넓힐 수 있다.
- 친구들, 선생님과 이야기를 나누면서 유물들에 대해서 더 잘 알 수 있다.
- 박물관에서는 차례를 잘 지키고 규칙을 지켜야 한다.

위에 열거한 것만 해도 박물관 견학이라는 한 가지의 사건이 유아로 하여금 박물관이 있는 지역사회와의 유대, 유물들을 이해하는 데 필요한 역사, 지리학, 사회학, 심리학, 조형 예술 등의 다양한 학문적 관심, 기존 지식과 현재 과제와의 연결, 다른 사람과의 정보 공유, 사회적 규칙 등 서로 성격을 달리하는 경험들이 함께 연결되어 동시에 통합적으로 박물관을 인식하게 한다.

따라서 유아사회교육은 통합적으로 접근되어야 한다. 유아사회교육의 통합성은 다음과 같이 요약될 수 있다.

① 사회과학적 개념들이 자연과학, 수학 등의 개념과도 중복된다.
② 사회과학적 개념들을 음악, 동작, 조형 등 다양한 활동으로 표현한다.
③ 유아의 기존 지식을 바탕으로 새로운 개념들을 익혀 나간다.
④ 사회적 지식, 기술, 태도가 함께 형성된다.
⑤ 유아, 가정, 유아교육기관, 지역사회가 유기적으로 연계되어 학습이 이루어진다.

2. 유의미한 학습이 되어야 한다

유의미한 학습이란 어떤 학습을 말하는 것일까? 유아가 유아교육기관 내 · 외에서 만나 는 대상들(상황, 사건, 사람 등)은 다양하다. 이 대상들이 모두 유아에게 의미 있게 다가오는 것은 아니다. 그러나 어떤 대상은 친숙하고 즐거우면서도 새롭게 변형시켜 볼 수 있고, 또 어떤 대상은 낯설지만 호기심과 궁금함이 생겨서 꼭 알아보고 싶어지기도 한다. 이렇듯 유아가 자발적으로 대상에게 접근하여 여러 가지 방법으로 탐색하고 시도함으로써 관련된 지식, 기술, 태도를 형성하고 즐거운 마음이 들 때 유의미한 학습이라고 할 수 있다. 이 같은 맥락에서 듀이는 유의미한 학습을 일으키는 대상을 가리켜 문제 상황(problematic situation)이라고 불렀다. 이 때의 문제는 '곤란함'이 아니라 '궁금함'에서 비롯된 것이라고 보았다. 유아는 궁금함을 느끼는 대상(상황)에게 다가가 궁금함을 풀려고 할 것이며, 이 과정에서 반성적 사고를 통하여 다양한 경험적 지식들을 형성하게 될 것이다.

이와 같은 문제해결 과정은 유아에게 유의미한 학습이 되게 하므로, 아이즈너(Eisner, 1985)

는 이러한 경험을 교육적 만남(educational encounter)이라고 하였다. 사회교육에 있어서 브레드캠과 로즈그란트(Bredekamp & Rosegrant, 1995)는 유아에게 유의미한 학습이 되기 위해서는 학습 활동의 주제가 유아의 가정, 유아교육기관, 지역사회 경험에서 비롯되어야 한다고 주장하였다. 가정, 유아교육기관, 지역사회는 즐거운 경험뿐만 아니라, 갈등 문제와 새로운 만남 등을 유아에게 제공하는 직접적인 사회기관이라고 할 수 있다. 이에 더하여 씨펠트는 사회교육의 내용이 유아의 인지적 수준에 적합할 때 의미있는 학습이 일어날 수 있다고 하였다. 교육내용과 유아의 인지적 수준과의 관계에 대한 논의는 일찍이 헌트(1961), 비고츠키(1978) 등에게서 이루어진 바 있으며, 최근에는 전미유아교육협회(National Association for the Education of Young Children : NAEYC)가 발달에 적합한 교육 실제(Bredekamp, 1987), 잠재적 가능성에 도달하기(Bredekamp & Rosegrant, 1992, 1995) 등을 통해 강조해 왔다.

우리나라의 제5차, 6차 유치원교육과정과 2007년 개정 유치원교육과정에서도 유아의 사회적 경험과 인지적 수준을 고려하여 교육내용을 Ⅰ수준, Ⅱ수준, 공통 수준으로 구분하여 제시하였다. 또한 같은 맥락에서 2012년에 고시된 3~5세 연령별 누리과정에서도 교육내용을 3세 수준, 4세 수준, 5세 수준으로 구분하여 제시하였다. 이러한 수준에 대한 구분은 정보 통신망이 발달하고 모든 시청각적 기재가 첨단화함에도 불구하고, 유아의 발달 특징상 실질적인 경험과 체험이 없는 한 사회 현상과 환경을 이해하는 것은 쉽지 않다는 점에 유의하였음을 말해준다.

3. 흥미로운 것이어야 한다

흥미를 가질 때 비로소 학습은 이루어진다. 히디(Hidi, 1990)는 흥미가 유의미한 학습으로 이끌고 장기적 기억력을 증진시키며 학습에의 동기를 제공한다고 주장하였다.

사전적인 의미로 흥미(interest)는 정보처리(information processing)의 기능을 갖고 있어서 자극 대상을 인식하고, 인지구조에 입력하면 필요한 때에 출력하여 활용하는 인지적 기능을 나타내기도 한다. 교육 철학자 듀이는 흥미를 아동주도학습의 중요한 원리로 소개하였다.

"흥미는 힘이 성장해간다는 신호요, 징후이다. 내가 믿기로는 흥미가 있다는 것은 능력이 생기기 시작하는 것을 나타낸다. … 아동에게 나타나는 흥미는 그가 현재 도달해 있는 발달의 정도를 나타낸다고 보아야 한다. … 아동의 흥미는 또한 지금 막 들어가려고 하는 발달의 단계를 예고해 준다"(Dewey, 1987을 인용한 방인옥, 1992 재인용).

여기서 듀이가 논의한 흥미는 유아가 자발적으로 자극 대상을 인지하고 이를 자기 표현활동으로 나타낼 때 의미를 가진다고 할 수 있다. 특히 듀이는 충동과 흥미를 구분하였는데 충동은 유아가 어떤 자극 대상에게 마음을 빼앗겨 방향감이 없이 맹목적인 상태로 몰입하게 되는 경우로 설명하였다. 반면에 흥미는 충동에서 벗어나 유아가 자극의 대상에 대하여 어떤 목적을 가지고 자아와 대상을 일치시켜 대상을 개념화하고자 하는 의미있는 학습으로 이끈다고 하였다.

역사, 지리, 경제, 문화, 시사 문제 등 사회과학적 지식을 탐구하는 데 있어서도 이들 지식이 유아의 호기심을 만족시키고 유능감을 느끼게 할 때 학습이 일어날 수 있다. 유능한 유아는 성취감과 성공감을 느끼게 되고, 이는 다시 학습에 대한 동기를 일으키게 한다.

씨펠트(2001)는 유아사회교육에 있어서 유아의 흥미를 가져오는 요인으로 직접 학습, 자기 선택, 사회적 상호작용의 세 가지를 들었다.

첫째, 유아가 주변의 세계와 직접 상호작용함으로써 사회교육은 시작된다고 할 수 있다. 유아는 직접 경험을 통해 학습하기 때문에 모든 사회교육 활동은 기본적으로 직접 경험, 놀이, 자발적 활동으로 이루어져야 한다.

둘째, 흥미 영역에서 유아는 자기 자신의 학습 경험과 활동을 선택할 수 있다. 자기 자신의 학습 경험과 활동을 주도하고 활동할 영역과 활동영역 내의 자료들을 선택하는 일 등은 유아의 성공감을 높여 준다.

셋째, 사회적 존재로서 유아는 타인에게 흥미를 가지며, 타인과 효율적으로 관계를 맺는 것을 학습하게 된다. 타인과 관계를 맺음으로써 유아는 사고하고 인지하며 가치화하는 데 여러 가지 다른 방법이 있다는 것을 배우게 되며, 이는 인지적 능력을 확장시킨다.

바클레이와 브레니(Barclay & Breheny, 1994)가 말했듯이 사회적, 인지적으로 유능감을 느낄 때 유아는 자기 자신과 타인뿐만 아니라, 주변 세계에 대하여 계속해서 더 알고 싶어 하는 마음을 갖게 된다.

Chapter

04

유아사회교육 관련 교육과정

<table>
<tr><td>학습목표</td><td colspan="3">• 유아사회교육 관련 교육과정의 변화를 비교할 수 있다.
• 2007년 개정 유치원 교육과정의 사회생활 영역을 이해할 수 있다.
• 3~5세 연령별 누리과정의 사회관계 영역을 이해할 수 있다.
• 2019 개정 누리과정의 사회관계 영역을 이해할 수 있다.</td></tr>
<tr><td rowspan="2">학습내용</td><td>지식</td><td>기술</td><td>태도 및 가치</td></tr>
<tr><td>• 2007년 개정 유치원 교육과정 사회생활영역
• 3~5세 연령별 누리과정 사회관계 영역
• 2019 개정 누리과정 사회관계 영역</td><td>• 유아사회교육 관련 교육과정 탐색 능력
• 국가수준의 교육과정 내용 분석 및 종합 능력
• 국가수준의 교육과정을 유아의 연령에 적합한 경험으로 제공할 수 있는 능력</td><td>• 발달에 적합한 유아사회교육 실행에 대한 열의
• 유아의 흥미를 반영하기 위한 노력</td></tr>
<tr><td>주요용어</td><td colspan="3">2007년 개정 유치원교육과정, 사회생활 영역, 3~5세 연령별 누리과정, 사회관계 영역, 2019 개정 누리과정, 나를 알고 존중하기, 더불어 생활하기, 사회에 관심 가지기</td></tr>
</table>

우리나라 유아들이 개인, 국민, 세계시민으로서 정체성을 갖고, 유아교육기관에서 기초적인 사회적 능력을 형성하도록 사회교육의 지침을 제공한, 국가 수준의 유치원 교육과정인 2007년 개정 유치원 교육과정 사회생활 영역과 2012년에 고시된 3~5세 연령별 누리과정 사회관계 영역 및 2019년에 고시된 2019개정 누리과정 사회관계영역을 소개하고자 한다.

1. 2007년 개정 유치원 교육과정의 사회생활 영역

2007년 개정 유치원 교육과정(2007. 12. 19. 교육부 고시 제2007-153호)은 21세기 지식정보화 시대를 주도할 '사람과 자연을 존중하고 사랑하는 한국인 육성'을 기본 방향으로 하였다. 이는 이전의 국가수준 유치원 교육과정과 비교해 볼 때 개인과 생태계와의 관계형성에 중심을 두는 교육관으로 전환되었음을 나타낸다. 실제로 교육내용에서 전통문화에 친밀감을 가지고 세계 여러 나라 문화를 존중하는 내용이라든지, 주변의 모든 생명체를 돌보고 사랑하는 내용, 그리고 자신과 생태계와의 상호존중, 상호의존을 전제로 한 의사소통능력을 기르는 내용 등을 강조하고 있다. 이제 2007년 개정 유치원 교육과정의 5개 영역 중 사회생활 영역을 알아보기로 한다.

1) 성격

사회생활은 유아가 자신을 알고 소중하게 여기며, 다른 사람과 함께 살아가는 방법을 익히고, 주변 세계에 관심을 갖고 적응해나갈 수 있는 기초 능력을 기르기 위한 영역이다.

이 영역은 '나를 알고 사랑하기', '가족과 함께 생활하기', '이웃과 더불어 생활하기', '사회현상에 관심 가지기'의 네 가지 내용으로 구성한다.

'나를 알고 사랑하기'는 유아가 자신을 소중하게 여기며 이를 바탕으로 자신의 일을 스스로 하고, 자기 감정을 알고 조절하는 데 중점을 둔다.

'가족과 함께 생활하기'는 유아가 가족과 화목하게 지내고, 협력하며 생활하는 태도를 기르는 데 중점을 둔다.

'이웃과 더불어 생활하기'는 유아가 다른 사람들과 함께 살아가는 데 기본적으로 필요한 예절 바른 생활 태도를 가지며 다른 사람을 이해하고 존중하며 협력하는 능력을 기르는 데 중점을 둔다. 특히 친구와 사이좋게 지내고 공공장소에서 지켜야 할 질서와 규칙을 실천하도록 하는 데 중점을 둔다.

'사회 현상에 관심 가지기'는 유아를 둘러싼 문화와 생활양식에 바탕을 두어 유아가 생활하는 주변 지역, 경제생활, 우리나라와 세계 여러 나라의 문화에 관심을 갖는 데 중점을 둔다.

사회생활 영역의 교육 활동에서는 유아의 생활을 중심으로 토의, 역할놀이, 공동 작업, 협동 게임 등의 다양한 방법을 통하여 다루도록 한다. 교사의 설명이나 지시보다는 유아가 적극적으로 참여하게 하여 사회적 기능, 태도 및 사회 과학적 지식을 형성하도록 한다. 특히 기본 생활 습관은 생활 전반에 걸쳐 꾸준히 지도하여 유아가 바른 습관을 자연스럽게 형성하도록 하며, 가정과 긴밀한 협조가 이루어지도록 한다.

2) 목표

'자신과 다른 사람을 존중하고, 더불어 살아가는 능력을 기른다.'

사회생활 영역의 총괄적 목표는 자신과 다른 사람을 존중하고 더불어 살아가는 능력을 기르는 데 있다. 즉 사회생활이란 소중한 자신과 소중한 타인이 함께 상호작용하며 살아가는 것이다. 이때 중요한 것은 자신과 타인의 유사점과 차이점을 인식하고 수용하며, 자신과 타인의 관계는 상호 존중하는 데서 이루어질 수 있으며, 이를 바탕으로 유아는 다른 사람들과 더불어 살아가는 능력을 가질 수 있게 된다는 점이다.

이와 같은 목표 아래 사회생활 영역에서는 다음과 같은 네 가지 하위 목표를 설정하고 있다.

가. 자신을 소중하게 여기고 스스로 생각하여 행동하며 감정을 조절한다.
나. 가족과 화목하게 지내며 서로 협력한다.
다. 예절 바르게 행동하고 질서를 지키며 이웃과 더불어 생활한다.
라. 우리가 살고 있는 사회 현상에 대하여 관심을 가진다.

3) 내용

사회생활 영역의 내용은 '나를 알고 사랑하기', '가족과 함께 생활하기', '이웃과 더불어 생활하기', '사회 현상에 관심 가지기'로 이루어져 있으며, 이에 따라 하위 내용 및 수준별 내용이 제시되어 있다.

(1) 내용체계

내용	하위 내용
나를 알고 사랑하기	• 나를 소중하게 여기기 • 나의 일 스스로 하기 • 나의 감정 알고 조절하기
가족과 함께 생활하기	• 가족과 화목하게 지내기 • 가족과 협력하기
이웃과 더불어 생활하기	• 예절 바르게 생활하기 • 다른 사람을 이해하고 존중하기 • 질서와 규칙 지키기 • 두레의 소중함을 알고 협력하기
사회 현상에 관심 가지기	• 주변 지역에 관심 가지기 • 경제생활에 관심 가지기 • 우리나라와 우리 전통문화에 관심 가지기 • 다양한 문화에 관심 가지기

(2) 수준별 내용

① 나를 알고 사랑하기

<table>
<tr><th rowspan="2">하위 내용</th><th colspan="2">수준별 내용</th></tr>
<tr><th>Ⅰ</th><th>Ⅱ</th></tr>
<tr><td rowspan="2">나를 소중하게 여기기</td><td colspan="2">• 나에 대해 알아보고 소중하게 생각한다.</td></tr>
<tr><td colspan="2">• 내가 하는 일에 자신감을 가진다.</td></tr>
<tr><td rowspan="4">나의 일 스스로 하기</td><td colspan="2">• 내가 할 수 있는 일을 스스로 한다.</td></tr>
<tr><td colspan="2">• 해야 할 일을 책임있게 한다.</td></tr>
<tr><td>• 하고 싶은 일을 스스로 선택하고 해 본다.</td><td>• 하고 싶은 일을 계획하고 실천한다.</td></tr>
<tr><td>• 하루 일과에 적응한다.</td><td>• 하루 일과를 알고 생활한다.
• 규칙적인 생활을 한다.</td></tr>
<tr><td rowspan="2">나의 감정 알고 조절하기</td><td>• 여러 가지 감정이 생길 수 있음을 안다.</td><td>• 상황에 따라 감정이 변할 수 있음을 안다.</td></tr>
<tr><td>• 나의 감정을 조절해야 할 필요성을 안다.</td><td>• 나의 감정을 조절하여 적절하게 표현한다.</td></tr>
</table>

나를 알고 사랑하는 마음은 나의 외모, 성, 행동, 정서, 능력, 흥미 등을 소중하게 여기는 마음으로부터 출발한다. 이러한 긍정적 자아개념의 형성을 바탕으로 유아들은 자신감, 자율성, 책임감을 가지고 자신의 일을 스스로 할 수 있게 된다. 또한 외부 환경에 의해 자신이 느끼는 감정을 인식하고 그에 따른 원인을 이해하며, 감정을 적절하게 표현하고, 조절할 수 있는 능력을 기름으로써 사회의 한 구성원으로 적응할 수 있도록 해야 한다.

② 가족과 함께 생활하기

<table>
<tr><th rowspan="2">하위 내용</th><th colspan="2">수준별 내용</th></tr>
<tr><th>Ⅰ</th><th>Ⅱ</th></tr>
<tr><td rowspan="2">가족과 화목하게 지내기</td><td colspan="2">• 가족의 소중함을 알고 화목하게 지낸다.</td></tr>
<tr><td colspan="2">• 부모, 형제 등 가족과 사이좋게 지낸다.</td></tr>
<tr><td rowspan="2">가족과 협력하기</td><td>• 가족 구성원을 안다.</td><td>• 다양한 가족 구조에 대해 알아본다.</td></tr>
<tr><td>• 가정에서 내가 할 수 있는 일을 찾아보고 해 본다.</td><td>• 가족을 위해 할 수 있는 일을 알아보고 실천한다.</td></tr>
</table>

가족은 인간이 성장하는 토양이자, 중요한 사회 단위이다. 유아의 성격과 인성 발달에 가장 밀접하고 직접적이면서도 지속적으로 영향을 주고받는 환경이 바로 가정환경이다. 가족과 화목하게 생활하는 경험을 통해 유아의 자아존중감이 향상되고 더불어 또래와의 사회적 관계에서도 자신감을 갖게 된다. 또한 유아는 다양한 가족 형태에 관심을 가지면서, 가족 구성원들과 협력하며 도움을 주고받으며 원만한 사회생활을 위한 기초적인 소양을 배워 나가게 될 것이다.

③ 이웃과 더불어 생활하기

<table>
<tr><th rowspan="2">하위 내용</th><th colspan="2">수준별 내용</th></tr>
<tr><th>Ⅰ</th><th>Ⅱ</th></tr>
<tr><td rowspan="4">예절 바르게 생활하기</td><td colspan="2">• 정직하게 말하고 행동한다.</td></tr>
<tr><td colspan="2">• 친구와 어른께 바르게 인사한다.</td></tr>
<tr><td>• 도움을 받거나, 잘못했을 때 표현하는 말을 안다.</td><td>• 도움을 받거나, 잘못했을 때 적절한 말과 태도로 표현한다.</td></tr>
<tr><td colspan="2">• 옷차림을 바르게 한다.</td></tr>
<tr><td rowspan="2">다른 사람을 이해하고 존중하기</td><td colspan="2">• 친구와 사이좋게 지낸다.</td></tr>
<tr><td>• 사람은 서로 다르다는 것을 안다.</td><td>• 사람의 서로 다른 점을 존중하며 함께 지낸다.</td></tr>
<tr><td rowspan="3">질서와 규칙 지키기</td><td colspan="2">• 다른 사람과 한 약속을 지킨다.</td></tr>
<tr><td>• 질서를 지켜야 함을 안다.</td><td>• 질서를 지킨다.</td></tr>
<tr><td colspan="2">• 공공장소에서 지켜야 할 규칙을 알고 지킨다.</td></tr>
<tr><td rowspan="3">두레의 소중함을 알고 협력하기</td><td>• 친구와 함께 활동에 참여해 본다.</td><td>• 친구의 의견을 존중하며 집단 활동에 참여한다.</td></tr>
<tr><td>• 다른 사람을 도와주는 경험을 해 본다.</td><td>• 다른 사람과 협력한다.</td></tr>
<tr><td>• 물건을 함께 사용해 본다.</td><td>• 물건을 나누어 쓰고 양보한다.</td></tr>
</table>

이웃과 더불어서 생활하기 위한 기본 바탕은 예절이라고 볼 수 있다. 가소성이 많은 유아기는 습관을 형성하기에 가장 좋은 시기이기 때문에 예절 바른 생활을 습관화하도록 지도해야 한다. 더불어 살아가는 데에 반드시 필요한 질서와 규칙을 알고 지키도록 하는 기본 생활교육은 개인적 필요 차원을 넘어 사회인으로서 반드시 갖추어야 할 항목이다. 또한 다른 사람을 이해하고 존중하는 마음을 갖고, 그 마음을 실천하는 능력을 기름으로써 바람직한 대인관계를 맺어 나가게 된다. 더 나아가 사회 구성원 간 협력하여 보다 나은 사회적 가치를 생산하는 두레의 소중함에 대한 태도가 형성될 수 있다.

④ 사회 현상에 관심 가지기

하위 내용	수준별 내용	
	Ⅰ	Ⅱ
주변 지역에 관심 가지기	• 우리 동네의 이름과 집의 위치를 알아본다.	• 우리 동네의 특징을 알아본다.
	• 우리 동네에 있는 여러 기관을 알아본다.	• 우리 동네에 있는 여러 기관의 역할을 알아본다.
경제생활에 관심 가지기	• 물건을 잘 간수하고 아껴 쓴다.	
	• 다시 쓸 수 있는 물건을 재활용한다.	
	• 물건을 살 때 돈이 필요함을 안다.	• 필요한 물건을 계획해서 사 본다.
	• 우리 가족의 직업에 대해 알아본다.	• 여러 가지 직업에 대해 알아보고 모든 직업이 소중함을 안다.
우리나라와 우리 전통문화에 관심 가지기	• 태극기, 애국가, 무궁화 등 우리나라 상징에 관심을 가진다.	• 태극기와 애국가에 대한 예절을 알고 지킨다.
		• 통일에 관심을 가진다.
	• 전통문화에 관심을 가진다.	• 전통문화를 존중하고 친밀감을 가진다.
다양한 문화에 관심 가지기	• 여러 나라 사람에 대해 관심을 가진다.	• 여러 나라의 사람에 대해 알아보고 존중한다.
	• 여러 나라의 문화에 관심을 가진다.	• 여러 나라의 문화를 알아보고 존중한다.

유아는 나, 가족, 이웃, 사회로 확장되는 사회문화적 환경을 경험함에 따라 지리, 경제, 역사, 문화 등에 관심을 가지게 되며, 이에 따른 사회적 지식, 기능, 태도를 익힘으로써 민주 시민으로 성장하게 된다. 따라서 유아가 가장 가까이 접하고 있는 우리 동네의 특징과 동네에 있는 여러 기관에 대해 알아보면서 주변 지역에 관심을 가질 수 있도록 한 다. 이와 더불어 경제생활과 직업에 대해서도 알아볼 수 있다. 이러한 경험이 확대되어 우리나라의 상징과 문화, 역사에 대한 이해와 관심이 고조되고 다른 나라와의 문화적 특징을 인식할 수 있게 된다.

4) 지도상 유의점

교사는 다음 사항에 유의하여 지도하도록 한다.

첫째, 사회생활에 관한 교육 활동의 계획과 운영은 유아가 기초적인 사회적 태도와 기능, 지식 등을 포괄적으로 익히고 활용하는 데 중점을 둔다. 유아가 규범이나 사회적 지식을 아는 데 그치지 않고 그것을 행동에 옮겨 습관화하여 바람직한 사회생활 태도를 가지도록 지도한다.

둘째, 현대사회에서 사회생활 영역이 갖는 교육적 개념은 상호 존중과 상호 의존임을 명확히 인식하고, 이러한 개념들이 유아의 생활 속에서 자연스럽게 형성되도록 교육 활동을 계획하고 운영한다. 인간의 관계가 더욱 중요시되는 현대 사회에서 유아들이 자신과 다른 사람의 유사점과 차이점을 인식하고 존중하며 더불어 살아갈 수 있도록 하며, 특히 다문화 교육, 반편견 교육에 대한 교육내용 요소를 교사가 먼저 바르게 인식하여 교육 활동을 계획하고 사회생활 영역 전반에 걸쳐 지도한다.

셋째, 기본 생활 습관은 생활 전반에 걸쳐 반복적으로 꾸준히 지도하여 유아가 바른 생활 습관을 자연스럽게 형성하도록 한다. 교사는 좋은 모범을 보이도록 하며, 특히 가정에서 기본 생활 습관의 기초가 이루어지므로 유치원과 가정에서의 교육이 일관성 있는 교육이 되도록 학부모와 밀접한 관계를 갖고 협력하여 지도한다.

넷째, 유아가 다양한 사회적 관계를 경험할 수 있도록 교사의 언어적 설명이나 지시보다는 따뜻한 격려와 직접적인 문제 제기, 문제 해결을 위한 유도, 확산적 질문 등을 사용하도록 한다. 그리고 공동 작업, 협동 게임, 소집단 토의 활동, 극화 활동 등을 통해 유아들 간의 갈등과 경쟁을 극복하여, 경험을 공유하고 협동하는 능력을 기르도록 한다. 또한 현장을 견학하거나 자원인사를 초빙하여 일터의 소중함과 일하는 사람의 보람 등을 직접 공감하는 기회를 갖도록 한다.

다섯째, 각 지역의 특성과 문화적 자원을 충분히 활용하도록 한다. 유아가 생활하는 지역사회의 특성과 문화를 경험하게 함으로써 지역 사회 문화에 대한 이해와 더불어 애향심, 공동체 의식, 지역에 대한 자긍심 등을 기를 수 있도록 지도한다.

2. 3~5세 연령별 누리과정 사회관계 영역

3~5세 연령별 누리과정(2012. 7. 10. 교육과학기술부 고시 제2012-16호)은 2011년에 고시한 5세 누리과정과 연계하여 만 3~5세 유아를 대상으로 2013년부터 유치원과 어린이집에 자녀를 보내는 모든 가정에 유아학비·보육료를 소득에 관계없이 지원하는 정책에 따라 고시되었다. 이는 이전의 국가수준 유치원 교육과정과 달리, 유아교육·보육에 대한 국가의 책임을 강화하는 것으로, 유치원과 어린이집의 공통과정 운영이라는 성격을 띠고 있다. 이제 3~5세 연령별 누리과정의 5개 영역 중 사회관계 영역을 알아보기로 한다.

1) 성격

사회관계 영역은 유아가 자신을 알고 소중하게 여기며 가족, 또래와 함께 원만하게 지내는 방법뿐 아니라 공동체에서 함께 살아가는 방법을 익히고 사회에 관심을 가지며 적응해 나갈 수 있는 기초능력과 인성을 기르기 위한 영역이다.

사회관계 영역은 '나를 알고 존중하기', '나와 다른 사람의 감정 알고 조절하기', '가족을 소중히 여기기', '다른 사람과 더불어 생활하기', '사회에 관심 갖기'의 다섯 가지 내용 범주로 구성된다. 처음 내용 범주는 유아가 스스로를 존중하는 것과 관련된 내용으로, 두 번째 내용 범주는 자신 및 타인의 정서에 대한 이해를 바탕으로 상황에 맞게 감정을 조절하는 데 필요한 내용으로 구성되어 있다. 나머지 세 내용 범주에서는 유아가 주변 사람들과의 신뢰를 바탕으로 사회를 편견 없이 바라보도록 하는 내용을 다룬다. 이러한 내용을 유아가 가족, 친구와 교사, 지역사회, 우리나라 그리고 세계로 점차 관심을 확장해나갈 수 있도록 동심원적 접근 방식으로 전개해 나간다.

사회관계 영역에서는 자신과 타인에 대한 존중과 배려, 협력, 질서 등 타인과 더불어 살아가기 위해 필요한 기초 예절과 소양을 기르기 위해 힘쓴다. 유아가 원만한 대인관계 속에서 건강한 자아를 지닌 유아로 성장할 수 있도록 인성교육에 강조점을 둔다.

2) 목표

자신을 존중하고 다른 사람과 더불어 생활하는 능력과 태도를 기른다.

사회관계 영역의 목표는 자신을 존중하고, 자신과 타인의 감정을 알고 적절하게 표현하며 다른 사람과 더불어 지내기 위해 필요한 능력과 기본적인 태도를 기르는 데 있다.

사회관계 영역에서는 유아가 자신을 소중하게 여기고 자신의 감정과 타인의 감정이 다를 수 있음을 이해하며, 자신의 감정을 조절하고 적절한 방법으로 표현하게 함으로써 더불어 살아가는 능력과 바른 인성을 기르는 데 강조점을 둔다. 이를 바탕으로 유아는 가족, 또래, 이웃과 협력하며 타인들과 더불어 지내는 능력을 기르도록 해야 한다. 더 나아가 지역사회와 우리나라 및 세계 여러 나라에 대해 관심을 갖고 공동체 의식을 갖춘 유능한 시민 의식을 기르는 데 중점을 둔다.

가. 자신을 소중히 여기며 자율성을 기른다.

유아가 자신에 대하여 알아보고 스스로를 소중하게 여기며, 자신이 스스로 해야 할 일을 알아보고 계획하여 실천해 보는 데 강조점을 둔다.

나. 자신과 타인의 감정을 알고, 자신의 감정을 적절하게 표현하고 조절한다.

유아가 자신의 감정을 알고 표현하며, 타인의 감정에 대하여도 관심을 갖고 공감할 수 있도록 하고, 자신의 감정을 상황에 적합하게 조절할 수 있도록 한다.

다. 가족과 화목하게 지내며 서로 협력한다.

유아가 가족에 대한 이해를 바탕으로 가족 구성원과 화목하게 지내며 가족을 기쁘게 하는 일을 찾아보고, 가족이 어려움에 처했을 때 서로 위로하며 협력할 수 있도록 한다.

라. 친구, 공동체 구성원들과 서로 돕고, 예의 · 규칙 등 사회적 가치를 알고 지킨다.

사회적 존재인 유아가 친구와 협력하며 갈등이 발생할 경우 이를 긍정적으로 해결하는 방법을 습득하도록 한다. 교사나 이웃과도 협력하며 화목하게 지내도록 하고, 정직, 배려, 예의,

공공규칙 등 사회적으로 중요하게 공유하는 가치를 실천하며 공동체 의식을 갖춘 민주 시민으로 성장하는 데 중점을 둔다.

마. 우리 동네, 우리나라, 다른 나라에 관심을 가진다.

유아가 자신이 속한 동네에 대해 알아보고 직업의 종류에 대하여 알아보도록 한다. 그리고 우리나라의 전통에 대한 이해와 자부심을 토대로 편견 없이 다양한 나라, 인종, 문화에 관심을 갖고 존중할 수 있도록 하는 데 중점을 둔다.

3) 내용

사회관계 영역의 내용 범주는 '나를 알고 존중하기', '나와 다른 사람의 감정 알고 조절하기', '가족을 소중히 여기기', '다른 사람과 더불어 생활하기', '사회에 관심 갖기'로 이루어져 있으며, 이에 따라 내용 및 세부 내용이 구성되어 있다.

(1) 내용 범주

내용	하위 내용
나를 알고 존중하기	• 나를 알고, 소중히 여기기 • 나의 일 스스로 하기
나와 다른 사람의 감정 알고 조절하기	• 나와 다른 사람의 감정 알고 표현하기 • 나의 감정 조절하기
가족을 소중히 여기기	• 가족과 화목하게 지내기 • 가족과 협력하기
다른 사람과 더불어 생활하기	• 친구와 사이좋게 지내기 • 공동체에서 화목하게 지내기 • 사회적 가치를 알고 지키기
사회에 관심 갖기	• 지역사회에 관심 갖고 이해하기 • 우리나라에 관심 갖고 이해하기 • 세계와 여러 문화에 관심 가지기

(2) 세부 내용

① 나를 알고 존중하기

- 나를 알고, 소중히 여기기

'나를 알고, 소중히 여기기'에서는 나에 대하여 관심을 가지고 알아보며, 나와 다른 사람의 차이에 관심을 가져보도록 한다. 또한 나와 다른 사람의 차이점을 알아보고, 신체적, 사회적, 문화적 차이를 알고 존중하며, 나아가 나를 긍정적으로 생각하고 소중하게 여기도록 한다.

3세	4세	5세
나에 대해 관심을 갖는다	나에 대해 알아본다.	
나와 다른 사람의 차이에 관심을 갖는다.	나와 다른 사람의 차이점을 알아본다.	나와 다른 사람의 신체적, 사회적 문화적 차이를 존중한다.
나를 소중하게 여긴다.	나에 대해 긍정적으로 생각하고 나를 소중하게 여긴다.	

- 나의 일 스스로 하기

'나의 일 스스로 하기'에서는 내가 할 수 있는 일을 알아보고 직접 경험해 보며 내가 할 수 있는 일은 스스로 하도록 한다. 또한 여러 가지 일들 중에서 내가 하고 싶은 일을 선택해 보고 계획하여 실행해 보는 내용이다.

3세	4세	5세
내가 할 수 있는 일을 알아본다.	내가 할 수 있는 일을 해 본다.	내가 할 수 있는 일을 스스로 한다.
내가 하고 싶은 일을 선택해 본다.	하고 싶은 일을 계획하고 해 본다.	

② 나와 다른 사람의 감정 알고 조절하기

- 나와 다른 사람의 감정 알고 표현하기

'나와 다른 사람의 감정 알고 표현하기'는 자신에게 여러 가지 감정이 있음을 알고 자신의 감정을 표현해 보는 내용으로 구성된다. 다른 사람의 감정에 관심을 가지고 이를 알아가며 타인의 감정에 공감하는 내용을 포함한다.

3세	4세	5세
자신에게 여러 가지 감정이 있음을 안다.	자신의 감정을 알고 표현한다.	
다른 사람의 감정에 관심을 갖는다.	다른 사람의 감정을 안다.	다른 사람의 감정을 알고 공감한다.

• 나의 감정 조절하기

'나의 감정 조절하기'에서는 자신의 감정을 조절해 보고 자신의 감정을 상황에 맞게 조절하는 경험에 대하여 다룬다.

3세	4세	5세
자신의 감정을 조절해 본다.		자신의 감정을 상황에 맞게 조절한다.

③ 가족을 소중히 여기기

• 가족과 화목하게 지내기

'가족과 화목하게 지내기'에서는 가족의 소중함을 알고 가족의 의미를 알며 화목하게 지내는 내용을 다룬다.

3세	4세	5세
가족의 소중함을 안다.		가족의 의미와 소중함을 안다.
		가족과 화목하게 지낸다.

• 가족과 협력하기

'가족과 협력하기'에서는 유아가 자신의 가족 구성원과 각자의 역할에 대해 알아보며 다양한 가족의 구조에 대해 알아보는 내용을 다룬다. 나의 가족을 위해 내가 할 수 있는 일을 찾아보고 실천하며 가족 간에 서로 도울 수 있는 방법을 알아보는 내용으로 구성되어 있다.

3세	4세	5세
가족 구성원을 알아본다.	가족 구성원의 역할에 대해 알아본다.	다양한 가족구조에 대해 알아본다.
가족을 위하여 내가 할 수 있는 일을 알아본다.	가족을 위하여 내가 할 수 있는 일을 알아보고 실천한다.	가족은 서로 도와야 함을 알고 실천한다.

④ 다른 사람과 더불어 생활하기

• 친구와 사이좋게 지내기

'친구와 사이좋게 지내기'는 유아가 친구와 함께 놀이하고 협동하는 내용을 다룬다. 또한 나와 친구의 의견에 차이가 있음을 알고 친구와의 갈등을 긍정적으로 해결하는 방법에 대하여 알아보는 내용으로 구성되어 있다.

3세	4세	5세
친구와 함께 놀이한다.	친구와 협동하며 놀이한다.	
나와 친구의 의견에 차이가 있음을 안다.	친구와의 갈등을 긍정적인 방법으로 해결한다.	

• 공동체에서 화목하게 지내기

'공동체에서 화목하게 지내기'는 도움이 필요할 때는 다른 사람과 서로 도움을 주고받을 수 있으며 상호 협력할 수 있다는 것을 알아보는 내용이다. 또한 교사나 주변 사람들과 서로 화목하게 지내는 것이 중요하다는 것을 아는 내용으로 구성되어 있다.

3세	4세	5세
	도움이 필요할 때 다른 사람과 도움을 주고받는다.	다른 사람과 도움을 주고받고, 서로 협력한다.
교사 및 주변 사람과 화목하게 지낸다.		

• 사회적 가치를 알고 지키기

'사회적 가치를 알고 지키기'는 정직하게 말하고 행동하며 다른 사람의 소유물과 생각, 행동을 존중하고 다른 사람을 배려해야 함을 알도록 하는 내용이다. 친구와 어른께 예의 바르게 행동하며 약속과 공공규칙을 지켜야 함을 알고 자연과 자원을 아끼는 습관을 기르는 것을 중점적으로 다룬다.

3세	4세	5세
	정직하게 말하고 행동한다.	
다른 사람의 소유물을 존중한다.	다른 사람의 생각, 행동을 존중한다.	다른 사람을 배려하여 행동한다.
	친구와 어른께 예의 바르게 행동한다.	
약속과 규칙을 지켜야 함을 안다.	다른 사람과 한 약속이나 공공규칙을 지킨다.	
	자연과 자원을 아끼는 습관을 기른다.	

⑤ 사회에 관심 갖기

• 지역사회에 관심 갖고 이해하기

'지역사회에 관심 갖고 이해하기'는 지역사회에 대한 관심을 통해 우리 동네의 이름과 우리 동네가 갖고 있는 다양한 특성, 함께 어울려 사는 사람들과 동네 이웃의 다양한 직업 등 지역사회와 다양한 이웃들에 대한 구체적인 특성들을 알아보는 내용이다. 또한 일상생활에서 돈의 필요성과 쓰임새 등을 알아보는 것을 내용으로 한다.

3세	4세	5세
우리 동네의 이름을 안다.	우리 동네에 대해 알아본다.	
우리 동네 사람들에 관심을 갖는다.	우리 동네 사람들이 하는 일에 관심을 갖는다.	다양한 직업에 관심을 갖는다.
	물건을 살 때 돈이 필요함을 안다.	일상생활에서 돈의 쓰임에 대해 안다.

• 우리나라에 관심 갖고 이해하기

'우리나라에 관심 갖고 이해하기'는 우리나라를 상징하는 것과 역사, 전통, 문화, 풍습 및 전통놀이에 대한 관심을 가짐으로써 우리나라에 대한 자부심을 갖는 것을 내용으로 한다.

3세	4세	5세
우리나라를 상징하는 것에 관심을 가진다.	우리나라를 상징하는 것을 안다.	우리나라를 상징하는 것을 알고 예절을 지킨다.
우리나라의 전통놀이와 풍습에 관심을 갖는다.		우리나라의 전통, 역사, 문화에 관심을 갖는다.
	우리나라에 대해 자부심을 갖는다.	

내용 범주	내용
사회에 관심 가지기	내가 살고 있는 곳에 대해 궁금한 것을 알아본다.
	우리나라에 대해 자부심을 가진다.
	다양한 문화에 관심을 가진다.

'내가 살고 있는 곳에 대해 궁금한 것을 알아본다.'는 유아가 가까이 자주 접하는 주변 지역과 이웃에 대해 관심을 가지고, 궁금한 것을 알아보며, 지역 구성원으로서 유대감과 소속감을 느끼는 내용이다.

'우리나라에 대해 자부심을 가진다.'는 유아가 우리나라의 전통에 친밀감을 느끼고 우리나라의 상징과 언어, 문화 등을 경험하면서, 우리나라에 대해 자랑스러운 마음을 가지는 내용이다.

'다양한 문화에 관심을 가진다.'는 유아가 다른 나라의 다양한 문화와 생활양식에 대해 관심을 가지고, 문화의 다양성을 이해하며 존중하는 내용이다.

4. 사회관계 영역의 변화

2012년 이후 유치원 교육과정이 유치원과 어린이집에 공통적으로 적용되는 누리과정으로 개정됨에 따라 유아사회교육과 관련성이 높은 사회관계 영역의 명칭과 목표, 내용이 지속적으로 변화되었다. 유아사회교육을 위한 교육과정의 내용 변화를 구체적으로 살펴보면 다음과 같다.

1) 영역 명칭

2007 개정 유치원 교육과정에서 유아사회교육과 관련성이 높은 영역은 '사회생활' 영역이며, 3~5세 연령별 누리과정과 2019 개정 누리과정에서는 '사회관계' 영역으로 교육과정 영역의 명칭이 변화되었다.

2007 개정 유치원 교육과정	3~5세 연령별 누리과정	2019 개정 누리과정
사회생활	사회관계	사회관계

2) 목표

2007 개정 유치원 교육과정에서부터 2019 개정 누리과정에 이르기까지 사회관계 영역의 주요 목표는 '유아 자신과 다른 사람을 존중하여 더불어 살아가는 태도를 기르는 것'으로 동일하다. 다만 2019 개정 누리과정에서는 '~능력(또는 능력과 태도)을 기른다.'라고 기술되어 있었던 이전 교육과정의 목표를 '~ 태도를 가진다.'로 수정하여 기술함으로써 유아의 경험 수준을 고려한 목표 수준을 제시하였다. 이를 요약해보면 다음과 같다.

2007 개정 유치원 교육과정	3~5세 연령별 누리과정	2019 개정 누리과정
자신과 다른 사람을 존중하고 더불어 살아가는 능력을 기른다.	자신을 존중하고 다른 사람과 더불어 생활하는 능력과 태도를 기른다.	자신을 존중하고 더불어 생활하는 태도를 가진다.
1. 자신을 소중하게 여기고 스스로 생각하여 행동하며 감정을 조절한다. 2. 가족과 화목하게 지내며 서로 협력한다. 3. 예절 바르게 행동하고 질서를 지키며 이웃과 더불어 생활한다. 4. 우리가 살고 있는 사회현상에 대하여 관심을 가진다.	1. 자신을 소중히 여기며 자율성을 기른다. 2. 자신과 타인의 감정을 알고, 자신의 감정을 적절하게 표현하고 조절한다. 3. 가족과 화목하게 지내며 서로 협력한다. 4. 친구, 공동체 구성원들과 서로 돕고, 예의규칙 등 사회적 가치를 알고 지킨다. 5. 우리 동네, 우리나라, 다른 나라에 관심을 가진다.	1. 자신을 이해하고 존중한다. 2. 다른 사람과 사이좋게 지낸다. 3. 우리가 사는 사회와 다양한 문화에 관심을 가진다.

3) 내용범주

유치원 교육과정의 개정에 따라 내용범주의 수와 용어에 변화가 있었으며, 그 내용은 다음과 같다.

2007 개정 유치원 교육과정	3~5세 연령별 누리과정	2019 개정 누리과정
나를 알고 사랑하기 가족과 함께 생활하기 이웃과 더불어 생활하기 사회현상에 관심 가지기	나를 알고 존중하기 나와 다른 사람의 감정 알고 조절하기 가족을 소중히 여기기 다른 사람과 더불어 생활하기 사회에 관심 갖기	나를 알고 존중하기 더불어 생활하기 사회에 관심가지기

위에서 보는 바와 같이 2007 개정 유치원 교육과정의 '사회생활' 영역은 4개의 내용 범주를 제시하였으며, 3~5세 연령별 누리과정의 '사회관계' 영역에서는 '나와 다른 사람의 감정 알고 조절하기'를 추가하여 5개의 내용 범주를 제시하였다. 2019 개정 누리과정 '사회관계' 영역에서는 3개의 내용 범주를 제시하고 있다. 즉 '나를 알고 존중하기'와 '나와 다른 사람의 감정 알고 조절하기'를 통합하여 '나를 알고 존중하기'로, '가족을 소중히 여기기'와 '다른 사람과 더불어 생활하기'를 통합하여 '더불어 생활하기'로 제시하였다. '사회에 관심 갖기'는 '사회에 관심 가지기'로 어휘만 수정되었다.

4) 내용

내용범주의 개정에 따라 하위 내용에도 일부 변화가 있으며 이를 구체적으로 살펴보면 다음과 같다.

〈2007 개정 유치원 교육과정〉

내용	하위 내용
나를 알고 사랑하기	• 나를 소중하게 여기기 • 나의 일 스스로 하기 • 나의 감정 알고 조절하기
가족과 함께 생활하기	• 가족과 화목하게 지내기 • 가족과 협력하기
이웃과 더불어 생활하기	• 예절 바르게 생활하기 • 다른 사람을 이해하고 존중하기 • 질서와 규칙 지키기 • 두레의 소중함을 알고 협력하기
사회현상에 관심 가지기	• 주변 지역에 관심 가지기 • 경제생활에 관심 가지기 • 우리나라와 우리 전통문화에 관심 가지기 • 다양한 문화에 관심 가지기

〈3~5세 연령별 누리과정〉

내용	하위 내용
나를 알고 존중하기	• 나를 알고 소중히 여기기 • 나의 일 스스로 하기
나와 다른 사람의 감정 알고 조절하기	• 나와 다른 사람의 감정 알고 표현하기 • 나의 감정 조절하기
가족을 소중히 여기기	• 가족과 화목하게 지내기 • 가족과 협력하기
다른 사람과 더불어 생활하기	• 친구와 사이좋게 지내기 • 공동체에서 화목하게 지내기 • 사회적 가치를 알고 지키기
사회에 관심 갖기	• 지역사회에 관심 갖고 이해하기 • 우리나라에 관심 갖고 이해하기 • 세계와 여러문화에 관심 가지기

2007 개정 유치원 교육과정 '사회생활' 영역의 '나를 알고 사랑하기'의 하위 내용인 '나의 감정 알고 조절하기'는 3~5세 연령별 누리과정 '사회관계' 영역의 '나와 다른 사람의 감정 알고 조절하기'의 내용범주로 반영되었으며, 나 외에도 '다른 사람의 감정 알고 표현하기'가 추가되었다. 2007 개정 유치원교육과정 '사회생활' 영역의 '이웃과 더불어 생활하기'는 3~5세 연

령별 누리과정 '사회관계' 영역의 '다른 사람과 더불어 생활하기'로 변경되었으며 이에 따른 하위 내용의 어휘도 개정되었다. 또한 2007 유치원 교육과정 '사회생활' 영역 '사회현상에 관심 가지기'의 하위 내용인 '경제생활에 관심 가지기'의 경우 3~5세 연령별 누리과정 '사회관계' 영역에서는 삭제되었다.

한편 3~5세 연령별 누리과정 '사회관계' 영역 내용 대부분이 2019 개정 누리과정 '사회관계' 영역의 내용으로 반영되었으나, '친구와 사이좋게 지내기'를 '친구와의 갈등을 긍정적인 방법으로 해결하기'로 '사회적 가치를 알고 지키기'는 '다른 사람의 감정과 생각, 행동을 존중하기', '약속과 규칙 지키기' 등으로 제시되어 보다 구체적인 내용으로 변화되었음을 알 수 있다. 또한 '지역사회에 관심 갖고 이해하기'는 '내가 살고 있는 곳에 대해 궁금한 것을 알아본다.'로 수정되었다. 이를 요약해보면 다음 표와 같다.

〈3~5세 연령별 누리과정〉

내용	하위 내용
나를 알고 존중하기	• 나를 알고 소중히 여기기 • 나의 일 스스로 하기
나와 다른 사람의 감정 알고 조절하기	• 나와 다른 사람의 감정 알고 표현하기 • 나의 감정 조절하기
가족을 소중히 여기기	• 가족과 화목하게 지내기 • 가족과 협력하기
다른 사람과 더불어 생활하기	• 친구와 사이좋게 지내기 • 공동체에서 화목하게 지내기 • 사회적 가치를 알고 지키기
사회에 관심 갖기	• 지역사회에 관심 갖고 이해하기 • 우리나라에 관심 갖고 이해하기 • 세계와 여러문화에 관심 가지기

〈2019 개정 누리과정〉

내용	하위 내용
나를 알고 존중하기	• 나를 알고 소중히 여긴다. • 나의 감정을 알고 상황에 맞게 표현한다. • 내가 할 수 있는 것을 스스로 한다.
더불어 생활하기	• 가족의 의미를 알고 화목하게 지낸다. • 친구와 서로 도우며 사이좋게 지낸다. • 친구와의 갈등을 긍정적인 방법으로 해결한다. • 서로 다른 감정, 생각, 행동을 존중한다. • 친구와 어른께 예의바르게 행동한다. • 약속과 규칙의 필요성을 알고 지킨다.
사회에 관심 가지기	• 내가 살고 있는 곳에 대해 궁금한 것을 알아본다. • 우리나라에 대해 자부심을 가진다. • 다양한 문화에 관심을 가진다.

Part

02

영유아의 사회정서 발달

영유아기는 자신이 속한 사회의 구성원으로 잘 살아가기 위해 필요한 능력의 기초가 마련되는 매우 중요한 시기이다. 자신과 타인에 대한 올바른 이해를 바탕으로 대인관계를 잘 맺고, 상황에 알맞게 행동하는 사람은 사회 안에서 순조롭게 적응한다.

생애 초기에 형성된 애착은 향후 모든 대인관계의 기본이 되며, 자아개념은 일생 동안 그 사람의 내적 믿음과 모든 행동에 영향을 미치기 때문에 중요하다. 또한 또래와의 긍정적인 상호작용을 통해 유아는 집단에의 소속감과 안정감을 가지고 사회적으로 적합한 행동을 배울 수 있다. 그런가 하면 타인의 마음을 이해하고 자신의 정서를 이해하며 상황에 알맞게 조절하고 표현하는 능력은 원만한 인간관계와 사회 적응을 위한 필수적인 부분이다. 아울러 성역할 개념 및 도덕성의 발달은 사회문화적인 요구나 기대와 밀접한 관계를 이루는 측면으로서 사회성 발달의 주요 내용으로 포함된다.

유아가 자신이 속한 사회 안에서 성공적으로 적응할 수 있으려면 앞에서 언급된 모든 능력들의 조화로운 발달이 이루어져야 한다. 따라서 제2부에서는 애착, 자아개념, 정서, 마음이론, 우정, 성역할, 도덕성 등 영유아기 사회정서 발달의 주요 측면과 각 영역에서의 발달을 돕기 위한 교사의 역할에 대해 알아보고자 한다.

Chapter 05

애착

<table>
<tr><td rowspan="1">학습목표</td><td colspan="3">• 영유아기 애착 형성의 중요성을 이해한다.
• 애착 발달에 관한 다양한 이론적 관점을 비교하여 설명할 수 있다.
• 애착 발달에 영향을 미치는 다양한 요인을 알고 관련 지식을 교육 실제에 활용한다.
• 유아의 애착 증진을 돕는 교사의 역할을 알고 유아와 상호작용할 수 있다.</td></tr>
<tr><td rowspan="2">학습내용</td><td>지식</td><td>기술</td><td>태도</td></tr>
<tr><td>• 애착의 정의와 특성
• 애착 형성의 중요성
• 애착 발달 이론
• 애착 유형 및 발달과정
• 애착 발달의 영향 요인
• 애착 발달을 돕는 교사의 역할</td><td>• 애착 발달 이론의 주요 내용에 대한 요약, 비교, 분석
• 유아의 애착 관련 행동에 대한 관찰 기록 및 평가
• 유아와의 안정 애착 형성을 위한 상호작용 기술</td><td>• 영유아기 안정 애착 형성의 중요성에 대한 인식
• 유아를 온정적으로 대하고 수용하며 존중하는 태도
• 유아의 안정 애착을 돕는 교사 역할 수행에 책임감 갖기</td></tr>
<tr><td>주요용어</td><td colspan="3">애착의 특성(보편성과 특수성, 상호성, 안정성, 지속성), 애착 행동, 애착 유형(안정 애착, 불안정 애착), 애착 발달, 낯가림, 분리불안</td></tr>
</table>

우리는 일상에서 흔히 어떤 대상에 대하여 '애착을 느끼다' 혹은 '애착을 가지다'라는 말을 하곤 한다. 애착(愛着)은 우리가 생활 속에서 자연스럽게 경험하게 되는 마음의 상태로 애착(attachment)의 사전적 정의를 살펴보면 그것은 '몹시 사랑하거나 끌려서 떨어지지 않으려고 하는 것, 또는 그런 마음'을 의미한다. 그렇다면 어린 아이가 자신에게 의미 있는 누군가를 사랑하게 되고 가까이 있고자 하며 떨어지기 싫어하는 마음을 갖게 되는 것은 언제부터 시작되고 어떻게 발달되어 가는 것인가? 의미 있는 타인과의 사이에 형성된 애착의 질은 인간 발달의 다른 측면과 어떻게 관련되는가? 영유아의 건강한 애착 형성을 돕기 위해 고려해야 할 것은 무엇인가? 이와 관련하여 연구자들은 건강한 애착을 형성하는 것이 영아기 사회성 발달의 가장 중요한 과업이며, 애착 형성의 결정적 시기는 인간 생애의 초기인 영유아기이므로 이 시기 성인의 역할이 매우 중요하다고 강조해 왔다.

따라서 이 장에서는 애착 발달에 대한 이론적 관점 및 애착 형성에 영향을 미치는 다양한 요인들과 교사의 역할에 대하여 살펴보고자 한다.

1. 애착의 정의와 중요성

1) 애착의 정의와 특성

애착이란 '생애 초기에 영아와 주 양육자(주로 어머니) 사이에 형성되는 강하고 지속적인 정서적 유대'를 뜻한다. 다변화된 현대 사회에서 애착의 대상은 어머니를 포함하여 양육의 1차 책임을 맡게 되는 아버지나, 조부모, 교사 등으로 그 폭이 넓어지고 있다.

영아가 누군가와 애착을 형성하고 있는지를 우리는 어떻게 알 수 있을까? 애착 대상을 향해 영아가 나타내는 애착 행동은 바로 그 단서가 된다. 애착 행동이란 '애착을 느끼는 대상과 접근하고 소통하기 위해 영아가 본능적으로 취하는 다양한 행동'으로 어머니로부터 자연스럽게 보호 반응을 이끌어내는 효과가 있다(Bowlby, 1980). 생후 6개월경 영아는 주 양육자와 떨어지지 않으려는 경향을 강하게 드러내며 이러한 행동을 지속적으로 나타내는데 이를 보고 애착이 형성되었음을 알 수 있다. 애착 행동은 신호 행동(signaling behavior), 지향 행동(orienting behavior), 신체 접촉 행동(active physical contact behavior)으로 구분되며, 구체적인 행동의 예는 다음과 같다(이영자, 유효순, 이정욱, 2001).

[표 5-1] 애착행동의 유형

애착 행동의 유형	애착 행동 예
신호행동(signaling behavior)	울기(칭얼거림), 미소짓기, 소리내기
지향행동(orienting behavior)	쳐다보기, 따라가기, 접근하기
신체 접촉 행동(active physical behavior)	기어오르기, 매달리기, 안기, 잡기

이와 같이 영아의 애착행동은 주 양육자로 하여금 아기를 더 잘 돌보도록 자극하며, 결과적으로 영아와 어머니 간에 친밀감과 정서적 유대관계를 더욱 돈독하게 한다. 즉 어머니와 안정애착을 형성한 영아는 자신의 욕구를 충족시키고 정서적 안정감을 유지하기 위하여 적극적으로 어머니를 찾고 가까이 있으려고 함으로써 어머니로부터 원하는 반응을 이끌어낸다. 또한 낯선 환경이나 사람을 접했을 때에도 잠시 불안이나 두려움을 나타내지만, 가까운 곳에서 어머니의 존재를 확인하면 이내 정서적 안정감을 유지할 수 있다.

영아와 성인 사이에 형성되는 애착은 다음과 같은 특성을 지닌다(전우경, 2001).

첫째, 애착은 보편성과 함께 특수성을 지닌다.

애착은 모든 인류의 생래적이고 보편적 특성이라고 할 수 있으나, 각각의 부모-자녀 관계에서 형성되는 애착의 질이 동일하지 않다는 점에서는 특수성을 지닌다.

둘째, 애착은 상호성을 지닌다.

어머니와 영아의 개인적 특성이나 상황적 특성이 반영된 상호작용은 애착의 특성을 다르게 만든다. 예를 들어 임신과 출산에 대한 계획과 준비가 충분했던 어머니는 보다 긍정적인 상호작용을 통해 영아와 건강한 애착을 형성할 가능성이 높다. 또한 아기의 건강상태가 양호한 경우 어머니는 양육에 대한 심리적 안정감을 갖게 되고 이것이 긍정적인 양육행동을 촉진함으로써 애착의 질에 기여한다.

셋째, 애착은 안정성을 지닌다.

이미 형성된 애착 유형은 쉽게 변화되지 않으며 지속적으로 유지된다. 즉 애착의 질적 측면은 가족 환경에 대한 개입이나 변화가 없는 한 쉽게 변하지 않는다.

넷째, 애착은 지속성을 지닌다.

주 양육자와의 상호작용 과정에서 형성된 초기의 애착 관계 유형은 영아에게 내면화되기 되기 때문에 이후의 또래나 이성관계의 특성에도 지속적으로 영향을 미친다.

2) 애착의 중요성

생애 초기에 형성된 애착은 인간 발달 및 적응 전반에 강력하고 지속적인 영향을 미친다. 특히 부모와의 애착관계는 유아에게 정서적 안전 기지를 제공함으로써 새로운 환경에 대한 적응력을 높여 준다. 영아기에 형성된 애착이 인간 발달의 여러 국면에 미치는 중요한 영향은 다음과 같다(구미향, 1999; 전우경, 2001; 정옥분, 2008).

첫째, 애착은 건강한 인성의 기초가 된다.

안정 애착을 형성한 유아는 자신이 원할 때마다 지속적으로 민감하고 따뜻한 반응을 얻을 수 있을 것이라는 기대를 갖는다. 그리고 그러한 기대가 충족되었을 때, 유아는 자신을 유능한 존재로 인식하고 주변 세계에 대해 신뢰감과 안정감을 가지게 되며, 이는 건강한 인성의 기초가 된다. 안정 애착 유아는 일반적으로 자신감과 호기심이 넘치며 좌절을 잘 참아내며, 문제행동을 덜 보이는 것으로 나타났다. 반면 생애 초기에 경험한 불안정 애착관계는 향후 애정 결핍으로 인한 정신 문제나 타인과의 정서적 관계에 대한 어려움으로 이어질 가능성이 높다.

둘째, 애착은 인지 발달에 영향을 미친다.

안정 애착을 형성한 유아는 새로운 상황에 호기심과 흥미를 나타내며 자발적으로 주변 환경을 탐색하고 도전함으로써 더 많은 것을 배울 수 있다. 또한 자기 능력에 대한 신뢰감을 바탕으로 능동적으로 문제에 도전하며 유능하게 문제를 해결할 수 있다. 즉 안정된 애착은 유아가 자신과 세상에 대한 믿음과 자신감, 탐색 의지를 갖도록 하는 건강한 내적 실행 모델(internal working model)로 작용하여 다양한 상황에서의 긍정적인 성취로 이어진다(Hamilton, 2000). 이에 반해 애착 형성이 불안정한 유아는 자신에 대한 낮은 신뢰감으로 인해 도전적인 과제를 받았을 때 성공적으로 대처하지 못하는 경향을 보인다.

셋째, 애착은 사회성 발달에 영향을 미친다.

생애 초기에 부모와 안정된 관계를 경험한 유아는 다른 사람과 교류하는 과정에서 자신감을 가지고 능동적으로 상호작용한다. 또한 타인을 신뢰하고 의지하며 도움을 요청할 수 있는 존재로 인식하여 대인관계에서 긍정적인 성취를 보인다. 실제로 안정 애착 유아들은 자신이 속한 집단에 잘 동조하고 협동적이며 어머니의 지시나 제한을 더 잘 따르는 경향이 있다. 또한 다른 사람의 마음에 관심을 가지고 감정이입을 잘하며, 놀이에 대한 제안을 많이 하고, 지도력을 발휘해서 인기가 많다. 뿐만 아니라 불안정 애착아에 비해 자아존중감이 높고, 부정적 정서를 통제하는 능력이 뛰어난 것으로 밝혀졌다. 이에 반해 불안정 애착 집단의 유아들은 또래와 원만한 관계를 맺지 못하고 타인으로부터 위축되어 있거나 경계하는 경우가 많다. 또한 어머니로부터 부정적인 감정을 다루는 방법을 배우지 못했거나 거부당한 유아들은 타인과 친밀한 관계를 맺는 것을 배우지 못하여 공격성을 많이 보이고 여러 가지 품행 문제를 갖게 된다.

2. 애착의 발달

1) 애착 발달에 대한 이론적 관점

(1) 정신분석 이론

프로이드의 심리성적 발달 관점을 토대로 애착 형성의 기제를 설명하는 이론이다. 즉 무엇이든지 입에 넣고 빨고 깨무는 행동을 통해 쾌감을 얻는 영아의 기본적 욕구를 충족시켜주는 사람과 영아 사이에 건강한 애착이 형성될 수 있다고 본다. 어머니가 수유를 통해 영아의 본능적인 욕구를 충족시켜 줌으로써 영아가 애정을 느끼는 대상이 되고 상호 지속적으로 정서적 관계를 유지하게 된다는 것이다. 에릭슨(Erikson) 역시 양육자가 영아의 기본적인 욕구에 민감하고 일관성 있게 반응해 줌으로써 애착이 형성되는 것이라고 하여 안정 애착과 기본적인 신뢰감 형성의 밀접한 관계를 강조하였다(정옥분, 2008).

(2) 학습 이론

애착 행동을 자극과 반응의 연합에 의해 학습 경험이 축적된 결과라고 보는 관점이다. 즉 애착의 질은 영아의 행동에 대한 어머니의 반응 정도와 영아에게 제공하는 자극의 양에 따라서 결정된다는 것이다. 다시 말해 영아는 자신의 욕구에 빨리 반응해 주고 다양한 보상을 제공하는 주 양육자와 애착을 형성하게 된다. 예를 들면 양육자가 기저귀가 젖어 우는 영아에게 신속히 다가가서 새 기저귀로 갈아주고, 기분 좋은 어조로 말을 걸거나 엉덩이를 토닥여 주는 행동을 반복하면 영아는 수시로 감각적 만족감을 느끼고 이러한 경험이 즐거운 감정으로 연결되어 영아의 애착 행동을 강화하게 된다.

(3) 인지발달 이론

애착을 형성하는 유아의 능력은 인지 발달과 밀접한 관계가 있으며, 영아가 특정 인물에 대한 애착을 형성하는 것은 지적 발달이 선행되었을 때 가능한 일로 보는 관점이다. 즉 애착은 애착 대상과 다른 대상을 구별할 수 있는 지각적 변별력과 대상영속성(애착 대상이 시야에서 사라져도 어디엔가 존재한다는 것을 이해하는 것)의 개념을 갖춘 후에 비로소 형성될 수 있다는 것이다. 실제로 대상영속성이 획득되는 7~9개월은 애착 발달의 결정적 시기라는 점에서 볼 때 애착은 인지 발달과 밀접하게 관련되어 있음을 알 수 있다.

(4) 동물행동학적 이론

보울비(Bowlby)는 애착을 태어날 때부터 이미 지니고 있는 인간 종 특유의 신호 및 행동 경향으로 보았다. 즉 애착은 생존 및 자기 보호를 위한 본능이며, 영아의 생존에 애착 인물이 기여한다는 점에서 유전적으로 결정된 기제라는 것이다(성영혜, 윤정희, 2002). 따라서 양육자 가까이에 머물고 접촉하기 위해 영아가 취하는 모든 행동(웃기, 울기, 따라가기, 옹알거리기 등)은 생존 유지를 위해 타고난 반응이라고 간주하였다. 이 관점에서는 성인 역시 영아가 보내는 신호를 해석하고 반응할 수 있는 능력을 선천적으로 가지고 있다고 본다. 또한 주 양육자가 영아의 다양한 신호를 잘 알아차리고 반응할수록 영아도 양육자에게 더욱 반응적으로 행동함으로써 상호 의존적인 정서적 유대가 형성되는 것이라고 본다. 할로우(Harlow)의 실험(배고플 때를 제외한 모든 시간 동안 헝겊엄마 곁에서 보내는 아기 원숭이의 행동) 또한 건강한 애착은 수유와 같은 1차적 욕구를 충족시켜 주는 것만으로 형성되는 것이 아니며, 영아와 어머니 간 사회적 상호작용의 질이 더 중요하다는 점을 시사해 준다.

2) 애착의 유형

에인스워스 등(Ainsworth et al., 1978)은 여덟 가지 에피소드로 구성된 '낯선 상황(strange situation)' 실험을 통해 어머니와 격리 후 재결합된 상황에서 어머니와 영아가 보여준 상호작용의 차이에 따라 애착의 유형을 분류하였다. 실험 결과, 어머니에 대한 영아의 애착 행동에 개인차가 존재하며 그러한 특성은 안정적으로 지속되는 특성이 있었다. 영아-어머니의 애착관계는 크게 안정(secure)과 불안정(anxious)의 두 차원으로 분류되며, 불안정 애착은 다시 불안-회피(avoidant) 유형과, 불안-저항(resistant) 유형으로 구분될 수 있다(방희정, 2009).

(1) 안정 애착(security attachment)

애착 행동과 탐색 행동이 균형을 이룬 상태로 대상 영아의 65% 정도를 차지한다. 낯선 사람을 만났을 때 영아는 일시적으로 경계하지만 이내 호기심을 가지고 친근한 반응을 보인다. 또한 친숙하지 않은 환경에 들어갔을 때 처음에는 약간의 불안을 나타내다가 곧 주위를 탐색하는 것에 흥미를 보이며 어머니를 안전 기지로 삼아 적극적으로 주변 환경을 탐색한다. 가끔씩 어머니의 존재를 확인하거나 어머니에게로 돌아와서 짧은 신체 접촉을 하는 것과 같은 행동을 통해 안정을 유지하며, 다시 기분 좋게 어머니 품을 벗어나 탐색에 몰입한다. 당면한 문제 상황의 해결을 위해 지속으로 열심히 노력하며 필요할 때에는 어머니에게 적절한 도움을 요청한다.

낯선 상황 실험에서는 어머니가 방을 떠날 때 잠시 울거나 저항하지만 다시 돌아오면 반갑게 맞이하고 가까이 접근하거나 접촉하는 등 긍정적인 행동을 보이며, 격리로 인해 느낀 불안은 어머니의 위로를 통해 쉽게 편안해진다.

(2) 불안정 애착

애착 행동과 탐색 행동이 균형을 이루지 못한 상태로 불안정 회피 애착과 불안정 저항 애착, 혼란 애착으로 구분된다.

- 불안-회피 애착(anxious avoidance attachment)

어머니와 분리될 때 고통스러워하는 반응을 보이지 않는다. 또한 어머니를 다시 만났을 때 그 존재를 무시하지만 놀이에 집중하지 못하고 어머니를 주시하는 유형으로 대상 영아의 약 20%를 차지한다. 평소 가정에서는 자주 울고 불안을 나타낸다. 낯선 상황 실험에서는 어머니의 존재와 상관없이 탐색을 계속하며, 어머니가 방을 떠났을 때 무관심하고 다시 만났을 때에도 낯선 사람을 만난 것처럼 어머니의 존재를 무시하거나 접촉을 피한다.

- 불안-저항 애착(anxious resistant attachment)

어머니와 분리될 때 상당한 심리적 고통을 표현하며 어머니가 돌아온 후에도 쉽게 안정을 찾지 못하는 유형으로 대상 영아의 약 10~15%를 차지한다. 어머니와 접촉하려는 애착 행동을 보이다가도 안아주면 화를 내면서 어머니를 밀어내고 저항하는 것과 같은 양면적인 행동을 보인다. 어머니와의 접촉을 요구하는 동시에 저항하는 유형으로 낯선 상황이나 사람 앞에서 어머니가 옆에 있어도 심한 불안을 느끼고 거의 탐색하지 않으며, 어머니와 낯선 이 모두에 대해 분노의 감정을 표출한다.

• 혼란 애착(disorganized attachment)

불안정 애착의 가장 심한 형태이며 회피 애착과 저항 애착이 결합된 유형으로 대상 영아의 5~10%를 차지한다. 어머니와의 격리 후 다시 만났을 때 긴장하고 굳은 표정으로 어머니에게 접근하거나 어머니가 안아줘도 먼 곳을 쳐다본다.

3) 애착의 발달과정

정상아의 경우 보통 생후 8개월 안에 주 양육자와 애착을 형성하며, 영유아기에 형성한 애착관계의 질은 전 생애에 걸쳐 지속적으로 영향을 미친다(Ainsworth, 1989). 보울비(1969)는 애착 발달의 단계별 특성을 다음과 같이 설명하였다(구미향, 1999; 김숙령, 2004).

• 애착 형성 이전 단계(출생~생후6주)

전(前) 애착 단계 또는 대상 구별 없는 지향 및 신호 단계라고도 한다. 자신의 요구에 반응하고 충족시켜 주는 누구에게나 애착 전조 행동(울기, 빨기, 미소짓기, 움켜 잡기 등)을 보인다. 주위 사람들을 변별 · 지각하지 못하여 낯선 사람과 홀로 남겨져도 별로 개의치 않는다.

• 애착 형성 단계(생후6주~8개월)

특별한 대상을 지향하거나 신호를 보내는 단계이다. 시각적 변별 능력이 생기면서 친숙한 대상과 그렇지 않은 대상을 구별한다. 생후 6주 경 울음, 눈 맞춤, 미소와 같은 애착 행동을 통해 양육자와의 접촉을 시도하거나 양육자를 곁에 머무르게 한다. 생후 3개월 이후가 되면 몇 사람의 친숙한 성인에게 다른 사람과 뚜렷하게 변별되는 신호(예: 미소, 옹알이)를 보낸다. 양육자와 함께 놀이하거나 상호작용할 때 더 적극적이고 민감한 반응 보인다. 낯선 사람이 상호작용을 시도하면 단순히 응시하는 것에 그치지만 양육자에게는 호의적인 표현을 한다. 아직까지 애착이 특정 인물에게 완전히 형성된 것은 아니므로 부모가 자기를 혼자 남겨놓고 자리를 떠나도 분리불안을 보이지 않는다.

• 분명한 애착 형성 단계(생후8개월~18개월)

애착 대상에게 신호를 보내거나 가까이 이동하여 근접성을 유지하는 단계로 진(眞) 애착 단계라고도 한다. 생후 6~8개월경 인지능력과 이동능력이 발달함에 따라 양육자에게 더욱더 능동적으로 접근하며, 낯선 사람에 대한 불안이나 양육자와의 격리에 대한 불안을 더 적극적으로 나타낸다. 생후 7, 8개월 이후에는 분명하게 주 양육자를 인식하게 되며, 점차적으로 애착 대상이 어머니 외에도 소수의 친숙한 다른 사람에게 확장된다.

• 목표 수정적 동반자적 관계 형성 단계(생후18개월~2세)

언어의 발달과 정신적인 표상이 가능해짐에 따라 어머니의 감정과 동기를 이해하고, 자신의 욕구를 보다 효과적으로 전달할 수 있다. 어머니와 의견을 교환하고 협상하며 때로는 자신이 원하는 대로 어머니의 행동을 수정하기도 하면서 동반자적 관계를 형성한다(예: 어머니가 잠시 볼일을 보러갔다 오겠다고 하면 언제 돌아올 것인지를 물어 보고 빨리 다녀와서 자신과 함께 놀아줄 것을 부탁함). 장시간 동안 어머니와 떨어져 있어도 참을 수 있게 되는데 이는 어머니가 언제 다시 돌아올지를 영아가 예측할 수 있기 때문이며, 결과적으로 분리불안이 감소한다.

낯가림(stranger anxiety)

'영아가 특정인과 애착을 형성한 후 낯선 사람을 대할 때 큰 소리로 울거나 경계하는 반응을 보이는 것'을 말한다. 즉 낯선 얼굴과 익숙한 얼굴의 불일치에 대해 영아가 보이는 반응이다. 6~8개월경 나타나기 시작해서 첫돌 전후에 최고조에 달했다가 서서히 감소한다. 낯가림의 정도는 영아의 기질이나 환경 요인에 따라 다르게 나타나며, 부모가 함께 있거나 기질적으로 순한 영아가 낯가림이 덜하다.

분리불안(separation anxiety)

'영아가 애착 대상과 분리되었을 때 느끼는 불안'을 의미한다. 영아가 분리불안을 보인다는 것은 특정 인물과 애착을 형성했으며, 대상영속성의 개념을 획득했다는 것을 의미한다. 분리불안은 모든 문화권에서 보편적으로 나타나는 현상으로 돌 전후 시작되어 15개월까지 계속 증가하다가 20~24개월 사이에 없어진다. 애착이 안정적일수록 분리불안 반응을 덜 보이는 경향이 있다.

출처: 정옥분(2008), 아동발달의 이해.

3. 애착 발달의 영향 요인

애착의 발달에 영향을 미치는 요인은 크게 두 가지 측면으로 나누어 볼 수 있는데, 하나는 양육자와 관련된 요인이며, 다른 하나는 영아와 관련된 요인이다.

1) 부모 요인

어머니의 인성적 · 심리적 특성, 연령, 양육태도, 어머니 자신의 유아기 애착 경험 등 주 양육자의 개인적 특성이나 배경은 애착 형성에 직접적으로 영향을 미치는 요인들이다. 그런가 하면 부모의 사회경제적 지위, 심리학적 요인과 결혼 만족도, 사회적 지지와 스트레스 등과 같은 사회 맥락적 요인은 어머니와 영아가 형성하는 애착의 특성에 간접적으로 영향을 미치는 요인들이라고 할 수 있다(전우경, 2001).

(1) 어머니의 인성적 · 심리적 특성

어머니의 인성적 · 심리적 특성은 자녀양육 방식에 영향을 미쳐 애착 유형을 결정짓거나 변화시키는 요인으로 작용한다. 명랑하고 사교적이며 자신감 있고 활동적인 어머니를 둔 영유아일수록 안정 애착을 형성하게 될 가능성이 높다(Goldsmith & Alansky, 1987). 또한 영아가 보내는 신호를 민감하게 인식하고 반응하는 것은 애착 형성에 결정적인 영향을 미친다(Valenzuela, 1997). 즉 어머니가 영아의 정서적 · 행동적 신호를 정확하게 인식한 후 적절하게 해석해서 반응할수록 어머니－영아 간의 긍정적인 상호작용 가능성이 높아지며, 이를 통해 안정적인 애착관계가 형성될 수 있다.

반면, 어머니가 자녀와의 신체 접촉을 달가워하지 않고 기분 변화가 잦으며 쉽게 화를 내거나 불안 또는 우울 수준이 높은 경우, 자녀에게 강압적인 태도를 취하는 등 적절한 반응을 제대로 보이지 못할 때 불안정 애착을 형성할 가능성이 높아진다. 특히 우울 성향이 높거나 부정적인 정서 반응을 자주 나타내는 어머니는 자녀를 거부하거나 통제함으로써 자녀의 정서적 안정과 사회성 발달에 부정적인 영향을 미친다(박성연, 전춘애, 한세영, 1996). 연구 결과 우울증이 있는 어머니는 영아에게 단조로운 정서와 불충분한 자극을 반복적으로 제공하며 그 영향으로 인해 영아는 주의 깊지 못하고 까다로우며 활동성이 낮은 경향을 보였다(구미향,

1999). 또한 불안정 애착아의 어머니들 중에는 자녀양육을 좋아하지 않으며, 자녀에 대해 전반적으로 부정적인 정서를 가지고 있는 경우가 많았다(Egeland & Faber, 1984).

아버지가 자녀양육에 적극적으로 참여하는 경우에는 아버지의 특성 또한 애착 형성에 영향을 미친다. 영아와 아버지를 대상으로 한 연구 결과, 명랑하고 사교적인 성격이며 부부관계가 좋고 가족에 대한 긍정적인 느낌을 가지고 있으며, 영아에게 적절한 반응을 보이는 아버지를 둔 영아들이 더욱 안정적인 애착을 형성하는 것으로 나타났다(이영환, 1993).

(2) 어머니의 양육방식 및 양육태도

건강하게 태어난 모든 영아들은 누구나 안정적인 애착을 형성할 수 있는 잠재력을 가지고 있지만 이것만으로는 충분하지 않다. 애착이 형성되려면 최소한 몇 개월의 시간이 필요하며, 이 시기 동안 양육자는 영아와의 충분한 상호작용을 통해 친밀감을 형성하고 영아의 요구에 대해 적절하고 민감한 반응을 제공해 주어야 한다. 영아는 편안하고 안전한 환경 속에서 독립적으로 탐색할 수 있을 때, 그리고 위험으로부터 자신을 지켜주는 안식처가 언제나 가까이 있다고 느낄 때 자신의 가치에 대한 믿음을 갖게 되며, 이러한 기본적 신뢰감은 타인과의 관계에 대한 믿음과 호의적인 태도의 바탕이 된다.

안정 애착아의 어머니는 평소 영아에게 관심과 애정을 잘 표현한다. 영아와의 상호작용을 즐겁게 잘 하며, 영아가 보내는 신호에 민감하게 반응하고 능숙하게 다룰 수 있다(Pederson, Moran, Sitko, Campbell, Ghesquire & Acton, 1990). 이에 반해 불안정 애착아의 어머니는 전반적으로 자녀와의 신체적 접촉을 꺼리는 경우가 많으며, 자녀가 부모를 좋아하지 않고 거부한다고 생각하는 경향이 강하다. 또한 어머니의 기분이나 상황에 따라 자녀와의 상호작용 행동이 달라지고 일관성이 없다. 뿐만 아니라 자녀의 애착 행동에 대해 화를 내거나 지겨워하며 놀리거나 거부적인 반응을 보이기도 한다.

생후 1년 동안 영아의 신호와 요구에 대해 양육자가 어떻게 반응하는지 그 민감성의 정도가 애착의 질을 결정한다. 즉 어머니가 영아의 신호를 민감하게 알아차리고 빨리 반응하며 적절한 도움을 주는 것, 영아와의 신체적 접촉과 애정 표현을 즐기는 것, 다양한 자극을 제공하고 정서적 · 언어적으로 긍정적인 반응을 보이는 것과 같은 반응적이고 수용적인 양육태도는 안정적인 애착 발달에 긍정적으로 기여한다(구미향, 1999). 반면 어머니가 지속적으로 영아의 욕구를 무시하거나 거부하면 영아는 자신을 가치 없고 무능한 사람으로 여기게 된다. 또한 타인을 신뢰하지 못하고 거부하는 태도를 내적으로 형성하게 되며, 이는 영아가 불안정 저항 애착을 형성하게 되는 주요 원인이 될 수 있다.

(3) 사회맥락적인 요인

생태학적 관점에서는 주 양육자인 어머니의 유아기 애착 경험, 사회적 지원 유무, 스트레스 수준, 대리양육의 방법 등 양육을 둘러싼 다양한 상황적 요인들이 부모－자녀관계의 질에 영향을 미치며 그 결과 애착 유형도 달라질 수 있다고 주장한다. 즉 어머니가 취하는 양육행동은 어머니의 성격 특성이나 자녀의 특성, 문화적 가치나 신념, 기타 상황적 요인 등으로부터 의식적, 무의식적으로 영향을 받기 때문에 영아와의 애착 형성에 간접적이지만 지속적으로 영향을 미치는 요인이 된다는 것이다.

어머니의 유아기 애착 경험은 자기 자녀와의 애착의 질을 결정하는 요인이 된다. 왜냐하면 성인이 된 후 자녀와 애착관계를 맺고 자녀를 양육하는 과정은 그 자신의 어린 시절 애착 대상과의 관계에서 형성된 기억, 감정, 기대 등으로부터 영향을 받은 결과로 해석될 수 있기 때문이다(Cowan et al., 1996). 뿐만 아니라 부모와 안정적으로 애착을 형성한 아동기의 경험은 성인이 된 후 자신의 자녀와도 안정된 애착관계를 유지하며, 민감하고 지지적인 양육을 실천하는 과정으로 세대 간에 연속적으로 전승될 수 있을 것이다(최해운, 1997). 이처럼 어린 시절 부모와의 관계는 이후 부모가 되었을 때 자녀와의 관계에 지속적으로 영향을 미치는 요인으로 이를 통해 애착의 세대 간 전이가 일어나게 된다(장미자, 1998).

다른 사람과의 원만한 관계맺음이나 적절한 사회적 지원은 어머니-영아 간 애착의 질에 긍정적인 영향을 미친다. 예를 들어 주변의 도움과 지지를 충분히 얻으면서 자녀를 양육하는 어머니의 경우 자녀와 더욱 긍정적인 상호작용을 하며 안정적인 애착을 형성할 수 있다. 특히 배우자로부터의 수용과 지지는 어머니의 양육행동과 직접적으로 연결되는 중요한 지원체계라고 할 수 있다. 어머니의 결혼만족도가 높을수록, 배우자로부터 양육 행동에 대한 인정과 지지를 받을수록, 부부갈등이 적을수록 어머니-영아 간 애착 안정성이 높고, 특히 생후 1~3세 때 애착 안정성이 높다.

자녀 양육과정에서 경험하는 스트레스는 어머니의 우울 수준을 높이고 자녀의 기질을 어려운 기질로 지각하게 하며 이는 양육효능감을 낮추는 요인으로 작용하여 건강한 애착 형성을 방해한다(Gross et al., 1994). 이 밖에도 어머니의 연령 및 사회경제적 지위, 분만 준비과정, 산고, 모유 수유나 임신우울증 여부에 따라서도 애착의 질에 차이가 있을 수 있다. 어머니의 연령이 어리고 사회경제적 지위가 낮을수록 불안정 애착의 결과로 이어질 가능성이 높다. 한편 어머니의 취업 여부와 애착의 관계에 대해서는 아직까지 서로 다른 입장들이 제기되고 있어 논의가 필요한 부분이다.

2) 영아 요인

애착의 질에 영향을 미치는 영아의 특성으로는 영아의 건강상태(미숙아, 조산아), 기질, 외모, 성별, 사회적 반응성 등이 있는데, 이 중 영아의 사회적 반응성과 기질에 대해 살펴보면 다음과 같다.

(1) 영아의 사회적 반응성

애착은 영아와 어머니 간의 상호작용을 통해 이루어지는 정서적 유대감으로 어머니와 영아는 지속적으로 서로에게 영향을 미친다. 즉 어머니와 영아 각자가 지닌 개인적 · 상황적 특성은 두 사람 간의 상호작용에 영향을 미치게 되고 이러한 상호작용은 애착의 질을 결정한다. 애착 형성의 과정에서 영아는 자신의 신체적 욕구를 만족시켜 주는 어머니에 의해서 애착을 형성하는 수동적인 존재가 아니다. 오히려 영아는 적극적으로 자신이 원하는 바를 이루기 위해 능동적으로 행동하며, 이를 통해 목적을 성취한다. 어머니와의 상호작용에서 신생아들이 보여주는 다양한 행동들은 그 단서가 된다. 예를 들어, 부모를 더 많이 쳐다보고 미소지으며, 옹알이하는 영아들은 양육자로부터 더 많은 애정과 관심을 이끌어냄으로써 애착 형성을 주도하고 기여한다. 영아들은 응시 철회, 소리내기, 고개 돌리기, 얼굴 표정 등의 행동을 통해 애착 형성 과정에 적극적으로 영향을 미친다. 이와 같이 영아의 사회적 반응수준은 안정 애착 형성을 주도하는 대표적인 요인이라고 볼 수 있다.

(2) 영아의 기질

기질이란 '인간의 행동 특성이나 성격의 근간을 이루는 기본적인 성향'을 의미하며 개인차를 설명하는 근원으로서 항상성을 갖는다고 알려져 왔다. 영아의 기질과 애착 안정성의 관계를 살펴본 연구 결과 일반적으로 기질적 특성 중 적응성이 높을수록 애착 안정성이 높고, 높은 활동성은 불안정 애착과 관련되는 것으로 나타났다(이정희, 1993). 또한 화를 잘 내거나 신경질적이며 충동적인 것과 같이 까다로운 기질을 지닌 영아의 어머니는 자녀의 요구에 신속하고 적절하게 반응하지 못하며, 어머니 자신이 자녀에게 긍정적인 영향을 끼치지 못한다고 느낀다. 자녀양육에서의 이 같은 무력감은 바람직하지 못한 양육행동으로 이어질 수 있으며, 결과적으로 애착 안정성을 낮추는 원인으로 작용할 수 있다(박응임, 1995).

그러나 기질 자체보다는 영아와 부모가 기질적으로 서로 맞지 않거나, 부모가 자녀의 기질적 특성에 만족하지 못할 경우, 어머니가 받는 사회적 지지 수준이 낮을 경우, 어머니가 지나치게 보수적이거나 엄격한 성격일 경우에만 애착의 질에 부정적으로 작용한다고 보는 입장도 있다(전우경, 2001).

4. 애착 발달을 돕는 교사의 역할

교사와 안정 애착을 형성한 유아는 친사회적이며 또래들과의 관계가 원만하다. 또한 기관적응 및 성취 정도에서 긍정적인 경향을 보인다. 이처럼 교사와 영유아 사이의 애착 형성은 영유아의 건강한 발달을 위한 필수 과제로써 어머니와 애착관계가 불안정한 영아라면 이를 보완해주는 교사의 노력이 더욱 필요하다. 영유아와의 건강한 애착관계를 형성하기 위해 교사가 고려해야 할 점은 다음과 같다.

1) 영유아가 보내는 신호를 민감하게 인식하고 반응해 주기

영유아가 보내는 신호를 교사가 민감하게 알아차리고 그 의미를 정확하게 읽어서 원하는 반응을 제공해주는 것이 중요하다. 이러한 경험이 반복될수록 영유아는 스스로를 유능한 사람으로 느끼며 교사와 안정적인 애착을 형성할 수 있다. 교사는 평소 영유아의 행동을 주의 깊게 관찰하고 그 의미를 분석해 보는 연습을 통해 민감성을 키워야 한다. 또한 영유아가 원하는 것이 무엇인지를 빨리 알아차려서 적합한 반응을 일관성 있게 해줄 수 있어야 한다.

2) 영유아의 기질적 특성을 이해하고 수용하기

기질은 태어날 때부터 이미 가지고 있는 개개인의 독특한 성향으로써 쉽게 변화되지 않는 특성이 있다. 집단 중심의 보육(교육) 상황에서 영아의 까다로운 기질은 교사의 어려움을 가

중시켜 종래에는 영아-교사 간 불안정 애착 형성의 요인이 될 수 있다. 그러므로 교사는 영아가 지닌 독특한 기질과 성향을 살펴보고 이에 대한 올바른 이해를 할 수 있도록 노력해야 한다. 교사가 기질에 대한 충분한 이해를 가짐으로써 영아를 긍정적인 시선으로 바라보는 것은 건강한 애착 형성을 위한 출발점이 될 수 있기 때문이다.

3) 영유아가 사랑받고 있다고 느낄 수 있도록 온정적으로 상호작용하기

영유아를 대하는 성인의 따뜻하고 온정적인 태도와 보살핌은 안정적인 애착 발달을 돕는다. 지지적이고 수용적인 눈빛으로 영유아를 바라보는 것, 미소를 지으며 부드럽게 토닥여 주는 것, 따뜻한 말을 건네고 칭찬해 주는 것, 기분 좋게 간지럼을 태우는 것과 같은 따뜻한 쓰다듬기를 통해 유아는 자신이 소중하고 사랑받는 존재이며, 세상을 따뜻하고 믿을 만한 곳이라고 느낀다. 따라서 교사는 사랑을 가득 담은 신체접촉이나 지지적인 표정, 온정적인 보살핌, 친절한 언어 등을 통해 영유아가 자신을 가치 있는 사람으로 느끼고 자기 주변 세상에 대한 긍정적인 느낌과 신뢰감을 형성할 수 있도록 도울 수 있다.

4) 영유아와 함께 애착 증진을 돕는 놀이하기

애착 증진을 돕는 다양한 놀이를 통해 유아들이 교사 또는 또래들과 즐겁고 긍정적인 상호작용을 경험하도록 한다. 놀이는 긍정적인 정서를 나누고 함께 협력하며 기분 좋은 신체 접촉이 자연스럽게 일어날 수 있는 기회로서 교사-유아 간, 또래 유아 간 애착 증진을 돕는다. 예를 들어 로션 놀이(교사와 유아의 손에 로션을 바른 후 서로의 손을 마주 잡거나 만져보면서 매끄럽고 부드러운 감촉을 느껴 보는 놀이), 이불 속 손가락 찾기(유아들과 동그란 모양으로 엎드려 누운 후 이불 속에 손을 넣고 서로의 손가락을 찾아보는 놀이), 이불 썰매(넓은 이불 위에 유아들을 1~2명 태우고 천천히 끌어 주는 놀이) 등은 함께 하는 유아들과 교사의 유쾌한 신체 접촉을 통해 정서적 안정감과 친밀감 증진에 긍정적인 효과를 줄 수 있는 활동들이다.

Chapter 06

자아개념

<table>
<tr><td>학습목표</td><td colspan="3">• 자아개념의 정의와 중요성을 이해할 수 있다.
• 자아개념의 발달과정을 이해하고 유아사회교육에서의 시사점을 도출할 수 있다.
• 자아개념 발달에 영향을 주는 다양한 요인을 이해하고 유아의 자아개념을 발달시키기 위한 방안을 모색할 수 있다.
• 자아개념 발달을 돕기 위한 교사의 역할을 이해하고 유아 사회교육 실제에 적용할 수 있다.</td></tr>
<tr><td rowspan="2">학습내용</td><td>지식</td><td>기술</td><td>태도</td></tr>
<tr><td>• 자아개념의 정의와 구성요소
• 자아개념 발달
• 자아개념 발달의 영향 요인</td><td>• 유아의 자아개념 발달과정 관찰, 기록, 분석 기술
• 자아개념 발달을 돕기 위한 상호작용 기술</td><td>• 자아개념의 중요성을 인식하고 유아 자아개념 발달을 위해 노력하려는 태도
• 개별 유아를 존중하고 인정하는 태도</td></tr>
<tr><td>주요용어</td><td colspan="3">자아개념, 자아인식, 자아존중감, 자기충족적 예언, 거울실험, 자아개념 발달, 격려, 칭찬</td></tr>
</table>

'나는 누구인가', '나는 어떤 사람인가'. 이는 인간이 평생을 살아가면서 끊임없이 자기 자신을 향해 던지게 되는 매우 중요한 질문이자 해결해야 할 과제이다. 자아개념이란 한 개인이 자신에 대해 가지고 있는 지각 또는 견해로서 개인의 행동 특성을 이해하는 근거가 된다(정명숙, 2007). 즉 개인이 자기 자신을 어떤 사람이라고 생각하고 어떠한 믿음과 기대를 가지고 있는가하는 것은 타인의 행동이나 자신이 처한 상황에 대한 지각이나 반응, 판단 및 결정에 지속적으로 영향을 미치기 때문에 중요하다.

유아기는 인간 발달과정 중에서 가장 역동적이고 급속한 발달이 일어나는 시기이며, 한 개인이 자신에 대해서 갖는 관점인 자아개념의 기초가 만들어지는 시기이다. 유아기 동안에 자기 자신에 대하여 형성하는 지각과 태도는 유아의 사회 적응 및 건전한 인성 발달, 나아가 긍정적인 자기실현에 가장 중요한 요소라는 점에서 사회 · 정서 교육의 핵심 주제로 포함되어야 한다(김영희, 1998).

이에 본 장에서는 자아개념의 정의와 구성 요소 및 중요성, 유아기의 자아개념 발달과정과 자아개념 발달을 돕는 교사의 역할에 대하여 살펴보고자 한다.

1. 자아개념의 정의 및 중요성

1) 자아개념의 정의와 구성 요소

자아개념이란 내가 '나'에 대하여 가지는 모든 지각을 의미한다. 즉 인간으로서 자신의 신체, 행동, 능력 등에 대해 가지는 태도와 신념 및 견해, 그리고 상황에 대한 지각과 환경과의 상호작용을 통하여 형성되는 경험의 총체를 뜻한다(이경화, 고진영, 2003). 요컨대 자아개념은 '개인이 자기 자신에 대해 지각하는 태도나 느낌의 총체'라고 정의할 수 있다.

자아개념은 인지적 요소와 정의적 요소를 모두 포함하는 개념이다(고진영, 2004; Craven, McInreney, & Marsh, 2000). 자아 인식은 자아개념의 인지적 측면을 의미하는 용어로 자아에 대한 이해를 말하며, 자기의 역할이나 자기가 속한 집단 속에서의 자아에 대한 인지적 표상으로써 자아개념의 핵심이 된다(유효순, 2007). 또한 자아존중감은 자아개념에 대한 평가적 측면이자 정의적 측면으로 자신의 가치와 중요성에 대한 의식적인 판단을 통해 행동에 강한 영향력을 갖게 된다.

이와 같이 자아개념은 인지적 요소와 정서적 요소를 포함하며 '자신의 신체, 가족, 외모, 능력 등에 대한 자기 생각이나 느낌, 평가'라고 정의할 수 있다.

2) 자아개념의 중요성

자아개념은 전 생애에 걸쳐 개인의 인식과 행동, 적응 문제에 지속적으로 영향을 미친다. 즉 개인의 정서적 성숙 및 학업 성취, 대인관계 등 발달의 전 영역에 의미 있는 영향을 미치며 이를 구체적으로 살펴보면 다음과 같다.

첫째, 자아개념은 자기 이미지를 결정하는 기초가 된다.

어린 시기에 형성한 자아개념은 자기에 대한 이미지를 형성하는 기초가 된다(Marsh, 1997, 정명숙, 2007에서 재인용). 자아개념은 유아의 행동에 대해 일종의 자기 충족적 예언(self-fulfilling prophecy)의 역할을 한다. 즉 자기 자신을 가치 있고 유능하다고 생각하면 그러한 신념에 부합되도록 행동하려고 노력하게 되며, 반대로 자신을 쓸모없고 무능하다고 생각하면 그에 따라 행동도 부정적으로 흐를 가능성이 있다(박낭자, 고진영, 2006). 이와 같이 한 사람이 자신을 긍정적으로 인식하고 지각하는 것은 그에 합당한 자기 이미지를 구축하도록 도움으로써 삶에 활력을 불어넣어 준다.

둘째, 자아개념은 개인의 행동을 결정짓는 가장 중요한 요인이다.

자아개념은 환경에서의 경험과 현상에 대한 해석, 기대감, 내적인 지속성에 영향을 미쳐서 개인의 반응을 결정짓는 토대로 작용한다(홍순정, 최석란, 신은수, 1999). 즉 자신의 능력이나 가치에 대해 긍정적으로 생각하는 유아는 문제 상황에 적절하고 효과적으로 대처함으로써 타인과 원만한 관계를 맺을 수 있으며, 일상생활에 순조롭게 적응할 수 있다. 그러나 자아개념이 부정적인 유아는 자신의 능력에 불안을 느끼며, 문제 상황에 신중하지 않고 충동적으로 반응함으로써 낮은 문제해결능력을 보이고 결과적으로 사회적인 부적응을 초래하게 된다(정명숙, 2007).

셋째, 자아개념은 사회적인 성취와 적응을 예언하는 변인이다.

자신의 가치와 능력에 대한 개념은 그 사람의 성취동기와 밀접하게 관련된다. 자신을 중요하고 가치 있는 사람으로 생각하는 유아는 매사 자신감을 가지고 적극적이며 능동적으로 참여하고 친구들과 잘 어울려 놀며, 유치원 생활에도 잘 적응한다(김영숙, 1997). 또한 세상에 대한 호기심과 배우고자 하는 열의가 높고 자신의 학습 능력에 대한 믿음과 기대 수준이 높으며, 이를 성취하고자 하는 의지도 강하기 때문에 목표한 과제에 집중하여 높은 성취를 이룰 수 있다(박성연, 2006). 그러나 자아존중감이 낮은 유아는 자기 능력에 대해 낮은 기대를 가지고 있어 학습에 대한 부정적인 감정을 가지기 쉽고 과제를 해결하기 위해 끈기 있게 노력하는 대신 쉽게 포기하는 경향이 있다.

2. 자아개념의 발달

자아개념은 영아기부터 형성되기 시작하여 청소년기 이전에 자아에 대한 영상이 본질적으로 완성될 때까지 계속해서 발달되며, 자아개념 발달에 가장 중요한 시기는 생후 첫해이다(박낭자, 고진영, 2006). 앞에서 설명한 바와 같이 자아개념은 인지적 요소와 정의적 요소를 모두 포함하는 개념이다. 따라서 유아의 자아개념 발달에 관하여 자아개념의 인지적 영역인 자아인식과 정의적 영역인 자아존중감의 발달로 나누어 살펴보고자 한다.

1) 자아 인식

자아 인식(self-awareness, self-cognition)은 유아가 '다른 사람과 자신이 다른 독립적인 존재라는 것을 아는 것'이다. 자아개념의 발달은 다른 사람과 자신의 신체, 행동, 사고가 다르다는 것을 깨닫는 것으로부터 시작된다.

(1) 영아기의 자아 인식

생후 1개월경 영아는 아직까지 자신의 신체가 자기 것이라고 깨닫지 못한다. 그러다가 생후 2, 3개월 즈음부터 점차적으로 외부 세계로부터 자신이 분리된 존재라는 것을 느끼며, 제한적이지만 자신의 행동이 어떤 결과를 일으키는 원인이라는 것을 이해할 수 있다(문정화, 나귀옥, 박경빈, 오선영, 김은영, 2008). 그러나 적어도 생후 4개월까지는 자신을 어머니의 한 부분으로 여기며, 5개월경부터 분리되기 시작하여 생후 1년 동안 자신에 대한 인식을 발달시켜 나간다.

신체에 대한 개념, 즉 신체자아는 아주 일찍부터 형성되기 시작하는데, 이는 영아들을 대상으로 한 거울 실험을 통해서도 알 수 있다(Lewis & Brooks-Gunn, 1979). 영아의 코에 립스틱을 칠한 후 거울을 보여주었을 때 영아가 나타내는 반응을 살펴본 결과, 1세 미만 영아는 자기 코를 만지는 반응을 보이지 않았다. 그러나 생후 1년 이후부터 18~24개월 사이의 영아들 대부분은 거울에 비친 자신의 코를 만지는 반응을 보였다. 이를 통해 생후 1년 이후에 초보적인 자아인식이 나타나 점차적으로 발달해간다는 것을 알 수 있다.

(2) 유아기의 자아 인식

자신과 타인 사이의 경계에 대한 분명한 인식이 이루어지는 시기로 이는 유아가 자기 소유물에 대한 권리를 주장하는 행동(예 : 내 거야)에서 쉽게 확인할 수 있다. 아직까지는 외적으로 드러나는 신체 특징, 이름, 나이, 성별, 소유물, 능력과 같은 구체적인 특성들을 중심으로 한 초보적인 자아개념 수준을 보인다. 예를 들어, 유아에게 자신에 대해 설명해 보라고 하면 '나는 4살이에요. 나는 남자예요. 나는 키가 커요. 내 그림책이에요. 나는 그림을 잘 그려요'라는 식으로 자신을 설명한다.

3~5세 유아들의 자아개념은 자신과 타인을 성별, 나이 등의 범주에 따라 구분하고 신체 특징과 같은 외현적 특성을 중심으로 자신을 진술하는 '범주자아'적 특성을 지닌다. 또한 자신의 특성을 언어로 표현할 수 있으나 심리적 특성에 대한 진술(예: 나는 행복해, 나는 열심히 노력해)은 거의 하지 못한다(송명자, 2008).

자신의 내적 특성이나 또래들과의 비교를 통한 자기 표현은 6~8세경이 되어야 나타나기 시작한다. 즉 아동기 이후 자아개념의 통합 및 분화에 따라 외적인 특성을 묘사하는 것에서 벗어나서 가치, 신념, 사상과 같은 내재적이고 심리적인 특성을 중심으로 자신을 묘사하게 되는 변화를 보인다(문정화 외, 2008).

이상의 내용을 요약해 보면 자아 인식은 외적이고 구체적이고 현실적인 것으로부터 내적이고 추상적이며 보다 심리적인 측면에 초점이 맞춰지는 방향으로 변화된다는 것을 알 수 있다.

2) 자아존중감

자아존중감(self-esteem)이란 '자신의 능력, 특성, 가치에 대한 판단이나 평가적 측면'으로서 다음과 같은 요소들을 포함하는 개념이다(Berk, 2005; 문정화 외, 2008에서 재인용).

[표 6-1] 자아존중감의 구성요소

자아존중감			
학업 능력 (언어, 수, 기타교과)	사회적 능력 (또래관계, 부모와의 관계)	신체·운동능력 (실외게임, 운동기술)	외모

생후 24개월경 영아는 자신과 타인이 서로 독립된 존재라는 것을 알게 되면서 점차 자신을 평가 대상으로 객관화시켜 볼 수 있게 된다. 또한 사회적 활동 범위가 확장되고 인지능력이 발달함에 따라 타인이 나를 어떻게 인식하고 평가하는지를 반복하여 지각하는 경험을 통해 점차 자기 자신에 대한 개념적 표상을 형성하게 된다. 즉 자신에 대한 이해와 자아존중감은 유아 주변의 타인들이 유아의 행동에 대해 어떻게 지각하고 반응해 주는가에 따라 영향을 받는다(문정화 외, 2008).

유아들은 자신의 능력을 과대평가하거나 '나는 예쁘다', '나는 착하다'는 식의 초보적이고 단순한 수준으로 자기 가치감을 나타내는 경향이 있는데, 이는 인지 발달의 한계로 유아가 자신의 바람과 실질적인 자기 능력을 구분하기 어렵고 자아의 여러 측면을 통합할 수 없기 때문이다(Harter, 2003).

발달의 전 과정에서 자아존중감 수준이 가장 높게 나타나는 것은 유아기이며, 그 이유는 다음과 같다(Eccles, Wigfield, Harold & Blumenfeld, 1993; 박낭자, 고진영, 2006에서 재인용).

- 연령이 낮은 유아는 높은 연령 아동에 비해 상대적으로 자기 자신을 긍정적으로 보는 경향이 더 강하다.
- 유아는 자신의 실제 능력보다 이상적으로 뛰어난 능력을 자신의 모습이라고 생각하고 행동한다.
- 유아는 다른 사람들로부터 인정받고 싶은 욕구와 다양한 활동에서 잘하기를 바라는 강한 욕망을 가지고 있다.

자아존중감 수준은 연령 증가 및 생활 경험이 많아지는 학령기에 이르러 점차 낮아지는 변화를 보이는데, 이는 아동이 자신을 또래와 비교하게 되면서 자신의 능력에 대해 객관적으로 평가하게 되기 때문이다. 즉 아동기 이후에는 대인관계 속에서의 자신의 모습에 대한 보다 현실적이고 비판적이며 통합적이고 균형 잡힌 개념을 갖게 된다.

3. 자아개념 발달의 영향 요인

자아개념 발달은 주로 유아가 사회적 관계 안에서 받는 다양한 피드백을 통해 이루어진다. 즉 유아는 부모, 교사, 또래집단의 반응 및 평가를 반복적으로 경험하면서 자신에 대한 긍정적 또는 부정적 자아개념을 형성해 간다. 자아개념 발달에 영향을 미치는 요인들을 살펴보면 다음과 같다.

1) 부모의 긍정적 평가와 격려

부모는 유아의 자아개념 발달에 가장 직접적이고 지속적인 영향을 미치는 환경이다. 부모로부터의 평가를 통해 유아는 자신의 다양한 특성이나 능력을 발견하고 인식하는 기회를 갖게 하며, 이때의 긍정적인 평가는 유아가 긍정적인 자아상을 형성하는 데 도움을 준다. 부모가 유아에게 알맞은 기대를 제시하고 다양한 시도와 노력을 격려하고 지지하면서 성취에 이를 수 있도록 적절한 도움을 줄 때 자아존중감이 높아지는 반면, 사소한 잘못에도 자주 꾸짖는 것은 유아의 자아존중감 발달을 저해하는 요인이 된다.

감정을 억압하는 것은 유아의 자아존중감을 파괴하기 쉽다(홍순정, 최석란, 신은수, 1999). 어머니의 평가가 부정적인 경우 유아의 자부심이 감소하는 반면 수치심은 증가된다. 부모가 유아의 감정을 수용해 주고 표현하게 하며 부정적인 감정을 건설적으로 다루도록 안내하는 것 또한 유아의 자아개념 발달을 도울 수 있다. 또한 자녀의 수행에 대한 부모 평가의 내용이 중립적이었을 경우 새로운 것에 대한 유아의 도전이 증가되는 경향이 있다.

아울러 양육자와의 안정 애착은 유아의 자아 인식에 매우 중요한 영향을 미친다. 부모와 안정 애착을 형성한 유아일수록 자신을 더욱 긍정적인 시각으로 바라본다. 또한 불안정 애착아에 비해 안정 애착아가 자기에 대한 지식 수준이 더 높다는 점에서 애착은 자아개념 발달을 위한 기본적인 토대라고 할 수 있다(문정화 외, 2008).

2) 교사 및 또래로부터의 인정과 지지

교사의 지지와 격려는 유아의 자아개념 발달에 매우 중요한 자원이 된다. 유아의 능력에 대해 교사가 갖는 기대는 유아에게 주는 피드백의 양이나 형태에 영향을 미치고, 나아가 유아의 동기 유발에 영향을 줄 수 있다. 즉 교사의 말과 행동을 통해 유아에 대한 기대와 신념이 표현되고 전달되어 유아의 자기 지각에 영향을 미친다(정명숙, 2007). 실질적으로 교사가 유아에 대해 높은 기대를 가지고 더 많은 선택 기회를 제공할 때 유아의 자아존중감이 높았으며, 교사의 부정적 피드백과 지시적인 행동은 유아의 자아개념과 적응 모두에 부정적인 영향을 미쳤다(손미정, 2007).

또래의 존재와 인정 또한 유아의 자존감 발달에 필수 요인이다. 4세 유아들은 이미 자신이 또래들과 다른 점을 인식하기 시작하며 다양한 영역에서의 또래 비교에 대해 더욱 민감한 반응을 나타낸다. 또래로부터 좋은 반응을 얻고 인기 있는 유아들은 그렇지 않은 유아들에 비해 자아존중감이 더 높은 편이며(김윤하, 2006), 이러한 현상은 유아의 연령이 높아질수록 더욱 심화되는 경향을 보인다.

3) 지적 능력이나 학업 성취도

유아의 능력과 자아개념은 상호 보완적으로 작용한다. 과제에 대한 성취도가 높은 유아가 자아존중감과 사회적 능력이 높으며, 학교생활에 잘 적응한다(손미정, 2007). 이처럼 유아의 성공 경험은 자아개념의 향상에 긍정적인 영향을 미치고, 자아개념이 긍정적일수록 자신의 능력에 대한 긍정적인 암시를 바탕으로 성공의 기회를 더 많이 갖게 된다. 반면 유아가 과제 수행에서 실패를 자주 경험하게 되면 자아개념이 낮아지고, 자신의 능력에 대한 불신과 불안이 깊어져 무언가 새로운 시도를 하고자 하는 동기가 적어지며 그만큼 성공의 기회도 적어지게 된다(유효순, 2007).

4) 가정의 사회 · 경제적 배경

경제적 지위가 낮은 집단의 부모들은 대부분 생활고나 직업에 대한 불만족, 가정불화와 같은 고위험 수준의 스트레스에 쉽게 노출될 수 있으며, 이러한 문제들로 인한 어려움은 적대적 양육 행동의 원인이 될 가능성이 높다. 이유가 무엇이든지 부모의 잘못된 양육태도는 자녀의 자아존중감 발달을 저해하는 요인으로 작용한다. 또한 자신이 또래보다 가난하다고 지각하는 것 역시 부정적인 자아개념의 원인이 될 수 있다(문정화 외, 2008).

4. 자아개념 발달을 돕는 교사의 역할

자아개념은 유아가 성장하는 과정에서 접촉하게 되는 중요한 타인과의 상호작용 경험을 통해 형성되는 것이다. 특히 자신의 가치에 대한 긍정적인 인식을 의미하는 자아존중감은 유아에게 중요한 사람들과 반복적으로 경험하는 사회적 관계와 바람직한 교육적 경험들을 통해 향상될 수 있다(이위환, 권용신, 2006). 유아교육기관의 일과 안에서 유아의 자아존중감 발달을 돕기 위한 교사의 역할은 다음과 같다.

1) 개별 유아에게 충분한 사랑과 관심을 표현하기

유아가 자신을 가치 있고 소중한 사람이라고 느낄 수 있도록 교사는 일과 안에서 개별 유아가 필요로 하는 사랑의 절대량을 채워 주기 위해 노력해야 한다. 다음은 교사가 유아의 존재를 기쁘게 인식하고 있다는 것을 표현하는 구체적인 방안이다.

- 유아의 이름을 부를 때에는 긍정적인 표정과 목소리를 유지한다. 이름에 대한 심상은 유아가 자신에 대한 느낌을 형성하는 것에 밀접하게 관련된다. 따라서 교사는 유아와 눈을 맞추며 온화한 표정과 우호적인 목소리로 유아의 이름을 불러주어 유아가 자신을 소중하고 괜찮은 사람이라고 느낄 수 있도록 돕는다. 평소 강압적이고 불쾌한 어조로 유아의 이름을 부르는 일이 빈번하고, 이러한 경험이 일과 안에서 반복되고 있다면 이를 개선하기 위한 노력이 필요하다.
- 등원 시간, 교사의 모습에서 기쁨과 반가움이 가득 묻어나도록 진심을 담아 유아를 환영한다. 유아에게 즐겁게 인사말을 건네거나 유아의 손을 잡아주고 어깨를 감싸주는 등의 따뜻한 신체 접촉, 유아가 아침 일과를 원활하게 시작할 수 있도록 친절하게 안내하는

것, 유아의 변화를 세심하게 읽어주고 관심 가져주는 행동 등을 통해 유아가 자기가치감을 가질 수 있도록 돕는다.

- 유아가 학급에 꼭 필요한 존재임을 충분히 느낄 수 있도록 교실 환경을 구성한다. 유아의 이름과 사진을 활용한 출석판 또는 생일축하 코너의 게시물들, 유아의 경험이 담겨져 있는 활동사진, 유아의 작품과 그 밖의 성취 결과들을 충분히 반영하여 구성한 교실 환경은 유아의 자기가치감 향상을 돕는 자원이다.
- 하루일과 중 잠시라도 개별유아와 함께 보내는 시간을 계획하여 유아 개인에 대한 관심과 사랑을 충분히 전달한다. 유아와 개별 시간을 갖는 것은 애정의 절대량에 대한 각 유아의 요구에 맞게 그것을 채워 줄 수 있는 기회가 된다. 또한 유아와의 일대일 상호작용을 통해 유아의 현재 발달이나 적응 상황을 파악하고 관련된 정보를 얻을 수 있는 귀한 시간이 될 수 있다. 모든 유아를 매일 개별적으로 만나는 일이 어렵다면 주 1~2회씩 계획하여 번갈아가면서 만나는 방식으로 계획하여 운영할 수도 있다. 영아의 경우 수유 또는 기저귀를 갈아주는 시간을, 유아의 경우에는 자유선택활동(실내, 실외) 시간을 활용하는 것이 효과적일 수 있다.

2) 유아를 인정하고 격려해 주기

자아에 대한 긍정적 개념의 발달은 유아마다의 차이를 인정하고 수용하며 긍정적인 피드백을 제공하는 교사의 노력을 통해서 이루어질 수 있다. 유아의 모습을 있는 그대로 수용하고 존중해주면서 각 유아가 지닌 장점을 발견하고 드러내줄 때, 유아는 자신이 가치 있는 사람이라는 좋은 느낌을 갖게 된다. '착하다', '예쁘다', '잘했다'와 같이 과장되고 모호하며 평가 중심적인 칭찬은 오히려 유아에게 혼란과 칭찬에 대한 불신감을 줄 수 있다. 따라서 피드백의 내용은 맥락에 적합하고 구체적이며, 결과뿐 아니라 과정에서의 노력을 함께 인정해 주고 격려해 줄 수 있어야 한다. 또한 성인이 유아의 성취를 판단하고 평가하는 데 초점이 있는 것이 아니라 유아의 존재 자체를 기뻐하고 유아에 대한 믿음을 전하는 칭찬을 해주는 것이 바람직하다.

◈ 좋은 칭찬의 예

- 기쁨을 전하는 칭찬: "친구와 장난감을 나누는 모습을 보니 선생님도 기분이 좋아."

- 믿음을 전하는 칭찬: “네가 놀이 약속을 잘 기억할 줄 알았어.”
- 과정을 격려하는 칭찬: “어려운 일인데 꾸준히 노력하고 있구나.”
- 성취를 축하하는 칭찬: “끝까지 마무리한 걸 축하해”

3) 유아가 선택, 결정, 책임을 경험하도록 기회를 제공하기

유아는 자신의 일을 주도하고 독립적으로 선택하거나 결정할 수 있을 때 자신에 대해 더욱 긍정적인 느낌을 가질 수 있다. 따라서 교사는 일과 중에 유아들이 주도권을 가질 수 있는 다양한 상황을 마련하여 유아의 선택 · 결정 경험을 풍부하게 해 주어야 하며, 이의 실천을 위한 구체적인 내용은 다음과 같다.

- 교실 환경을 유아가 쉽게 접근하고 다룰 수 있도록 구성한다. 즉 하고 싶은 활동을 유아가 스스로 선택하고 독립적으로 수행할 수 있도록 유아의 발달수준에 적합한 교재 및 교구를 충분히 준비해 준다. 또한 유아들이 필요한 자료를 쉽게 찾고 이용하기에 용이한 구조로 환경을 구성한다.
- 일과 운영의 여러 상황에서 유아들에게 선택과 결정의 기회를 제공한다. 예를 들어 귀가 전에 들을 동화를 선택하는 것, 산책할 장소를 결정하는 것, 놀이 약속을 정하는 것, 작품 전시 장소와 전시 방법을 정하는 것과 같이 유아들이 다양한 상황에서 주도적으로 의사결정을 해보는 경험들을 제공해 줄 수 있다.
- 유아들 간에 사회적 갈등이 발생했을 때, 그 상황을 선택과 의사결정의 힘을 기를 수 있는 최적의 기회로 활용한다. 교사는 정답에 가까운 해결책을 제시해주기보다는 유아들이 그 문제에 관해 토의하고 의견을 모으고 대안을 찾고 최선의 해결방안을 결정해 가는 과정을 돕고 지지해 주는 역할을 한다.

4) 일과 안에서 유아가 성공을 경험하도록 지원하기

자신에 대한 긍정적인 느낌은 무슨 일에서든지 성공해보는 경험을 통해 더욱 증가될 수 있다. 특히 신체적인 능력에 대한 느낌은 유아의 자아개념 발달에 결정적인 영향을 미친다. 따라서 교사는 유아가 자신에게 주어진 과제를 수행하는 과정에서 목표한 결과를 성취할 수 있도록 적절한 지원을 해주어야 한다. 유아의 현재수준을 정확히 파악하여 필요한 만큼의 지원을 제공함으로써 유아가 흥미를 가지고 성취하고자 하는 동기를 유지하며 성공에 이르도록 하는 것이 중요하다.

◈ 유아의 성취를 돕는 교사 역할 예(과제: 퍼즐 맞추기)

발달 수준	교사의 역할
유아의 현재 발달 수준에 비추어 수행하기 어려운 수준	과제의 일부를 해결하는 모델(가장자리 맞춰주기)을 보여주는 것과 같이 직접적인 도움을 준다.
약간의 도움으로 유아 스스로 수행할 수 있는 수준	교사가 제공해준 단서에 기초하여 유아가 스스로 해결할 수 있도록 부분적인 도움(힌트, 질문 등)을 준다.
유아 혼자의 힘으로 충분히 수행할 수 있는 수준	유아가 과제에 대한 흥미를 유지할 수 있도록 옆에서 지켜봐주고 격려해준다.

Chapter 07

정서

<table>
<tr><td>학습목표</td><td colspan="3">• 정서의 정의와 중요성을 이해할 수 있다.
• 정서 발달에 관한 이론적 관점을 비교하여 설명할 수 있다.
• 연령에 따른 정서의 발달과정을 이해할 수 있다.
• 정서 발달에 영향을 주는 다양한 요인을 이해하고 유아의 정서 발달을 위한 교육적 방안을 모색해 볼 수 있다.
• 정서발달을 돕기 위한 교사의 역할을 이해하고 유아 사회교육 실제에 적용할 수 있다.</td></tr>
<tr><td rowspan="2">학습내용</td><td>지식</td><td>기술</td><td>태도</td></tr>
<tr><td>• 정서의 정의와 구성요소
• 정서 발달에 관한 이론적 관점
• 정서의 발달과정
• 정서발달의 영향 요인</td><td>• 유아의 다양한 정서를 인식하고 파악하는 능력
• 유아가 정서를 인식하고 조절하도록 돕기 위한 상호작용 기술</td><td>• 정서의 중요성을 인식하고 유아의 정서 발달을 돕기 위해 노력하는 태도
• 유아의 다양한 정서를 수용하고 존중하는 태도</td></tr>
<tr><td>주요용어</td><td colspan="3">정서, 생물학적 이론, 인지발달 이론, 학습 이론, 정서의 사회화, 정서 표현, 기쁨, 분노, 공포, 정서 이해, 정서 조절</td></tr>
</table>

우리는 다른 사람의 내면에서 일어나는 감정을 정확히 알 수 없지만, 얼굴 표정이나 음성, 행동 등은 그 사람의 정서 상태를 가늠할 수 있는 의미 있는 단서가 된다. 예를 들어, 놀란 사람은 안색이 창백하거나 표정이 경직되고 눈을 동그랗게 뜨는 등 특징적인 모습을 보인다. 사람은 태어날 때부터 기쁨이나 슬픔 같은 기본 정서를 가지고 있으며, 생애 초기의 미분화된 정서 상태로부터 점차 분화된 정서 상태로, 그리고 다른 사람의 정서를 이해하고 자신의 정서를 조절하여 표현하는 능력에 이르기까지 지속적으로 발달해 간다(정옥분, 2008).

유아의 정서는 사회적 상호작용에서 중요한 역할을 한다. 자신과 타인의 정서를 바르게 인식하고 이를 조절하여 적절한 수준으로 표현할 줄 아는 것은 유아의 사회적 적응과 밀접하게 관련된다. 더욱이 정서 발달의 핵심적인 요소인 정서 인식, 정서 표현, 정서 조절 능력은 유아기 동안 결정적인 발달을 이룬다는 점에서 어릴 때부터 그 기초를 튼튼하게 해주어야 할 필요성이 있다.

이에 본 장에서는 정서의 개념과 정서의 발달과정, 정서 발달에 영향을 주는 요인, 정 서 발달을 돕기 위한 교사의 역할에 대해서 살펴보고자 한다.

1. 정서의 정의 및 중요성

1) 정서의 정의와 구성 요소

정서(emotion)의 어원은 라틴어의 'movere(움직이다)'에 접두어 'e(~ 로부터)'가 붙어 '움직여 나가다'의 뜻을 가지고 있다(조성연 외, 2005). 흔히 정서와 혼용되는 용어인 감정(feeling)은 정서에 비해 주관적이고 표현적인 요소가 강하며, 쾌, 불쾌, 좋음, 싫음, 애정과 같이 하위의 정적인 경험을 의미한다(유아교육사전, 1996)는 점에서 정서가 감정의 상위개념임을 알 수 있다.

정서(情緖)의 개념은 학자들의 관점에 따라 다양하게 정의되고 있는데(황희숙, 이희영, 이경화, 이정화, 신경숙, 2008), 생리학적 관점에 의하면 정서는 사건을 지각하여 생긴 신체적 변화에 대한 느낌 혹은 지각을 의미한다. 즉 혈압, 맥박 수, 호흡의 변화처럼 어떤 사건에 따라 나타나는 신체적 변화와 이에 대한 지각을 뜻한다. 인지이론의 관점에서는 하나의 감정과 그에 따르는 뚜렷한 사고 및 심리적 · 생리적 상태 및 일련의 행동 경향을 정서로 정의한다

(Goleman, 1995; 박성연, 2006에서 재인용). 행동주의적 관점에서는 정서를 어떤 시간에 어떤 방법으로 행동하고자 하는 개인의 성향 혹은 기질로 정의한다. 이러한 관점에 의하면 정서는 선천적인 것으로 누가 세게 때리면 우는 것과 같은 반사적 정서 행동과 이전의 경험에 비추어 학습된 조작적 정서 행동으로 나뉘며, 강화에 의해 지속되는 것이다.

이상의 내용을 종합해 보면 정서는 인지적 · 생물학적 · 표현적 요소를 포함하는 개념으로 '개인이 외부 자극을 인지적으로 평가하고 주관적으로 경험함으로써 발생하는 신체적 · 생리적 반응의 상태'라고 할 수 있다.

2) 정서의 중요성

정서는 유아의 생존 및 발달의 전 영역에 중요한 영향을 미친다.

첫째, 유아의 정서 표현은 양육자의 보살핌을 이끌어낸다.

영유아의 정서 표현은 양육자로부터 보살핌을 받을 수 있는 도구가 된다. 즉 영유아는 찡그리는 표정이나 우는 행동, 미소 짓는 행동 등 다양한 정서 표현을 통해 자신의 상태를 양육자에게 알림으로써 지속적인 관심을 이끌어내며, 자신의 요구에 양육자가 신속하게 반응하고 문제를 해결하도록 한다(안라리, 2005).

둘째, 정서는 유아가 행동을 조직하고 통제하는 동기가 된다.

영유아의 정서는 특정 자극에 대해 특정한 행동을 하도록 하는 동기가 된다. 예를 들면 어떤 과제를 성공적으로 해결하여 만족감을 경험한 유아는 지속적으로 그 과제에 참여하고자 하지만, 반복적인 실패로 인해 좌절감을 경험한 유아는 그러한 부정적인 정서로 인하여 과제를 포기할 수도 있다. 이와 마찬가지로 분노는 그 대상을 향한 공격 행동의 동기가 되고 공포는 회피 행동의 동기가 되기도 한다(Termine & Izard, 1988).

셋째, 정서는 유아의 사회적 능력과 밀접하게 관련된다.

정서는 타인과의 상호작용을 유발하는 요인이자 사회적 관계를 형성하고 유지하고 변화시키는 동인으로 작용한다(Saarni, Mumme, & Campos, 1998). 만 3~5세 유아의 정서 표현은 사회적 능력 및 또래수용도와 밀접하게 관련된다(Coie & Dodge, 1998). 특히 정서 조절 전략은 유아가 사회적 관계를 맺고 유지하는데 있어 매우 중요한 역할을 한다. 즉 사회적으로 유능한 유아는 자신의 정서를 상황에 맞게 적절한 수준으로 명확하게 표현함으로써 긍정적인 상호작용을 할 수 있다. 반면 사회적 지식이나 기술이 부족한 유아는 부정적인 정서를 잘 조절하지 못하며, 그 결과 원만한 대인관계를 형성하지 못한다(노서연, 2003).

넷째, 정서는 영유아의 인지 발달에 영향을 미친다.

고차원적 정신기능의 기원은 지능, 도덕성, 자아감이며, 이들의 공통된 기원은 정서이다. 즉 정서는 유아기 정신 발달의 각 단계에 필수적이며(Beaty, 2001), 정서적 변화 없이는 유아의 지적 · 도덕적 · 사회적 발달이 원활하게 이루어지기 어렵다. 가령 유아가 어떤 자극에 대해 특별한 흥미와 강한 관심을 가질수록 자극에 대한 주의집중 및 기억 정도가 높아지는 것과 같이 정서는 인지발달의 중요한 토대이자 동인으로 작용한다.

2. 정서의 발달

1) 정서 발달에 관한 이론적 관점

정서 발달에 대한 이론들은 각 관점에 따라 생물학적 성숙, 사회적 경험(학습), 인지 발달 중 어느 한 측면을 더 강조하고 있다(정옥분, 2008).

(1) 생물학적 이론

다윈의 이론에 바탕을 두고 생물학적 요인을 강조하는 입장으로 정서를 유전인자 속에 각인된 속성으로 간주하며, 유기체가 환경에 적응하기 위한 필수적인 부분이라고 본다(조성연 외, 2005). 즉 정서란 생물학적인 구조 내에 이미 계획되어 타고나는 것으로 정서의 발달은 정서와 관련되어 있는 대뇌피질이 분화되고 시상하부가 발달하면서 이루어지는 것이라고 보는 것이다. 정서를 유발하는 부분이 뇌의 시상하부 및 변연계라는 것은 캐넌(Cannon)의 고양이 뇌 부분 제거 실험 결과를 통해서도 밝혀진 바 있다. 이 관점에서는 태어날 때부터 모든 정서가 표현되는 것은 아니지만 유전인자 속에 이미 사전 프로그램화되어 존재하는 것이라고 주장한다. 즉 생후 1개월 시기의 영아도 다양한 정서 표현을 할 수 있으며, 영아가 양육자와 상호작용하면서 필요할 때 발생학적으로 나타나는 것이라고 설명한다.

(2) 인지발달 이론

정서 발달에 대한 인지적 관점은 정서와 인지는 상호 의존적이며 서로 영향을 미친다는 것에 초점을 둔다. 즉 한 사람이 기쁨, 슬픔, 분노, 두려움과 같은 정서를 느꼈을 때 각각의 정서가 뇌로 신호를 전달하면 얼굴이 창백해진다든지, 가슴이 뛰는 것과 같은 신체적 반응이 나타나고 이것이 다시 미소나 울기와 같은 표현적 반응으로 이어지며, 과거의 경험이나 목표에 기초하여 현재 경험하고 있는 정서에 대한 인지적 해석을 하게 된다는 것이다(Kostlink et al., 2002).

스루프(Sroufe, 1979)는 영아의 인지가 성장함에 따라 정서가 분화되는 것이라고 주장하면서 정서의 분화 과정에 관여하는 인지적 요인의 중요성을 강조하였다. 그는 가면 쓴 낯선 사람과 어머니에 대한 생후 4~8개월 된 영아의 반응 분석을 통해 상황에 따라 영아도 어떤 정서를 표현해야 하는지를 알고 있다는 것을 밝혀냈다(조성연 외, 2005). 흥미롭게도 유아에게서 특정 정서가 관찰되는 시기는 특정 인지 발달적 요소가 관찰 되는 시기와 일치한다. 가령 두려움은 낯선 사람을 구별하는 인지적 지각 능력의 발달과 함께 출현한다. 또한 낯가림이나 엄마와의 분리에 대한 불안은 대상 영속성의 개념을 습득하는 시기를 전후하여 나타나는 현상으로 정서 발달과 인지적 성장의 관련성을 보여주는 예라고 할 수 있다.

(3) 학습 이론

정서 발달과정에서 사회화의 역할을 강조하는 입장으로 정서 발달이 양육과정에서의 모방 및 강화와 사회 · 문화의 영향을 바탕으로 이루어지는 것이라고 주장한다. 즉 영아가 성장과정에서 자주 경험하는 얼굴 표정에 담겨진 정서가 어떤 것이었는지에 따라 학습하는 정서가 달라진다고 하여 모방을 통한 정서의 사회화를 강조한다(Pickens & Field, 1993). 다시 말해 영아는 자주 접하는 사람의 얼굴 표정을 반복적으로 모방하면서 그 얼굴 표정에 담겨진 정서를 자연스럽게 학습하게 된다. 양육과정에서 어머니가 영아에게 제공하는 강화 역시 정서의 사회화에 기여하게 되는데, 어머니는 영아가 자신과 비슷한 표정을 짓거나 기쁜 표정을 보일 때 긍정적인 반응으로 강화해 주는 경향이 있다(정옥분, 2008).

2) 정서의 발달과정

정서의 발달은 생물학적으로 이미 결정된 부분과 유아가 성장해가는 과정에서 받게 되는 사회 · 문화적 영향을 통해 이루어진다. 생애 초기의 생득적인 정서 반응으로부터 자신과 타인의 정서를 이해하고, 사회적으로 적합한 수준으로 정서를 조절하고 표현할 수 있게 되기까지 부모, 형제, 또래, 교사, 이웃 등 다양한 인간관계 경험과 정서적 자극은 유아의 정서 발달에 중요한 영향을 미친다(박화윤, 안라리, 2006).

정서의 발달과정은 크게 정서 표현과 정서 인식(이해), 정서 조절로 나누어 살펴볼 수 있다. 정서 표현은 '타인이나 상황을 고려하여 자신의 느낌을 적절히 표현하는 것'이며, 정서 인식은 '자신이나 타인의 감정을 정확하게 이해하고 명확한 말로 설명하는 것'을 뜻한다. 또한 정서 조절은 '자신의 감정이 상황에 미치는 영향을 고려하여 효과적으로 조절하는 것'을 의미한다(한영미, 2009). 유아가 발달함에 따라 정서 표현, 정서 인식, 정서 조절의 특성이 달라지며, 이는 유아의 다른 발달적 측면에도 영향을 미친다.

(1) 정서 표현

사람들은 얼굴 표정, 언어, 몸짓, 행동 등 다양한 수단을 통해 자신의 정서를 드러내는데, 이처럼 정서 표현은 신체적 · 생리적 · 행동적 반응을 통해 정서 상태의 변화를 나타내는 것을 의미한다. 특히 얼굴 표정은 즉각적 정서 표현에 효과가 있으며, 어깨를 늘어뜨리거나 손뼉을 치거나 자리에서 펄쩍 펄쩍 뛰는 것과 같은 몸짓은 각각 다른 의미의 정서를 표현한다. 또한 음성은 정서의 전달 뿐만 아니라 감정이입의 효과를 발휘할 수 있다. 예를 들어, 누군가의 심하게 떨리는 음성을 들었을 때, 그 사람이 느끼는 긴장감을 나 또한 공유하는 느낌이 드는 것은 목소리에서 묻어나는 정서에 쉽게 감정이입이 될 수 있음을 의미한다.

영아의 정서 표현 특징은 정서의 지속시간이 짧고, 상황에 따라 쾌와 불쾌의 정서가 변덕스럽게 나타나며, 자신이 느끼는 다양한 정서 반응을 강하고 과장되게 표현한다는 것이다. 이를테면 사소한 일에도 쉽게 흥분하여 강한 반응을 나타내며, 울다가도 금방 기분이 좋아져 웃고 화나는 일이 있으면 참지 못하는 것과 같이 아직까지 정서의 통제가 미숙하며 불안정하다. 그러다가 유아기에 이르면 직접적이고 격렬한 행동으로부터 약하고 간접적인 표현으로 변화되는 모습을 보이며, 점차 울음이나 격렬한 행동보다 언어적 정서 표현의 빈도가 증가하는 변화를 보인다.

정서가 발달되어 가는 과정에서 나타나는 정서의 종류는 일차 정서(기본 정서)와 이차 정서로 나뉜다. 일차 정서란 선천적으로 타고 나는 정서로 세계 모든 문화권의 영아들에게서 공통적으로 나타나는 기쁨, 슬픔, 분노, 공포 등이 여기에 속한다. 이차 정서는 한 가지 이상의 정서가 통합된 정서 상태를 의미하는 것으로 당황, 수치감, 죄책감, 질투, 자긍심 등이 포함된다.

① 기쁨

영아는 다양한 신체적 표현을 통해 기쁨을 적극적으로 표현한다. 연령이 낮을수록 기쁨은 주로 신체적 표현으로 나타나며, 음성언어 발달의 변화가 두드러지는 3세 이후부터는 언어를 통한 정서 표현 빈도가 증가한다. 또한 영아는 생리적 · 감각적 · 운동적인 것에 의해 기쁨을 느끼는 데 비해 유아는 주로 사회적인 인간관계나 특정 사건으로 인한 기쁨을 느끼며, 인지능력이 발달함에 따라 유머를 이해하고 즐거움을 느끼는 수준에 이른다.

② 분노

분노는 영아기에 가장 빈번하게 출현하는 보편적인 정서 중 하나이다. 대부분의 경우 분노는 다른 감정에서 비롯되어 나타나는 두 번째 감정이므로 모든 부정적인 감정은 분노로 변할 수 있다(홍순정, 최석란, 신은수, 1999). 배고픔이나 젖은 기저귀의 불쾌감과 같이 신체적 · 정서적 욕구가 채워지지 않았을 때 영아는 불편함을 울음으로 표현한다. 그러다가 이후에는 원하는 일을 못하게 하거나 관심을 가져 주지 않는 것, 자신이 가지고 있는 것을 빼앗길 때 좌절하고 분노를 나타낸다.

2세경에는 분노가 최고조에 달하며 4세 이후에는 언어 발달에 따라 언어적 공격행동이 높아진다. 분노의 표현은 성장함에 따라 다르게 나타난다. 유아들은 자신이 느끼는 분노를 표현하기 위해 떼쓰기, 고집부리기, 말 안 듣기, 폭발 행동, 언어적 공격(욕하기, 놀리기 등)과 같은 적대적 행동을 보인다. 유아의 분노 감정은 주로 형제나 또래와의 갈등 상황에서 많이 일어나며 적절한 수준으로 조절되지 못했을 때 공격성을 유발하는 요인으로 작용하기도 한다.

③ 공포

유아는 신체적 · 심리적 위험을 느낄 때 그에 대한 반응으로 공포 정서를 표현한다. 영유아가 공포를 느끼는 대상은 다양한데 큰 소리, 낯선 곳, 낯선 사람, 처음 보는 물건, 어둠, 강아지, 고양이 등이 그 예가 된다. 출생 초기에는 주로 큰 소리나 심한 고통, 어둠 등에 공포를 느끼며, 생후 6개월경부터는 낯선 사람과의 만남, 애착대상과의 분리에 공포를 느낀다. 3세 후반에는 시각적인 자극에 대한 공포를 나타내며, 4세에 이르러 공포감이 더욱 심해지고 꿈으로 연결되기도 한다(정옥분, 2008). 한편 과거의 부정적인 경험으로부터 기인되는 공포 반응도 있으며, 상상력이 발달함에 따라 직접 경험하지 않는 사건에 대해서도 공포감을 느낀다(조성연 외, 2005).

(2) 정서 이해

정서를 이해한다는 것은 정서 상태의 변화와 정서를 유발시키는 상황, 그 상황에 대한 정서적 반응을 이해하는 것을 말한다(황희숙 외, 2008). 유아기는 정서 표현과 더불어 정서를 이해하는 능력이 발달하는 시기이다. 타인 정서 이해는 인간관계의 형성과 유지에 필수적인 능력으로 가정에서 교육기관, 이웃 등으로 사회적 환경이 확대되고 언어 발달이 빠르게 일어나는 유아기에 가장 현저히 발달한다(Denham, 1998).

아주 어린 영아라도 행복하게 미소 짓는 얼굴과 불쾌하여 찡그린 얼굴을 구분할 줄 안다. 만 1세 영아는 자신이 느끼는 정서를 자신의 것으로 인식할 수 있다(안라리, 2005). 만 2세가 되면 기본 정서를 언어로 표현할 수 있고, 만 3, 4세경에는 기쁨, 슬픔, 분노, 놀람 등의 비교적 단순한 정서를 이해하기 시작하며, 자신의 내적 상태를 정서와 연관시킬 수 있다. 만 5, 6세가 되면 타인의 정서를 분명히 분별할 수 있다. 그러나 유아는 사람들이 진짜로 느끼는 정서와 그들이 표현하는 정서를 잘 구별하지 못한다. 왜냐하면 유아는 아직 사물의 실제 모습과 겉으로 보이는 모습의 차이를 이해하지 못하기 때문이다. 6~7세 이후에는 기쁨과 슬픔을 동시에 느낄 수 있는 복합 정서 경험이나 복합 정서에 대한 이해가 가능하다(Brown & Dunn, 1996). 또한 실제적인 정서와 겉으로 드러난 표현의 불일치에 대해 이해할 수 있고, 이를 구별하여 의도적으로 자신의 정서를 표현하거나 감출 수 있다.

타인의 정서를 이해하기 위해서 유아는 먼저 얼굴 표정과 정서를 일치시킬 줄 알아야 한다. 또한 상황적 단서에 따라 타인의 감정과 의도를 파악하고 거기에 맞게 반응할 수 있어야 한다(송하나, 2008). 가령 낯선 사람이 나타났을 때, 유아는 주변 어른들의 반응을 주시하는데 이는 유아가 상황에 대처하는 행동을 결정하기 위해 타인의 정서를 단서로 사용하고 있음을 보여주는 단서가 된다.

정서적 상황을 단서로 타인의 정서를 이해하는 면에서 여아는 남아보다 빠른 발달을 보인다. 이는 여아의 정서 표현에 대한 부모의 반응이 남아에 비해 더 수용적이어서(Cervantes & Callanan, 1998) 여아가 타인과 더 풍부한 정서적 상호작용을 할 가능성이 높다는 점을 하나의 원인으로 생각해 볼 수 있다.

(3) 정서 조절

정서 조절이란 '자신의 정서를 정확히 인식하고 목표를 성취하기 위해 정서를 상황에 알맞게 조절하는 능력'을 말한다. 즉 자극에 대해 발생된 정서적인 반응을 스스로 적절한 방식으로 조절하고 변화시킬 수 있는 능력이다(한영미, 2009). 정서 조절은 개인의 생각과 행동이 올바르게 유지될 수 있도록 안내하며 목표를 성취하는 데 도움을 준다. 특히 자신의 감정이 상황에 미치는 영향을 고려하여 효과적으로 정서를 조절하는 것은 원만한 인간관계와 사회 적응을 위한 필수적인 능력이다.

정서 조절에 성공하기 위해서 유아는 먼저 자신의 정서를 정확히 인식해야 한다. 또한 타인의 정서를 잘 파악하고 다룰 수 있어야 하며, 정서 표현 규칙을 이해할 수 있어야 한다. 정서 표현 규칙이란 '유아가 특정 상황 속에서 어떤 정서 상태를 표현해야 할지 말아야 할지를 인식하고 그 상황에 적합한 정서를 표현하는 것'을 말한다. 사회적 상황에서 용인되는 특정의 정서 표현 양식을 이해하는 것은 연령이 높아짐에 따라 발달하며, 여아가 남아에 비해 상황에 적절한 정서를 더 잘 표현하는 경향을 보인다(황희숙 외, 2008). 영유아 발달과정에서 나타나는 정서조절 행동의 특징은 다음과 같다(정옥분, 2008)

[표 7-1] **영유아 발달과정에서 나타나는 정서조절 행동의 특징**

발달 시기	행동 특징
첫돌 무렵	부정적 정서 유발을 감소시키기 위한 책략(몸을 앞뒤로 흔들기, 입술을 깨물기, 불쾌한 사건이나 사람들을 피하기 등)을 발달시킨다.
18~20개월	부정적 정서를 숨길 줄 안다(예: 넘어졌을 경우 엄마가 함께 있을 때만 운다).
2세 경	좌절에 대한 참을성이 나타나기 시작한다.
3세 경	다른 사람 앞에서 부정적 정서 표현을 자제하는 능력이 나타난다. 자기 감정을 더 잘 숨기며 자기 감정을 숨기고 거짓말을 하기도 한다.

이제까지 밝혀진 사실들을 토대로 유아의 정서발달 특징을 종합해보면 6개월 미만의 영아들은 정서적 상태에 대한 의식적인 인식을 못하지만 2, 3세경에는 의도적 정서표현을 할 수 있

으며, 자신 및 타인에 대한 정서를 자발적으로 이야기하기 시작한다(Brown & Dunn, 1996). 연령 증가에 따라서 정서 조절 능력 또한 발달하며 정서 인식이 발달하고, 복합 정서 표현 및 양가감정에 대한 이해가 발달할수록 유아는 점차로 보다 덜 극단적인 정서 표현 전략을 사용하게 된다(안라리, 2005).

3. 정서 발달의 영향 요인

영유아의 정서 발달에 관여하는 요인들은 매우 다양하며 이를 유아, 부모, 교육(보육)경험의 질로 나누어 살펴보면 다음과 같다.

1) 유아 요인

(1) 생리적 요인

정서와 뇌 기능의 관계에 관한 연구 결과에 의하면 정서 및 행동 반응은 뇌의 편도와 밀접하게 관련된다. 편도는 외부로부터 들어오는 자극의 정서적 의미를 처리하고 담당하는 부분으로 이 부분이 손상될 경우 감정 표현이 어렵고 정서적 단서를 처리하고 반응하는데 어려움을 겪는다(김유미, 2007). 또한 뇌의 신경화학물질인 카테콜아민(catechchoamines)과 호르몬의 일종인 코르티솔(cortisol) 등이 정서 상태와 관련 있음이 밝혀졌다. 이와 같이 정서 관련 뇌 구조들이 각기 제 기능을 담당하고 적절한 조화를 이룰 때 건강한 정서 발달이 가능하다.

(2) 기질적 요인

유아의 기질적 특성에 따라 정서 표현에도 차이가 있다. 기질적으로 순한 아동들이 긍정적인 정서를 더 자주 표현하는데 반해, 까다로운 기질의 아동은 일반적으로 부정적인 정서를 더욱 빈번하게 나타내는 경향이 강하다.

(3) 인지적 요인

정서의 발달과정에서 정서와 인지는 상호 의존적이며 서로 영향을 미치게 된다. 예를 들어 타인의 정서를 이해하고 조절하여 표현하는 능력은 타인지각, 대상영속성, 만족지연, 정서 표현 규칙에 대한 이해와 같은 인지적 성숙의 영향으로 발달이 촉진될 수 있다. 기쁨, 슬픔, 분노, 두려움과 같은 각각의 정서가 뇌로 신호를 전달하면 얼굴이 창백해진다든지, 가슴이 뛰는 것과 같은 생리적 변화 등의 신체적 반응이 나타나고 이것이 다시 미소, 울기와 같은 표현적 측면의 반응으로 이어지며, 아울러 상황, 목표, 과거의 경험에 기초하여 현재 경험하고 있는 정서에 대한 인지적 해석을 하게 된다(Kostlink et al., 2002).

2) 부모와의 상호작용

유아는 타인과의 관계를 통해 자신의 정서적 반응을 해석하고 표현 행동을 결정하며 특정한 상황에서 적절한 정서 표현을 학습하게 된다. 부모와의 상호작용을 통한 정서 사회화는 유아의 정서 발달에 매우 결정적이다. 부모는 유아에게 다양한 정서에 대한 행동 모델을 제공할 뿐만 아니라 정서와 관련된 상호작용을 통해 자녀에게 직접적 혹은 간접적으로 정서 학습 기회를 제공하기 때문이다(이강이, 최인숙, 성미영, 2007).

부모의 정서 표현이나 정서 조절 양식은 유아의 정서 발달에 결정적인 영향을 미친다. 부모가 긍정적 정서 표현을 자주 할수록 유아의 감정 조절 능력은 높아진다(백미애, 2002). 또한 부모로부터 온정적이고 배려적인 양육을 받은 유아들은 자기 자신이나 다른 사람, 그리고 자신을 둘러싼 주변 세계에 대해 긍정적인 정서를 발달시키며 정서 표현이 풍부한 사람으로 자란다. 반면 정서 표현이 부족하고 부정적인 정서 표현을 많이 하는 부모를 보며 자란 유아들은 낮은 수준의 자아존중감과 타인에 대한 부정적인 느낌을 갖게 된다(최기영, 우수경, 2001).

3) 교육(보육) 경험의 질

유아는 자신이 속해 있는 사회 · 문화적 맥락에 적합한 방식으로 정서를 표현하는 것을 배운다. 유아가 표출하는 정서 중 어떤 정서는 사회 안에서 수용되고 격려되지만 반대로 수용되지 않는 경우도 있어서 이러한 상호작용을 통해 유아는 자신의 정서 표현에 대한 타인의 인식을 알게 된다(조성연 외, 2005). 부모를 비롯한 유아 주변의 성인들은 생활 속에서 유아에게 자신의 정서를 보여 주고 유아의 정서에 반응을 보이거나 정서에 관해 이야기함으로써 유아의 정서 능력 발달에 영향을 미친다.

두뇌의 성장과 학습은 인지적 활동뿐 아니라 정서 발달에 영향을 미치므로 잘 고안된 유아교육 프로그램과 질 좋은 환경을 통해 유아의 정서 발달을 돕도록 한다. 긍정적인 정서를 자아내는 경험(영아의 요구에 즉각적으로 반응하는 것, 따뜻하게 안아주는 것, 좋아하는 이야기를 읽어주는 것, 느낌이 좋은 놀잇감을 가지고 노는 것, 기분 좋은 목소리로 이름 불러 주는 것, 유아와 함께 즐겁게 노래 부르는 것)이 반복될수록 유아의 두뇌 회로들 간의 연결이 촉진된다. 또한 놀이에 대한 흥미, 웃음, 애정과 온화함의 표현 등은 두뇌의 실제적인 변화를 가져오는 중요한 요소들이다.

4. 정서 발달을 돕는 교사의 역할

1) 유아의 정서를 수용하고 존중해 주기

유아가 느끼는 정서를 교사가 무조건 이해하고 수용해줄 때 유아는 자신이 느끼는 정서가 괜찮은 것이고 정당하다고 느끼게 된다. 분노를 표현하는 유아에 대해 '화를 내는 것은 좋은 행동이 아니지', '그렇다고 화를 내니', '착한 아이는 화를 내지 않는 거야'라는 식의 부정적인 반응을 하면 유아는 자신이 느끼는 정서를 온당치 않은 것으로 인식하여 이를 숨기고 억제하거나 죄책감을 가질 수 있다. 그러므로 교사는 유아들이 나타내는 모든 정서－특히 부정적인 정서－에 대해 비판 없이 들어주고 존중하는 태도로 반응해 주어야 한다. 예를 들어, 등원 시간에 엄마와 헤어지는 것이 힘들어 서럽게 우는 유아에게 '아기처럼 울면 안 되지', '자꾸 울면 엄마가 더 늦게 오실 거야', '다른 친구들은 안 우는데'와 같이 유아의 정서를 부정하거나 무시하는 것은 오히려 부정적 정서를 부추길 수 있다. 그보다는 유아의 입장에서 슬퍼하는 마음을 이해하고 수용하여 부드럽게 안아 주거나 어깨를 토닥여 주는 것이 적절하다.

2) 유아의 정서를 명확하게 읽어 주고 언어로 표현해 주기

유아가 자신의 정서를 건강하게 표현하고 조절하는 것은 자신의 정서를 이해하는 것으로부터 시작될 수 있다. 교사는 평소 유아의 정서를 민감하게 인식하고 그 의미를 해석하여 언어로 표현해 줌으로써 유아의 자기 정서 이해를 도와야 한다. 가령 얼굴 표정이 굳어지며 주

먹을 꽉 쥔 채로 씩씩거리는 유아를 보았을 때 교사는 "너 정말 화가 많이 났구나", "기분이 매우 안 좋아 보이네"와 같이 짧지만 명료한 언어로 유아의 마음을 읽어줄 수 있다.

자신의 정서를 명확한 언어로 표현할 수 있는 유아는 자신의 느낌을 타인에게 쉽게 알릴 수 있고 또래와의 갈등에 보다 효과적으로 대처할 수 있다. 따라서 교사는 유아가 느끼고 있는 정서에 대해 서로 말하는 상황을 격려해 주고 다양한 기회를 통해 감정 표현을 위한 어휘들을 가르쳐 주어야 한다.

감정 표현 예: '나는 네가 날 놀리면 싫어.', '네가 차례를 지키지 않고 끼어 들어서 기분 나빠.',
'내 것인데 네가 그냥 가져가서 속상해.'

3) 유아들과 함께 정서에 관해 이야기 나누기

유아들과 함께 일상에서 정서에 관해 이야기를 나누는 것은 다양한 정서에 대한 유아의 이해와 민감한 인식을 높여줄 수 있다. 따라서 교사는 유아들과 함께 일상적인 상황, 날씨, 특정 사건 등 생활 속에서 경험하는 정서에 대한 다양한 이야기를 나누는 기회를 충분히 마련하도록 한다. 또한 이야기 속에 나오는 주인공들이 경험한 정서에 대해 이야기하거나 또래 유아 간에 갈등이 발생되었을 때 유아들 상호 간에 어떤 정서를 느꼈는지 이야기 나누어 보는 경험들이 도움이 된다. 아울러 부정적 정서를 느꼈을 때 교사는 어떻게 대처하는지에 대한 모델을 제공해 주는 것과 함께 그러한 방법들을 설명해 주는 것은 유아가 자신과 타인이 느끼는 정서에 더욱 더 주의를 기울이고 민감하게 지각할 수 있도록 돕는다.

4) 부정적 정서를 적합한 행동으로 표현하도록 돕기

유아가 느끼는 정서는 수용하되, 부적절한 방법으로 정서를 표현하는 것에 대해서는 허락하지 않을 것이라는 메시지를 분명히 전달해 주어야 한다. 즉 아무리 화가 나도 자신 또는 다른 사람을 공격하거나 방해하는 행동을 해서는 안 된다는 것을 유아가 이해할 수 있도록 지도한다. 예를 들어 자유선택활동 시간, 쌓기에서의 반복적인 실패에 화가 난 유아가 블록을 던지는 행동을 보였을 때, 교사는 신속히 유아 곁으로 다가가서 지도를 해야 한다. 유아와 눈을 맞추고 "네가 화가 났다는 것을 잘 알아. 그런데 블록을 던지는 것은 안 돼. 왜냐하면 친구가 다칠 수 있거든."이라고 말해 주어 감정은 인정하되, 부적절한 행동은 수용되지 않는다는 것을 분명히 해준다.

평소 교사가 느끼는 정서를 적합한 수준의 행동으로 표현하는 모델을 보여주는 것도 중요하다. 또한 부정적인 정서의 수위가 높아 유아와의 대화가 이루어지기 힘들 경우에는 무리를 해서 대화를 시도하지 않는 것이 좋다. 먼저 유아가 정서적으로 안정을 찾을 수 있는 아늑하고 조용한 공간을 마련해 주고 마음이 가라앉을 때까지 쉬도록 하면서 기다려 주는 것이 바람직하다. 또한 유아와 다시 이야기를 나눌 때에는 부정적 정서를 건전하게 표출할 수 있는 대안을 알려주고 이를 활용할 수 있도록 다음과 같이 안내해 준다.

상호작용 예: "블록을 던지는 것보다는 너의 마음을 이야기해주는 것이 좋아.
'선생님, 자꾸 블록이 넘어져서 속상해요. 어려운 부분 좀 도와주세요.'라고 말하자."

Chapter 08

마음이론

학습목표	• 마음이론의 정의와 중요성을 이해할 수 있다. • 마음이론 발달에 관한 이론적 관점을 비교하여 설명할 수 있다. • 연령에 따른 마음이론의 발달과정을 이해할 수 있다. • 마음이론 발달에 영향을 주는 다양한 요인을 이해하고 유아의 마음이론 발달을 위한 교육적 방안을 모색해 볼 수 있다. • 마음이론 발달을 돕기 위한 교사의 역할을 이해하고 유아 사회교육 실제에 적용할 수 있다.

	지식	기술	태도
학습내용	• 마음이론의 정의 • 마음이론에 관한 이론적 관점 • 마음이론의 발달과정 • 마음이론 발달의 영향 요인	• 연령에 따른 마음이론 발달 수준을 파악하는 능력 • 유아의 마음이론을 발달을 돕기 위한 지도능력	• 마음이론의 중요성을 인식하고 유아의 마음이론 발달을 위해 노력하려는 태도 • 정서적으로 지지하려는 태도

주요용어	마음이론, 조망수용 능력, 역할수용 능력, 감정이입, 대인 지각, 마음이론의 전조능력, 틀린 믿음

타인과 원만한 관계를 맺고 유지하기 위해서 유아는 타인의 행동을 보고 그 사람의 마음이 어떠한지, 어떤 바람과 요구를 지니고 있는지를 이해한 후 이에 적절하게 반응할 수 있어야 한다. 즉 다른 사람의 마음을 읽을 수 있어야 하는데 이는 사람의 행동이 믿음, 바람, 의도와 같은 마음 상태로 인해 일어난다는 것을 알 때 가능한 일이다. 마음을 이해하는 능력은 타인과 사회적 관계를 형성하고 유지하는 데 필수적인 능력이다(신유림, 2005). 다른 사람의 생각을 이해하고 고려하는 것은 상위 표상 능력으로 마음이론의 관점은 상위인지나 조망수용 능력의 개념과 밀접하게 관련되어 있다(유은정, 2005). 대인지각(person perception), 감정이입(empathy), 역할 수용(role taking) 등의 용어들 또한 '타인의 생각과 감정, 관점을 이해하고 개념화하는 능력'을 뜻한다는 점에서 마음이론의 개념과 통한다.

따라서 본 장에서는 타인 이해의 기초가 되는 마음이론의 개념과 영유아의 마음이론 발달, 마음이론의 발달에 영향을 미치는 요인과 발달을 돕는 교사의 역할에 대해서 살펴보고자 한다.

1. 마음이론의 정의와 중요성

1) 마음이론의 정의

마음이란 정신 상태를 산출하는 정신적 표상(mental representation)을 통칭하는 개념이다. 그리고 마음이론(theory of mind)이란 유아가 타인의 입장을 조망하고 공감하는 능력으로 한마디로 표현하면 '마음에 대한 이해'를 의미한다(유은정, 2005). 즉 인간 행동의 기저에 보이지 않는 마음 상태가 있음을 이해하고 자신과 타인의 욕구나 신념, 생각들이 행동과 관련된다는 것을 이해하는 사고체계를 말한다(송정, 엄정애, 2008). 마음에 대한 이해를 '이론'이라고 부르는 것은 마음에 대한 이해가 이론적인 특징을 지니고 있기 때문이다.

마음이론은 타인의 감정을 이해하는 인지적 측면, 그리고 타인과 같은 감정을 공유하는 정의적 측면을 포함한다. 이와 같은 마음이론의 인지적 측면은 역할수용 또는 조망수용이라는 용어로 표현되며, 정의적 측면은 공감이나 감정이입, 감정조망수용, 정서식별이라는 용어로 표현된다(한영미, 2009). 마음이론과 함께 쓰이는 각각의 용어들의 개념을 정리해 보면 다음과 같다.

• 조망수용(perspective taking) 능력

다른 사람의 입장에서 그의 인지, 사고, 정서 등 내적인 심리 상태를 추측하는 것으로 자기 중심적인 사고에서 벗어나 타인의 입장을 이해하고 받아들이는 것이다. 타인의 입장이 되어 그 사람의 감정과 생각을 상상할 수 있는 능력이라는 점에서 역할수용(role taking)이란 용어와 같은 의미로 사용되기도 한다(박찬옥, 김영중, 황혜경, 엄정혜, 조경서, 2001).

• 역할수용(role taking) 능력

역할수용 능력은 타인의 시각적 관점을 추론하는 공간적 조망, 타인의 감정 상태나 느낌 등을 추론하여 평가하는 감정적 조망, 타인의 사고과정을 추론하여 이해하는 인지적 조망 능력으로 구분된다.

• 감정이입(empathy)

다른 사람의 정서를 같이 느끼는 상태, 즉 다른 사람의 입장에서 느끼고 볼 수 있는 능력을 뜻하며, '공감'과 같은 의미로 쓰인다. 학자에 따라 이를 인지적 반응, 정의적인 반응으로 해석하기도 한다.

• 대인 지각(person perception)

사람에 대한 지각을 의미한다. 여기에는 사람의 생김새, 성격, 능력, 감정 등을 파악하는 인상 형성 및 행동에 대한 이유와 의도 등을 추리하는 과정을 알아내는 귀인(attribution)이 포함된다. 즉 다른 사람의 특성과 동기에 관한 판단과 결론을 내릴 때 사용되는 정신적인 과정(mental processes)을 의미한다.

이상에서 살펴본 바와 같이 마음이론이란 '다른 사람의 감정, 생각, 의도, 사회적 행동들을 이해하는 것을 의미한다. 즉 다른 사람이 무슨 생각을 하는지, 어떻게 느끼는지를 아는 능력'을 뜻하는 사회 인지의 포괄적인 개념이라는 것을 알 수 있다.

2) 마음이론의 중요성

첫째, 마음이론은 유아의 사회적 행동에 영향을 미친다.

타인의 내적 심리 상태를 이해하고 추론하는 능력은 친사회적 행동의 기본 요소로써 유아의 사회적 상호작용 및 대인관계에서의 성공에 긍정적인 영향을 미친다(이세나, 이영석, 1999). 상대방의 생각이나 감정을 이해하지 못하는 수준의 유아는 죄책감을 느끼지 않고 성인이나 또래에게 함부로 행동한다(박성연, 2006). 마음이론이 발달함에 따라 유아는 사람들마다 서로 다른 마음과 관점을 가지고 있다는 사실을 이해하고 이를 수용함으로써 도덕적인 행동을 하게 된다(백미애, 2002).

예를 들어, 다른 사람의 두려움, 실망, 슬픔 또는 외로움을 깊이 느끼는 유아는 그렇지 못한 유아에 비해 다른 사람을 더 돕고자 한다(유효순, 2007). 또한 역할수용 능력이 뛰어난 유아는 친구의 욕구에 민감하고 그래서 보다 효율적인 의사소통을 하게 된다(박성연, 2006). 결과적으로 상대방의 마음을 잘 읽는 유아는 집단 내에서 인기가 높고 높은 사회적 기술을 보인다(신유림, 2005; 양혜영, 김경미, 정명숙, 차재연, 박은혜, 2007; Slaughter, Dennis, & Pritchard, 2002).

둘째, 마음이론의 발달은 인지 발달에 기여한다.

타인의 아이디어, 감정 등을 지각하고 추론해 보는 경험을 통해 마음 현상을 이해하기 시작하면서 유아는 보다 복잡한 정신적 현상들을 이해할 수 있게 된다. 또한 타인의 마음에 주의를 기울이면서 자기중심적인 사고에서 벗어나 보는 기회를 갖게 됨에 따라 사회적 관계에서 발생하는 다양한 문제들도 성공적으로 해결할 수 있다(이시자, 2008). 즉 마음이론은 한 개인이 타인을 이해하고 받아들이는 가장 중요한 인지적 활동으로서 사회인지적 성취에 중요한 영향을 미친다.

2. 마음이론의 발달

1) 마음이론에 관한 이론적 관점

마음이론에 대한 인지발달 및 사회학습 이론의 관점을 요약해보면 다음과 같다.

(1) 인지발달 이론

유아가 타인을 이해한다는 것은 그가 지닌 사회적 도식, 즉 사회적 경험에 대한 내적 표상에서 기인되는 것이라고 보는 관점이다. 피아제는 유아의 마음, 정신에 관한 연구를 통해 6세 이전의 유아는 정신이나 마음에 관한 인식을 할 수 없다고 하였다. 즉 어린 유아는 자기중심성으로 인해 타인의 의도나 생각을 이해하기 어렵기 때문에 항상 자신의 관점에서만 의사소통한다고 보았다. 또한 물활론적 사고로 인해 정신세계(사고)와 물리적 세계(실제)를 구별하기 어려우며, 현실 세계와 심리적 현상을 혼동하는 것으로 보았다. 피아제의 이러한 관점을 기초로 마음이론의 발달 시기별 특성을 정리해 보면 다음과 같다(구광현, 이희경, 2002).

[표 8-1] 인지발달이론에 기초한 마음이론의 발달시기별 특성

발달 시기	발달 특성
출생~2세	• 자신이 타인과 독립된 존재라는 도식 형성 • 친숙한 타인에 대한 심상 형성 • 대상영속성(자신의 시야에서 사라져도 계속 존재함) 이해
2~7세	• 사회적 세계를 설명하고 예측하는데 활용되는 단순한 규칙 형성 • 사고구조의 편중화로 인해 보이는 행동 이면(숨겨진 의도, 동기, 심리기능)을 고려하지 못함 • 자기중심성으로 인해 타인조망이 어려움
7~11세	• 사람이나 사물의 기본적이고 불변하는 속성에 대한 이해 가능함 • 자기중심성에서 벗어나 타인의 소망이나 느낌 이해할 수 있음 • 여러 사람의 의견을 고려하여 자신의 견해를 바꿀 수도 있음 • 직접 경험하거나 쉽게 상상할 수 있는 상황에 대한 사회적 도식으로 제한됨
11세 전후	• 친숙하지 않거나 가설적인 도식에 대한 이해도 가능함

오늘날 많은 연구자들은 마음에 대한 유아의 이해에 관해 피아제가 생각한 것보다 마음 이론을 습득하게 되는 연령이 훨씬 더 빠르다고 주장한다(유은정, 2005). 즉 7~8세 이전의 유아도 타인의 조망이 자신의 조망과 다르다는 것을 인식할 수 있다는 것이다(박찬옥 외, 2001).

유아의 마음 이해에 관한 대표적 이론 중 하나인 역할수용(role-taking)이론에서 셀만(Selman)은 사회적인 갈등 상황에 대한 아동의 반응에 기초하여 사회적 역할수용능력(조망수용 능력)의 발달을 다섯 수준으로 구분하였다(박성연, 2006).

[표 8-2] **사회적 역할수용 능력의 발달 단계별 특성**

발달 시기	발달 특성
0수준(3~6세) 미분화된 조망 수용	• 자신과 타인의 입장을 구별하지 못함 • 타인의 생각이나 감정을 어느 정도 인식하나 혼란을 느낌
1수준(4~9세) 사회 정보적 조망 수용	• 타인이 나와 다른 생각을 가질 수 있음을 깨닫기 시작하나 그 이유를 이해하지 못함 • 보이는 사실에 한하여 타인의 의도, 감정, 사고에 대한 추론 가능함
2수준(7~12세) 자기 반영적 조망 수용	• 타인의 입장에서 자신의 생각이나 감정, 행동 등을 볼 수 있음 • 자기중심성에서 벗어나 타인의 소망이나 느낌 이해할 수 있음 • 타인의 관점도 자신의 관점과 마찬가지로 옳을 수 있다는 것을 이해
3수준(10~15세) 제3자적 조망 수용	• 자신과 상대방의 관점에서 벗어나 제3자에게 어떻게 보일 것인지를 조망할 수 있음
4수준(14세~성인)	• 사회적 가치(관습, 법, 도덕 등)에 기초한 제3자 입장에서 조망수용

(2) 사회학습 이론

유아는 행동에 대한 결과를 반복적으로 경험함으로써 사회적 상황에서의 규칙이나 질서를 학습하게 되므로 마음이론 또한 사회적 학습 경험의 직접적인 영향을 통해 발달하는 것이라고 가정한다. 즉 유아가 자기 행동의 결과(칭찬이나 비난)를 예측할 수 있으면, 유아가 사회적으로 적합한 행동을 할 가능성이 그만큼 높아질 수 있다는 것이다.

2) 마음이론의 발달과정

어린 유아라고 할지라도 다른 아이가 울 때 자신이 좋아하는 물건을 건네주거나 안아 주는 등 타인의 내적 상태를 이해하고 타인의 욕구에 따라 행동하는 일이 있다. 그러나 아직까지는 자신이나 다른 사람의 심리적 활동을 파악하는 일에 어려움을 보인다. 인간의 행동은 다른 대상과는 달리 의도와 목적에 의해 이루어진다. 욕구는 인간의 기본적인 심리 상태 중에서도 가장 빈번하게 작용하며, 행동의 방향을 제공하므로 인간의 행동을 이해하기 위해서는 욕구를 고려해야 한다. 또한 유아가 책임감과 도덕성을 이해하기 위해서는 의도적 혹은 비의도적인 것을 구별할 수 있어야 한다. 요컨대 마음이론의 습득을 위해서는 자신이나 타인의 욕구와 의도, 믿음, 지식 등의 정신적 상태에 대한 이해가 선행되어야 한다.

마음이론이 형성되기 이전인 영아에게도 이미 마음의 특성을 이해하는 능력으로 이어지는 전조 능력이 있으며 구체적인 내용은 다음과 같다(유은정, 2005).

[표 8-3] **영아기에 나타나는 마음이론의 전조 능력**

구분	마음이론 전조 능력의 내용
기본적 구별 능력	사람의 얼굴, 목소리, 움직임에 주목하며 흥미 있는 자극을 발견, 분석, 구별, 표현, 모방한다. (예: 사람의 목소리에 주의를 기울이고 어머니와 다른 여성의 목소리를 구분하는 것/다른 사람이 혀를 내밀면 따라서 행동하는 것)
관련성의 이해	타인의 반응을 통해 주관적인 마음의 상태(의도, 목표)를 읽으려고 한다.
주의	성인의 정서적 표현을 통해 성인이 가리키는 대상의 특성을 인식하거나 사회적 참조원으로 삼는다.(예: 어머니가 개를 무서워하는 반응을 보이면 영아도 긴장하거나 경계하는 반응을 보이는 것)
정서	행동이 타인의 정서나 반응에 어떠한 영향을 미치는지에 관심을 갖는다. 타인과 나의 정서가 다를 수 있다는 것을 알게 되며, 심리적 상태를 표현하는 언어를 사용한다. 현재의 정서적 반응은 과거 유사한 사건에서 경험한 정서로부터 영향을 받는다는 것과 같은 상황에서 반대 정서를 느낄 수 있음을 이해하게 된다.

2세 이전의 유아는 주로 관찰 가능한 외현적 행동을 통해 타인의 마음을 이해하는 수준에 있으며, 타인의 생각이나 신념을 표상하고 이해하는 것은 3세가 지나서야 가능한 일이다. 또한 실재와 다른 믿음(false belief)에 대한 이해는 만 4세가 지나야 가능하며, 이러한 능력을 바탕으로 타인의 행동을 정확하게 예측하는 것은 이보다 늦게 출현한다(송영주, 2007).

선행 연구를 토대로 연령에 따라 일반적으로 나타나는 특성을 중심으로 요약해 보면 다음과 같다.

[표 8-4] **영유아기 마음이론의 발달 특성**

발달 시기	마음이론의 특성
생후 6개월 경	• 사람의 행동이 특정 대상을 지향하는 것임을 이해할 수 있다. • 성인의 감정 표현에 반응한다.
1세 전후	• 상대방의 눈길과 얼굴 표정을 보고 자신의 행동을 조절할 수 있다. • 대상영속성의 획득에 따라 자신과 타인의 구별이 가능해진다.
1세 반~2세	• 욕구와 관련된 용어를 사용하기 시작한다(예 : 하고 싶다, 바라다). • 대화에서 감정 표현 어휘를 언급하기 시작한다(예 : 기쁘다, 슬프다).

발달 시기	마음이론의 특성
2세 경	• 사물이나 상황을 가상적으로 상징화하는 행동을 나타내기 시작한다. • 자신과 타인의 욕구 사이에 명백한 구분을 할 수 있다. • 자신과 타인의 느낌에 관해 말할 수 있다.
2~3세	• 사람의 행동이 바람, 생각 등에 의해 결정된다는 것을 이해한다. • 자신의 감정과 다른 타인의 감정에 대한 조망을 시작한다.
3세 경	• 욕구, 결과, 정서와 행동들 간의 단순한 인과적 관계를 파악할 수 있다. • 원하는 것을 얻었는가의 여부에 따라 기분이 좋고 나쁠 수 있음을 안다. • 찾고 있던 대상을 발견하면 찾는 것을 멈출 것이며 그렇지 않으면 계속 찾을 것이라는 것을 이해한다. • 의도적인 행동 및 반사행동, 실수 등 비의도적인 행동을 구별할 수 있다. • 부모, 형제, 또래와의 대화에서 생각이나 믿음, 지식을 의미하는 '안다, 생각하다, 기억하다' 등의 용어들을 빈번하게 사용한다. • 타인의 생각이나 신념을 표상하고 이해할 수 있게 된다. • 아직까지 거짓 믿음 과제에 실패하는 경향이 높다.
3~4세	• 언어 발달과 함께 가까운 대상에게 감정이입을 할 수 있다. • 정신상태 용어의 사용 빈도가 급증한다. • 틀린 믿음에 대한 이해 능력이 높아진다.
4세 경	• 마음이 표상임을 이해하여 특정 사실을 직접 보거나 듣지 않았을 경우에는 사실과 다른 틀린 믿음을 가지게 된다는 것을 이해한다. • 정신적 표상에 대한 지식이 계속 증가한다. • 틀린 믿음에 대한 이해가 가능하다.
4~5세	• 타인과의 대화에서 정신 상태를 나타내는 동사가 포함된 문장 형태를 능숙하게 사용한다. • 욕구와 의도적 행동의 결과를 구분할 수 있다.
6세 이후	• 정신 상태를 추론하여 가장을 이해할 수 있는 능력이 생긴다. • 실제와 다른 믿음을 기초로 타인의 행동을 정확하게 예측할 수 있다.

이상의 내용을 종합해 볼 때 만 4세는 마음이론 발달의 중요한 분기점이 된다는 것을 알 수 있다. 즉 만 3세 아동은 타인의 마음을 읽는 과제에서 실패할 확률이 크지만, 대부분의 만 4세 아동은 타인의 마음을 성공적으로 읽을 수 있다(서은주, 박랑규, 2007). 그러나 상대방의 성격을 추론하는 것이나 미래의 행동을 예측하는 것, 애매한 상황에서의 마음 읽기 등은 만 6세 이후에 더 정교해지는 것으로 알려져 있다. 특히 숨겨진 말의 뜻을 알아채는 것이나 다른 사람이 고의가 아니라 실수로 마음을 상하게 했을 때 그것을 이해하는 능력은 11세 정도가 되어야 발달하는 것으로 나타났다(구재선, 김혜리, 이수미, 고숙남, 최현옥, 2006).

또한 연령이 증가함에 따라 같은 상황이라도 사람에 따라 다른 감정을 유발한다는 사실을 알게 되며, 단일 상황이 같은 사람에게 두 가지 이상의 감정을 동시에 유발할 수 있다는 복합 감정 조망수용능력도 발달한다(이세나, 이영석, 1999).

틀린 믿음

어떤 사건이 진실이 아님에도 불구하고 진실이라고 믿는 것을 말한다. 실제로 우리는 일상생활에서 틀린 믿음을 많이 갖게 되는데, 이는 사실에 대한 정확한 정보가 부족하기 때문에 나타난다. 가령 한 아이가 냉장고에 넣어두었던 아이스크림을 동생이 몰래 꺼내 먹는 것을 보지 못했다면 그 아이는 아이스크림이 아직도 냉장고에 있을 것이라는 틀린 믿음을 갖게 된다. 유아가 틀린 믿음을 이해한다는 것은 특정 사실에 대해 어떤 사람이 가지고 있는 믿음은 그 사람 마음 속에 있는 정신적 표상이며, 이 표상이 옳을 수도 틀릴 수도 있음을 이해하는 것이다(김혜리, 김수진, 2002; 송정, 엄정애, 2008에서 재인용). 그런 의미에서 틀린 믿음을 이해한다는 것은 마음의 표상적 특성을 궁극적으로 이해하는 것이므로 유아가 마음이론을 습득했다는 증거가 될 수도 있다.

출처: 송정, 엄정애(2008).

3. 마음이론 발달의 영향 요인

마음이론의 발달 수준은 두뇌의 성숙과 인지능력의 발달, 유전이나 환경적 영향에 따라 개인차가 있다. 동일 연령 내에서도 뚜렷한 개인차가 존재하며, 이러한 차이는 부모 및 형제, 가작놀이의 양과 질, 친구와의 상호작용, 도덕적 민감성 등과 관련된다(신유림, 2005).

1) 가족과의 대화

가족들과 함께 감정, 정서 및 의도와 같은 정신세계의 용어를 사용한 대화를 풍부하게 나누는 가정의 유아는 마음이론 과제 및 정서에 대한 이해 정도가 높다(Dunn & Huges, 1998). 또한 외동아보다 형제가 있으며 가족 수가 많은 가정의 유아가 틀린 믿음 과제에서 수행 정도가 높은 경향이 있다. 가정의 성인, 손위 형제 수, 매일 상호 작용하는 연상의 아동 수가 마음이론 발달의 예언 변인으로 밝혀졌다(신유림, 2005). 따라서 부모가 자녀와 다른 사람의 마음 상태에 대해서 이야기하는 기회를 많이 갖는 것은 유아의 사회적인 이해를 돕는 데 효과적이라는 것을 알 수 있다.

2) 또래와의 일상적 상호작용

마음을 이해하는 능력은 유아가 또래들과 원만한 관계를 유지하는 데 반드시 필요한 능력으로 또래 상호작용 경험 및 사회적 활동의 참여를 통해 발달된다. 같은 연령의 유아일지라도 인지적 발달 정도나 성인 및 또래와의 상호작용 경험 여부에 따라 마음이론의 발달 수준에 차이가 있다. 또래의 바람, 정서 및 사고를 인식할 줄 아는 유아는 또래와 원만한 관계를 유지할 수 있으며, 활발한 또래 상호작용 경험을 바탕으로 마음의 기술을 더욱 발달시킬 수 있다. 반면 또래와의 상호작용 경험이 부족하여 타인의 마음에 대한 이해를 발달시킬 기회를 충분히 갖지 못한 유아는 또래집단으로부터 거절될 가능성이 높다(Huges, Dunn & White, 1998).

또래 간 상호작용은 유아에게 있어 인지적 갈등의 원천이자 타인 이해의 출발점이 될 수 있다. 갈등의 원만한 해결과 또래관계의 유지를 위해서 유아는 또래의 의견, 태도, 견해를 고려하여 대처해야 함을 알게 된다. 이러한 과정을 통해 유아는 타인의 의도와 관심, 동기를 조망하는 것에 더 능숙해질 수 있고 자기중심성에서 점차 벗어날 수 있다(구광현, 이희경, 2002).

3) 가작놀이 경험

가작놀이 경험은 마음이론의 발달을 돕는다. 즉 가작놀이는 유아의 사회적 경험 내용을 반영하는 사회적 활동으로 내면적이고 추상적인 사고의 발판이 된다(유은정, 2005). 또래들과의 가작놀이를 통해서 유아는 정신 상태에 관한 대화를 빈번하게 나눌 수 있다. 또한 자신과 타인의 생각이나 의도, 신념과 같은 정신세계에 대해 반성해 볼 수 있는 기회가 된다(신유림, 2002).

4. 마음이론 발달을 돕는 교사의 역할

1) 유아와 함께 마음에 대한 대화 나누기

유아와의 일상적인 대화를 통해서 유아가 자신과 타인의 마음 상태에 주의를 기울이고 그 마음이 어떠할 것인지 헤아려 보는 연습을 할 수 있도록 돕는다. 집단을 대상으로 하는 이야기 나누기나 토의 활동은 유아가 자신의 마음속에 있는 감정과 생각, 신념들을 확인하고 표현하는 기회인 동시에 타인의 마음 상태를 엿보고 들여다볼 수 있는 기회가 된다. 또한 개별 유아와 대화를 하는 과정에서 교사는 유아가 다른 사람과 자신의 관점이 다를 수 있음을 이해하고 수용하는 태도를 가질 수 있도록 안내해 줄 수 있다.

가령 교실에 한 개뿐인 물건을 두 유아가 서로 소유하겠다고 다툼이 벌어진 상황을 예로 들어보자. 교사는 유아들이 서로의 마음에 대해서 알아보고 문제를 해결해야 모두 기분 좋게 놀이할 수 있다는 것을 이해할 수 있도록 다음과 같이 이야기 나눠볼 수 있다. 아직까지 유아는 다른 사람의 마음을 정확히 이해하고 그것을 언어로 읽어내는 것에 어려움을 가지고 있다. 따라서 교사는 유아들의 이야기를 주의 깊게 듣고 서로의 마음이 어떠한지를 이해할 수 있도록, 유아들 사이에서 의사소통을 매개하는 역할을 담당해 주어야 한다. 상호작용의 예는 다음과 같다.

- "파란색 자동차는 한 대뿐인데, 이것을 가지고 놀고 싶은 사람은 두 사람이구나."
- "너희들 이야기를 들어 보니까, 서로 생각이 다른 것 같아."
- "○○야, 너는 자동차를 먼저 잡았기 때문에 네가 가져야 한다고 생각하는구나."
- "△△야, 철수는 먼저 자동차를 잡은 사람이 먼저 가지고 노는 것이 공평하다고 생각한대."
- "○○야, △△는 네가 파란색 자동차를 오래 가지고 놀아서 기다리느라 힘이 들었대."
- "○○아, 너는 △△가 자동차를 가지고 논 적이 많으니까, 네가 가져야 한다고 생각하고 있구나."
- "자동차를 가지고 ○○랑 △△ 두 사람 모두 기분 좋게 놀이하는 방법이 있을까"
- "너희 두 사람 모두가 좋은 방법을 찾아보자."

2) 또래와 마음에 관한 이야기를 나눌 수 있도록 돕기

또래와의 상호작용 경험은 타인의 의도와 믿음, 생각, 정서와 같은 다양한 마음의 상태를 통찰해보는 기회가 되어 마음 이해 능력의 발달을 돕는다(Peterson & Siegal, 2002). 특히 친구 사이에서 발생하는 갈등과 논쟁 등을 효과적으로 조절해 보는 친구관계의 경험은 마음 이해 능력에 영향을 줄 수 있다(신유림, 2005).

따라서 교사는 유아들끼리 서로의 의견을 이해하고 조율해보는 기회를 충분히 가질 수 있도록 집단토의나 사회극놀이, 게임 등 또래 상호작용이 활발하게 일어날 수 있는 활동들을 충분히 마련해 주어야 한다. 그리고 그 과정에서 유아들이 서로가 나타낸 정서에 관심을 가지며 감정을 공유하는 경험을 충분히 제공해 준다. 유아 간 갈등 상황에서 '미안해라고 말해야지', '양보하는 아이가 착한 아이야'라는 식의 형식적인 화해와 사과를 강요하는 것은 오히려 마음 이론에 대한 자연스러운 이해를 방해할 수 있다. 유아가 다른 사람의 마음에서 일어나고 있는 감정이나 생각에 관심을 기울이고 집중할 수 있도록 다음과 같은 질문을 통해 유아 스스로 타인의 입장을 조망할 수 있도록 지도해주어야 한다.

- "저 친구가 왜 그랬을까?"
- "너의 생각과 친구의 생각이 같니? 어떤 점이 다르니?"
- "네가 저 친구라면 어떻게 하겠니?"

Chapter 09

우정

<table>
<tr><td>학습목표</td><td colspan="3">• 우정의 의미와 중요성을 이해할 수 있다.
• 우정 발달에 관한 다양한 이론적 관점을 고찰할 수 있다.
• 우정 개념의 발달과정을 이해할 수 있다.
• 우정 발달에 영향을 주는 다양한 요인을 이해하고 유아의 우정 발달을 위한 교육적 방안을 모색할 수 있다.
• 우정 발달을 돕기 위한 교사의 역할을 이해하고 유아 사회교육 실제에 적용할 수 있다.</td></tr>
<tr><td rowspan="2">학습내용</td><td>지식</td><td>기술</td><td>태도</td></tr>
<tr><td>• 우정의 의미
• 우정 발달에 관한 이론적 관점
• 우정 개념의 발달과정
• 우정 발달의 영향 요인</td><td>• 긍정적 또래상호작용에 필요한 사회적 기술을 배우고 익히도록 지원해 주는 능력
• 유아의 우정 발달 과정을 관찰하고 기록하며 의미를 분석하는 능력</td><td>• 영유아기 또래 간 우정 경험의 중요성을 인식하고 유아의 우정 발달을 돕기위해 노력하는 태도</td></tr>
<tr><td>주요용어</td><td colspan="3">또래, 친구, 우정, 친밀함, 역사성, 응집성, 배타성, 경쟁, 우정의 발달단계, 사회적 조망수용 능력, 대인문제 해결 기술, 친사회적 행동, 의사소통, 갈등 해결, 공격성, 위축</td></tr>
</table>

유아기는 또래와의 사회적 상호작용이 본격적으로 시작되는 시기이다. 어린 나이부터 부모와의 분리를 경험하는 영유아들이 많아지고 있는 오늘날, 또래는 유아가 가족 이외에 가장 쉽게, 자주 접하는 사회적 대상으로서 중요한 의미를 지닌다(김미숙, 2006). 유아는 또래와의 지속적인 상호작용을 통해 친구관계를 맺으며, 또래에 대한 강한 애착을 형성하게 된다. 어린 유아라 할지라도 몇몇 또래들에게 더 강한 친밀감과 유대감을 느끼며 우정을 형성할 수 있고, 3세 이후 또래에 대한 선호가 더욱 명백해지면서 특정 유아와 상호적인 친구관계를 유지할 수도 있다(김희태, 2004).

유아는 또래와의 질적인 상호작용을 통해 사회 구성원으로서의 역할을 수행하기 위해 필요한 규범이나 태도, 기술을 익힐 수 있다. 차례를 지키고 협동하며 타협해야 하는 다양한 사회적 상황을 경험하는 과정에서 유아는 또래 집단에서 지켜야 할 규칙이 무엇이며 그것이 왜 필요한지를 알게 되고, 자기중심적인 행동과 태도를 줄여나가게 된다. 이와 같이 유아는 또래와의 우정을 통해 사회적 관계 안에서 잘 살아가기 위해 꼭 알아야 할 것들을 배운다.

이에 본 장에서는 영유아기 우정의 의미와 중요성, 영유아의 우정 발달과정, 영유아의 또래관계 증진을 돕는 교사의 역할에 대해서 살펴보고자 한다.

1. 우정의 의미와 중요성

1) 우정의 의미

또래란 일반적으로 '연령이 같거나 비슷한 친구를 의미하는 말로 신체적, 정신적으로 비슷한 발달 수준을 보이는 동료'를 의미한다. 그런가 하면 친구란 '오래 두고 가까이 사귄 벗'을 뜻한다(이희승, 1982). 다시 말해 친구는 항상 같이 있고, 같이 활동하며 친하게 지내고 서로 도우며 서로 관심을 가지고 좋아하는 특정 대상을 의미하는 말이다. 친구관계란 '호감을 지닌 두 사람이 상호 의존하며 감정을 교환하는 개인적 수준의 관계'를 의미한다. 즉 서로의 생각과 감정을 이해하고 애정, 관심, 흥미, 정보 등을 공유하며, 서로 같이 놀고 함께 나누며 돕고 위로하고 돌보는 것과 같이 지속적인 접촉을 유지하는 독특한 애착관계를 뜻한다(정인수, 2005).

그렇다면 우정이란 무엇을 의미하는가? 이것은 '또래 중에서도 한 명, 혹은 몇 명의 대상들과 맺게 되는 특별히 더 만족스러운 관계'를 의미한다. 즉 특정 유아들끼리 서로 친한 친구라고 생각하는 상호 호혜적인 관계를 일컬어 우정이라고 정의할 수 있다. 인기도가 한 아동에 대한 집단의 의견이라면, 우정은 서로에게 관심을 가지고 헌신하며 주고받는 쌍방적인 관계인 것이다(박성연, 2006).

우정은 유아 간에 상호 지속적인 애정과 친밀감, 상대방의 생각과 기분에 대한 이해, 위로와 돌봄, 혜택의 공유, 오랜 시간 동안의 친밀하고 밀접한 상호작용 등의 요건이 갖추어졌을 때 성립될 수 있다. 상호적인 친구관계가 지니는 특성에 대해 구체적으로 살펴보면 다음과 같다(김희태, 2004).

- 친밀함 : 신체적, 공간적으로 가까이 하며 정서와 정보를 활발하게 교류하는 것
- 역사성 : 시간의 흐름에 따라 둘 만의 의사소통 및 독특한 행동 방식의 맥락을 형성하는 것
- 응집성과 배타성 : 상호 동질성을 전제로 한 둘만의 독특한 사회적 상호작용을 통해 결속력을 높이는 반면 다른 유아가 그 속에 들어가지 못하게 하는 것
- 긍정적인 방향으로의 사회적 상호작용 : 서로 도와주고 지지하고 협동하는 이타적 상호작용을 하는 것
- 경쟁 : 현재의 놀이를 더 재미있고 더 풍부하게 하기 위한 유희 차원에서 경쟁하는 것
- 감정의 조절 연습 : 상대의 의도나 표현되는 감정을 내적으로 표상하고 감정을 조절하는 것

2) 우정의 중요성

첫째, 우정은 자기와 타인에 대한 유아의 이해를 발달시킨다.

또래와의 사회적 교류를 반복적으로 경험하면서 유아는 자신과 타인을 바라보는 시각과 사회적 이해를 넓혀간다(유수경, 정명숙, 송주연, 2008). 즉 유아는 특별한 친구와의 친밀하고 애정 어린 상호작용을 통해 다른 유아가 자기와 생각이나 느낌, 입장이 다를 수 있다는 것을 점차적으로 인식하게 된다. 이처럼 친구관계에서의 사회적 상호작용 경험은 유아의 인지 · 사회 · 정서적 발달에 필수적인 탈 중심화를 촉진해준다(정인수, 2005).

둘째, 우정은 유아의 자아존중감 발달에 기여한다.

함께 놀고 어울리는 친구와의 우정은 유아로 하여금 자신에 대한 긍정적인 느낌을 갖도록

하는 원천이 된다. 또래 친구로부터의 칭찬이나 인정, 신뢰는 유아에게 정서적 안정감을 제공해주며 유아의 긍정적 자아개념 형성에 크게 기여한다. 친한 친구와 즐겁게 놀고 도움을 주고받으며 믿음 가득한 상호작용을 지속할 때 유아는 자기 자신의 능력과 외모에 대해 만족하고, 사회적으로 수용된다는 느낌을 가질 수 있기 때문이다(박혜란, 2008).

셋째, 우정은 유아의 사회 적응 능력의 발달을 돕는다.

만족스러운 또래관계 경험은 유아에게 안정감과 소속감을 주어 집단생활에 적응을 잘할 수 있도록 돕는다. 또한 유아는 영향력이 있는 또래의 행동을 모방하면서 다양한 사회적 기술들을 배운다. 즉 타인과의 상호작용에서 어떻게 행동하고 의사소통해야 하는지, 욕구나 감정 등을 어떻게 처리할 것인지, 어떻게 친구를 사귀고 갈등이 있을 때에는 어떻게 해결할 것인지, 언제 배려하고 협동해야 하는지 등 당면한 상황에 적합한 사회적 행동을 학습한다. 아울러 사회적 요구와 규칙 및 약속에 부합되는 도덕적인 행동을 배울 수 있다. 이와 같이 유아는 우정관계를 통해 사회 안에서 잘 살아가기 위해 필요한 사회적 기술을 배우고 연습하면서 자신이 속한 집단에 대한 소속감과 적응력을 기를 수 있다.

2. 우정의 발달

1) 우정 발달에 관한 이론적 관점

우정은 유아의 발달 수준에 따라 질적인 차이를 보인다. 우정 개념이 뚜렷하게 나타나는 시기를 명확하게 알 수는 없지만 신체적 · 인지적 · 사회적 발달의 정도에 따라 우정에도 질적인 변화가 있으며, 연령에 따라 위계적인 순서나 수준을 지닌다(박혜란, 2008). 우정에 관한 최근의 연구들은 영아와 걸음마기 유아도 우정을 발달시킨다고 보고하고 있다. 즉 2세 영아에게서도 또래와의 사회적인 상호작용이 나타난다. 또한 연령이 높아짐에 따라 더욱 지속적이고 밀접한 상호작용으로 발전하며, 5 · 6세가 되면 유아들끼리의 상호작용 시간이 길어지고 또래와 강한 애착을 형성하게 된다(정인수, 2005).

영아들 사이의 우정은 생후 10개월 경 나타나기 시작하며 한두 명의 친구를 대상으로 형성된다. 이 시기의 친구는 낯선 사물이나 환경을 탐색하기 위한 안전기지 혹은 일시적인 놀이 상대의 의미를 지닌다. 14~24개월 영아들은 한 명 또는 몇 명의 또래를 지속적으로 선호하는 현상을 보인다. 그러나 아직까지는 기본적인 욕구 충족을 중심으로 불안정한 친구관계를 유지하기 때문에 안정적이지 못하고 덜 분화된 상태에 있다(Newcomb & Bagwell, 1995; 신유림, 2004에서 재인용).

영아기의 우정이 제한적이고 비연속적인 것에 반해, 유아기에는 보다 안정적인 관계로 발달되며, 또래 그룹을 형성하면서 더 복잡한 우정 관계를 형성하게 된다(김미숙, 2006). 즉 유아기의 우정은 또래와의 상호작용 시간이 길어지면서 안정된 애착을 형성하게 되고 또래에게 더 긍정적인 행동을 보이며, 또래의 요구에 반응하려고 노력함으로써 영아기에 비해 한결 발전된 특성을 보인다(오채선, 염지숙, 2004). 그러나 유아기의 우정은 아직까지 놀이를 중심으로 시작되고 유지되는 경향이 강하므로 아동기의 우정에 비해 덜 안정적이다. 안정된 상태의 우정은 8세 정도가 되어야 하며, 학령기가 되어야 친구에 대한 진정한 이해를 하게 된다(박혜란, 2008).

일시적인 놀이친구로 시작된 우정관계는 일방적인 도움을 주는 단계와 자기중심적 활동의 단계를 거쳐 친밀감과 상호 교류 및 자율적 상호 의존의 단계로 발달하게 된다. 또한 연령이 높아짐에 따라 우정에 대한 개념은 물건을 나누어 갖는 것이나 함께 노는 것으로부터 개인적인 생각과 관심을 나누고 점차 서로에게 도움을 주면서 친구의 역할에 대한 책임과 의무를 인식하는 수준으로 발달한다.

요약해 보면 유아의 우정 개념은 가까이 있거나 놀이를 함께 하거나 장난감을 가지고 함께 노는 사이와 같은 외현적 특성으로부터 점차 심리적이고 정서적인 측면에 기반을 둔 애정적이고 지지적인 특성으로 발전되는 변화를 나타낸다(정인수, 2005). 또한 자신에게 눈에 보이는 이익을 주는 대상을 친구라고 생각하는 자기중심적이고 일방적인 개념으로부터 진심으로 서로를 이해하고 서로에게 베풀며 그러한 기대를 하는 조화롭고 호혜적인 관점으로 변화되어 간다.

우정 발달에 있어서의 성차에 관한 의견은 연구자들마다 다르다. 이세나와 이영석(2009)의 연구 결과, 여아는 친구에게 더욱 친사회적이고 독점적인 관계를 유지하는 성향이 강하며, 남아는 여러 유아들을 자신의 우정관계에 포함시키고 포괄적인 우정관계를 맺는 양상을 보여 차이가 있다. 또한 여아는 또래에게 애정이나 지지를 나타내는 경향이 강하여 우정 발달이 빠른 반면, 남아는 서서히 발달하는 경향을 보인다. 그간 많은 연구들이 남아보다 여아가 동성의 친구관계에서 더 높은 수준의 친밀감을 나타내며, 친사회적인 상호작용을 하는 경향이 더 강하다고 주장해 왔으나, 우정의 하위 개념에서 부분적인 차이가 없거나 성차가 전혀 없음을 보고한 연구 결과도 있어 이에 대한 지속적인 탐색이 필요하다.

2) 우정 개념의 발달과정

우정 개념의 발달에 관한 연구들은 우정의 질적인 차이가 나타나는 시기 및 구체적인 변화 과정을 명확하게 밝히고 있지 않다. 다만 우정관계에 대한 개념이 연령에 따라 변화하며, 그 변화의 양상에서 나타나는 위계적 순서나 수준을 제시하고 있다. 셀만(Selman)은 유아의 우정이 사회적 조망능력의 발달에 따라 자기 욕구에 초점을 맞추는 단계로부터 타인의 욕구와 관심에 보다 민감해지는 단계로 발달한다는 관점에 기초하여 우정 발달의 5단계를 제시하였다(정인숙, 유영금, 강인숙, 정태근, 2008).

[표 9-1] 우정의 발달 단계

발달단계	특징
0단계 3~7세	일시적이고 신체적인 상호작용이 중심이 되며, 놀이 친구를 지향하는 단계로 우정관계가 쉽게 변하고 순간적이다. 아직까지 다른 사람의 내적인 사고나 감정에 대한 이해가 없으며, 자주 함께 놀거나 주어진 시간에 유사한 신체 활동에 참여하는 유아와의 관계로 제한되는 경향을 보인다.
1단계 4~9세	대개 일방적인 원조나 자기 목적을 달성하기 위한 대상으로서 친구를 이해하는 단계이다. 따라서 순간적으로 놀이친구가 형성될 수 있으며, 자신과 다른 사람의 관점 차이를 이해하지만 아직도 좋은 우정이란 자기가 원하는 것을 하는 친구라고 생각하는 경향이 있다.
2단계 6~9세	양방향적인 상호관계를 갖는 시기로 협동이 나타나며, 서로 좋아하고 싫어하는 정도에 따라 행동을 결정한다. 서로 비밀을 공유하고, 누구와 친구인지를 말할 수 있게 되며, 상대방의 생각을 고려하여 행동하게 된다. 옷이나 언어, 행동에 있어 일치를 보이는 아동들끼리 집단을 만들고 그 집단에 동조하는 경향을 나타낸다.
3단계 9~12세	친밀하고 상호적이며 공유 관계를 나타낸다. 애정관계가 두터워짐으로써 작은 갈등을 초월하여 서로 주고받는 우정을 지속적으로 유지하려는 노력을 보인다.
4단계 12세 이상	성숙한 우정 단계로 복잡한 양상을 보이며 심리적 지원을 위한 중요한 사회적 관계로 인식된다. 친구란 독립적인 관계이며 한 명 이상의 친구를 소유할 수 있고, 친구 간에는 서로 떨어져 있어도 서로를 지원해 주는 사람이라는 생각을 하게 된다. 상호 심리적인 원조에 의존하면서 서로 동일시하고 정체감을 형성해 가는 단계이다.

3. 우정 발달의 영향 요인

유아의 우정 발달에 영향을 미치는 요인은 다양하며 다음과 같다.

1) 또래와의 상호작용 경험

유아가 또래와 긍정적으로 접촉하는 기회를 자주 갖는 것은 우정 발달의 토대를 마련하는 일이다. 또래와 만났을 때 우호적으로 인사를 건네거나 또래의 현재 활동에 주의를 기울이고 관심을 표현하는 행동은 또래와 함께 하고 싶다는 의미 있는 신호로 작용한다. 또래들과의 기분 좋은 상호작용에서 유아가 갖는 만족감은 집단 속에 수용되고 인정받았다는 성취감을 느끼게 하여 또래와의 상호작용에 대한 긍정적인 기대와 믿음을 갖게 하며, 실질적으로 또래와의 원활한 교류를 지속하게 한다.

이때 유아가 지닌 의사소통 능력은 또래관계에서의 성공 여부와 관련 있다. 다른 유아의 말에 귀를 기울이고 충분한 설명과 반응적인 대답으로 상대방이 원하는 정보를 제공하며, 적절하게 질문하는 능력을 가진 유아는 또래에게 수용되는 정도가 높다. 반면, 유아의 의사소통 능력 부족은 또래 사이의 상호작용을 어렵게 하고, 그것은 다시 유아기 동안 문제 행동을 증가시킨다(Mathur & Rutherford, 1996). 요컨대 또래와 함께 시간을 보내며 웃고 이야기 나누고 신체적으로 접촉하는 등 따뜻하고 유쾌한 교류를 하는 가운데 서로를 지지해 주고 도움을 주고받으며, 놀이 공간이나 장난감을 나누는 일상의 경험들을 충분히 경험하는 것과 유아의 우정 발달은 밀접하게 관련된다고 볼 수 있다.

2) 사회적 조망수용 능력

유아가 다른 또래의 입장을 이해하고 수용하는 것은 또래관계의 질을 결정하는 요인이 된다. 이는 또래 간 상호작용에서 흔히 발생하는 사건들에 대한 다른 사람들의 반응을 정확하게 예측하고, 다른 사람들의 선호를 예견하고, 다른 사람들이 경험하는 감정을 이해하는 능력을 의미한다(이윤옥, 2003). 사회적 지식을 갖춘 유아는 또래집단 속에서 다른 유아와 공통 분야를 만들고, 정보를 교환하며, 유사점과 차이점을 탐색함으로써 효과적인 상호작용을 할 수 있다. 반면 사회적 조망능력이 부족한 유아는 다양한 상황에서 어떤 행동이 적합한 것인지에 대한 사회적 이해와 지식이 부족하여 상황에 적합하지 않게 행동함으로써 또래들로부터 환영받지 못할 가능성이 높다.

3) 놀이를 시작하고 지속하는 기술

유아기의 우정 발달과정에서 교사가 가장 눈여겨보아야 할 것은 유아가 또래놀이에 포함되는지의 여부이다. 또래놀이 장면에서 유아가 사용하는 사회적 접근 기술은 사회적 참여와 성공에 중요하다. 즉 또래에게 함께 놀자고 요청하는 방법, 장난감을 분배하고 교대하는 방법, 장난감을 달라고 요청하는 방법, 또래에게 정서적 지지를 제공하거나 필요할 때 도움을 주고받는 행동의 적절성 여부는 유아의 우정 형성 및 유지에 결정적인 영향 요인으로 작용한다.

4) 또래와의 갈등에 대처하는 능력

발달수준이 비슷한 또래 유아들 사이에서는 수시로 사회적 갈등 상황이 일어나곤 하는데 이때 상대방의 마음에 관심을 가지고 바람이 무엇인지 이해하는 것은 유아가 갈등에 효과적으로 대처할 수 있도록 한다. 또한 서로의 요구가 충족될 수 있도록 문제를 해결할 줄 아는 것은 원만한 우정 형성에 기여한다. 또래와의 우정에서 성공적인 유아는 대체로 우호적이며 긍정적이고 타인 지향적이다. 또한 또래와의 갈등에 대해 친사회적 전략으로 문제를 해결하려는 경향이 강하고, 고립이나 공격행동을 하는 유아에 비해 더 많은 수의 효과적인 해결 방안을 제시한다(Richard & Dodge, 1982; 이윤옥, 2003에서 재인용). 요컨대 대인 문제해결 기술을 가진 유아들이 또래관계의 불안을 덜 경험하게 된다(Howing et al., 1990).

4. 우정 발달을 돕는 교사의 역할

영유아의 우정 발달을 지원해 주기 위해서는 유아가 놀이 상황에서 또래와 상호작용할 수 있는 기회를 충분히 제공해 주는 일이 무엇보다도 중요하다. 아울러 또래와의 성공적인 관계를 형성하기 위해서는 친구를 사귀고 놀이를 시작하고, 협동하고, 의사소통하고 갈등을 해결하는 데 필요한 사회적 기술이 요구되므로 교사는 다양한 방법으로 이를 지원해 주어야 하며(이원영, 김효숙, 2006) 그 구체적인 내용과 방법은 다음과 같다.

1) 놀이 가입 및 유지 기술 가르쳐주기

놀이에 대한 다양하고 풍부한 아이디어를 가지고 있으면서 놀이가 잘 유지되도록 이끌어 가는 유아는 또래들 사이에서 매력적이고 인기 있는 리더가 되는 경우가 많다. 유아기의 우정은 주로 놀이를 중심으로 이루어지므로 교사는 유아가 다른 유아들과 다양한 놀이를 경험하면서 놀이에 대한 재미있는 아이디어를 키울 수 있도록 기회를 최대한 충분히 만들어주어야 한다. 또한 유아들이 시작한 놀이를 관찰하면서 놀이가 지루해지거나 더 이상 발전하지 못하고 맥이 끊길 것 같은 상황, 그리고 변화와 확장이 필요한 상황에서는 적절히 개입하여 놀이가 유지될 수 있도록 도움을 줄 수 있다. 가령 쌓기 영역과 역할 영역을 연결하여 하나의 주제를 중심으로 한 놀이(예: 가족 여행)가 이루어질 수 있도록 제안해 볼 수 있다.

또한 유아들의 놀이에 지속적으로 관심을 가지고 필요한 순간에 개입하여 놀이가 활발하게 이루어지고 유지될 수 있도록 적절한 지원을 해주어야 한다. 예를 들어, 음식점 놀이를 하고 있는 상황에서 메뉴 책이나 돈과 같이 필요한 소품을 더해 주어 놀이에 재미와 활력을 더해 줄 수 있고, 음식점 주인이 손님에게 제공하는 서비스나 행동이 어떠해야 할지 등 등장인물의 역할에 대한 실질적인 정보를 제공해 주어 더욱 풍성한 이야기로 전개될 수 있도록 도움을 줄 수도 있다. 또한 또래로부터 거절되거나 무시되는 유아가 있다면 놀이에서 비중이 크지는 않지만 꼭 필요한 역할을 맡아서 놀이에 기여할 수 있도록 자연스럽게 중재할 수도 있다.

2) 친사회적 행동을 배우고 실천하도록 도움 주기

우정이 시작되는 초기에는 신체적 조건 등의 외적 속성에 따른 매력이 주요인으로 작용하지만, 일단 우정관계가 시작되면 접촉하기, 긍정적인 관계 유지하기, 갈등 협상하기, 관계 종결짓기와 같은 사회적 과정에서 성공하는 일이 중요하다. 미소 짓기, 즐겁게 말하기, 인사하기, 정보 물어 보기, 다른 유아의 인사와 질문에 반응하기, 정보 제공하기, 초대하기 등의 접촉 행동은 상대 유아에게 좋은 인상을 준다(박혜란, 2008). 우호적인 행동은 친구가 되고 싶다는 신호가 되어 우정관계 형성에도 도움이 된다. 또래와의 협력적인 주의집중(joint attention)은 지속적이고도 긍정적인 상호작용을 가능하게 하고, 또래를 모방하면서 조화로운 상호작용과 협동이 가능하다(김미숙, 2006).

이와 같이 친구관계를 만족스럽게 오래 유지하기 위해서는 친밀한 상호작용의 기본 요건인 친사회성을 갖춰야 한다. 우정의 유지를 위한 친사회적인 행동에는 민감성, 친절, 배려, 관심 표현, 협력, 수용, 애정 표현, 공감, 도움주기, 제안하기, 칭찬하기, 차례 지키기 등이 포함된다. 아직까지 유아는 장난감이나 놀이 공간을 함께 공유하는 것에 어려움을 느끼는데, 이때 교사는 억지로 또래와 나누는 행동을 강요하기보다는 함께 나누었을 때의 기분(기쁨, 즐거움)이 어떠했는가에 중점을 두어 공유하기를 가르쳐 주어야 한다. 또한 나누기를 가르치기 전에 유아의 소유권을 인정해 주고 안정감을 느끼는 가운데 자발적으로 나누기를 할 수 있도록 격려하도록 한다. 특히 차례 지키기(turn taking)는 또래집단과의 성공적인 상호작용에 필수능력이므로 어릴 때부터 잘 가르쳐 주어야 한다. 차례를 지키는 것은 모든 사람들이 기대하는 당연한 약속이므로 자기 차례가 올 때까지 잘 참고 기다림으로써 사람들에게 환영받을 수 있다는 것에 대해 유아가 느낄 수 있도록 지도해 주는 것이 중요하다.

3) 또래와 효과적으로 의사소통하도록 격려하기

또래의 주의를 얻고 놀이에 대한 생각을 주고받기 위해서 유아는 효과적인 언어를 사용할 수 있어야 한다. 이는 메시지를 정확하게 전달하고, 상대를 기분 좋게 하는 의사소통 능력을 의미하며 적절한 크기의 목소리, 억양, 어투 등이 포함된다. 또한 상대방이 자신의 말에 집중하여 들을 수 있도록 말을 시작하기 전에 상대방에게 신호를 보내거나(눈맞춤, 이름 부르기) 적절한 순간에 말차례를 바꿔가며 대화하는 기술이 필요하다.

요구를 하거나 거절할 때에는 특히 우호적인 방식의 표현을 통해 상대방으로부터 긍정적인 반응을 이끌어 낼 수 있도록 하는 구체적인 기술들을 가르쳐 주어야 한다. 이를테면 유아가 심하게 화를 내며 공격적인 행동을 할 때 해도 괜찮은 말과 행동으로 부정적인 느낌을 표현하도록 가르쳐준다. 즉 소리를 지르고 다른 사람을 공격하는 행동보다는 '내 거야, 가져가지 마', '내 차례야, 잠깐 기다려', '네가 ~ 하면 나는 싫어', '나 ~ 해서 화났어'와 같이 적절한 수준으로 자신의 요구나 기분 상태를 표현하고 주장하는 것이 더 적합한 행동이라는 것을 가르쳐 주어야 한다. 이때 교사가 사회적으로 적합한 언어를 직접 시범 보여주거나 유아와 함께 마주보고 앉아 구체적인 언어들을 연습하는 것이 효과적이다.

4) 유아들끼리 서로 협력하여 갈등을 해결해보도록 안내하기

발달 수준이 비슷한 유아들끼리의 놀이에서 갈등은 하루에도 수차례씩 발생하며, 의도적으로 피할 수 있는 일도 아니다. 갈등이 원만하게 해결되지 못하고 쌓이게 되면 우정의 발달에 걸림돌이 될 수 있다. 그러나 협력적인 갈등 해결 과정을 경험해본 유아는 의사소통 기술과 건설적인 문제 해결 방법을 익히게 되고, 친구와의 관계도 더욱 돈독해질 수 있다. 따라서 부모나 교사는 유아들이 친구와 놀이하는 과정에서 기본적인 규칙과 약속을 잘 지키면서 놀 수 있도록 지켜봐 주어야 하며 갈등이 발생되었을 경우, 이를 사회적 문제해결 능력을 키워주는 기회로 활용해야 할 것이다.

갈등 상황에서 다른 사람과 협의하기 위해서 유아는 먼저 자신과 다른 의견을 수용할 수 있어야 한다. 그러므로 교사는 유아가 다른 사람과 생각이 다를 수 있다는 것을 인정하고 협상의 장면으로 나아갈 수 있도록 안내한다. 한 쪽의 주장만을 만족시키기 보다는 갈등에 관련된 모든 사람의 요구와 기대를 존중하는 태도를 가르치는 것이 중요하다. 또한 다음에서와 같이 유아들끼리 협력하여 여러 가지 대안들을 생각해보고 가장 적합한 대안을 선택할 수 있도록 지도해 주어야 한다.

• 문제 확인하기

갈등에 관련된 유아들의 이야기를 충분히 들어준 후에 갈등의 원인이 무엇인지, 유아들의 생각은 어떠한지를 요약하여 들려준다. 이 과정에서 유아가 상대방이 원하는 것이 무엇인지에 관심을 가지되, 그것이 자신의 생각이나 기대와 어떻게 다른지를 살펴보도록 돕는다.

① "무슨 일 때문에 다투고 있는지 선생님에게 이야기해주겠니?"
"두 사람 모두의 이야기를 들어줄 거야. 친구가 이야기할 때 끝까지 잘 들어주자."
② "아! ~~문제 때문에 다투게 되었구나."
③ "ㅇㅇ는 ~한다고 생각했구나. △△, 네 생각은 어떠니? ㅇㅇ의 생각과 같니?"
어떤 점이 다르니? 왜 그렇게 생각했니?

• 유아들과 함께 문제해결을 위한 대한 생각해보기

④ "그럼 우리가 힘을 모아서 이 문제를 해결해야겠네."

⑤ “너희 둘이 모두 기분좋게 놀이하는 방법이 있을까? 방법을 생각해보자.”
⑥ “~~게 하는 것은 어떨까?”

• 유아들이 모두 동의한 대안을 실행해보고 평가하기

⑦ “~~게 해보니 어땠니? 두 사람 모두 기분 좋게 놀이하는 것에 성공했구나.”

5) 유아가 또래로부터 거절당하는 원인이 개선될 수 있도록 돕기

또래집단에서 거절된 유아는 또래와의 상호작용 기술을 배울 수 있는 기회를 갖지 못하여 긍정적인 친구관계를 유지하기 어렵다. 유아의 개인적 성향이나 특성 중 공격성과 위축은 친구 사이의 긍정적인 관계를 맺는 데 장애가 되며, 또래로부터의 거절을 일으키는 대표적인 원인이 된다.

공격성은 또래와의 사이에서 갈등을 만들어내며, 친구들로부터 거절당하는 일차 원인이 된다. 거절당한 유아가 느끼는 사회적 소외감은 배타적인 친구관계를 맺도록 하는 원인이 된다. 또한 유아들은 자신과 유사한 성향의 아동과 친구관계를 맺는 경향이 있어 이는 공격성을 더욱 높이는 위험 요인으로 작용할 수 있다(신유림, 2004).

위축 역시 갈등적인 친구관계의 원인으로 작용한다. 위축된 유아는 또래로부터의 거절이나 인정받지 못할 가능성을 최소화하기 위해 또래집단의 주변을 배회하는데, 이로 인해 오히려 대인관계가 더욱 축소되고 원만한 친구관계를 맺는 데 어려움을 가중시킬 수 있다. 그러므로 교사는 학급에 또래로부터 거절당하거나 무시당하는 유아들이 있는지 세심하게 살펴보고, 유아가 가진 문제를 신속히 파악하여 이의 개선을 돕는 데 주력해야 할 것이다.

Chapter 10

성역할 개념

학습목표	• 성역할 개념의 정의와 중요성을 이해할 수 있다. • 성역할 개념의 발달에 관한 이론적 관점을 고찰할 수 있다. • 성역할 개념의 발달과정을 이해할 수 있다. • 성역할 개념 발달에 영향을 주는 다양한 요인을 이해하고 유아의 성역할 개념 발달을 위한 교육적 방안을 모색할 수 있다. • 성역할 개념 발달을 돕기 위한 교사의 역할을 이해하고 유아 사회교육 실제에 적용할 수 있다.		
학습내용	지식	기술	태도
	• 성역할의 개념 • 성역할 개념 발달에 관한 이론적 관점 • 성역할 개념의 발달과정 • 성역할 개념 발달의 영향 요인	• 유아의 조화로운 성역할 발달을 돕는 학급운영 능력 • 유아의 성역할 개념 발달을 돕기 위한 지도능력	• 성역할 개념에 대한 바른 인식 • 성역할에 대한 편견이나 고정관념을 개선하기 위해 노력하는 태도
주요용어	성역할, 성역할 고정관념, 성 정형화, 양성성, 생물학적 결정론, 성역할 개념, 성역할 정체성, 성정체감, 성 안정성, 성 항상성		

성별은 인간을 분류하는 가장 기본적인 범주로 모든 사회와 문화는 여성과 남성에 대한 각각의 특별하고 고유한 행동 기대와 규준을 가지고 있다. 이러한 행동이나 태도를 자신의 것으로 내면화함으로써 유아는 자신의 성에 적합한 성역할 개념을 습득하게 된다. 이와 같이 개인의 성역할은 일차적으로는 생물학적인 근거로 규정되나 성역할 행동은 사회문화적인 요구와 기대, 경험을 통한 인식 유형에 의해 결정된다. 유아기는 성역할 개념의 기초가 마련되는 시기로서 유아가 어린 시기에 경험하는 가정과 유아교육기관에서의 성역할 관련 교육은 성역할 개념 발달에 중요한 영향을 미친다.

따라서 본 장에서는 성역할 개념에 관한 정의와 영유아기 성역할 개념 발달에 대한 이론적 관점 및 성역할 개념의 발달과정, 그리고 이에 영향을 미치는 다양한 요인들과 성역할 개념 발달을 돕는 교사의 역할에 대해서 살펴보고자 한다.

1. 성역할 개념의 정의와 중요성

인간은 누구나 남성 또는 여성으로서 분명한 생물학적 성차를 가지고 태어난다. 성역할이라는 말에서 역할이란 '특정한 위치를 지니고 있는 사람에서 기대되는 행동'을 의미는 말로, 개인은 여러 가지 역할을 동시에 수행할 수 있고, 상황에 따라 서로 다른 역할을 담당하기도 한다. 또한 이러한 역할의 내용은 타인과의 상호교류나 기대에 의해 결정된다. 성역할(sex role)이란 일반적으로 '한 사회 안에서 남성과 여성에게 기대하는 역할'을 의미한다(이미숙, 2003). 즉 개인의 성별에 따라 사회적으로 인정되고 수용되는 행동 양식을 의미한다.

성역할에 대한 전통적인 관점은 남성과 여성의 차이를 강조한다. 남성과 여성의 유전적 · 신체적 · 심리적 차이에 따라 사회에서 개인의 성에 대해 기대하고 인정하는 전형적인 행동 양식이나 태도 역시 달라야 하는 것으로 생각한다. 특정 직업이 여성 또는 남성에게 더욱 잘 어울린다고 생각하거나 남아 또는 여아를 위한 장난감이 따로 있다고 생각하는 것을 그 예로 들 수 있다. 이제까지는 남성다움과 여성다움이 따로 있으며, 이를 따르는 것이 심리적으로 건강하다고 생각하는 성역할 고정관념(sex role stereotypes)을 지지하는 사고 경향이 강했다. 성 정형화된(sex-typed) 사람은 자신의 성역할과 일치되는 행동을 할 때에 안정감을 느끼나 다른 쪽 성에 맞는 행동을 수행해야 할 경우에는 적잖은 어려움을 겪는다. 뿐만 아니라 성역할 고정관념은 성에 따라 개인의 경험과 기회를 지속적으로 제한함으로써 인간으로서의 남성과 여성 모두의 잠재능력과 기능을 충분히 발휘할 수 없게 한다.

벰(Bem, 1974)은 성역할의 양성 평등적인 모델인 양성성(androgyny)의 개념을 제시하였다. 양성성(androgyny)은 그리스어로 남성을 뜻하는 andro와 여성을 뜻하는 gyn이 합해진 용어로 인간이라면 누구에게나 남성적 특성과 여성적 특성이 함께 존재한다는 의미이다(김경옥, 2004). 현대 우리 사회의 구조적인 변화에 따라 남녀의 생물학적 차이보다는 한 인간이 지니고 있는 남성성과 여성성 둘 다를 고려하는 양성성을 중시하는 견해가 더욱 설득력을 얻고 있다. 즉 남성성과 여성성이 서로 상반되거나 모순된 것이 아니라 한 사람 안에서 얼마든지 공존할 수 있으므로 성역할 또한 그 둘 사이의 균형을 이루는 것이 바람직하다는 생각이다. 그러므로 성역할 개념에 관한 교육은 각각의 유아가 지닌 남성성과 여성성 모두를 살려 심리적 양성성(Psychological Androgyny)을 균형 있게 발달시켜갈 수 있도록 돕는 방향으로 이루어져야 할 것이다.

2. 성역할 개념의 발달

성에 대한 개념과 가치관의 발달은 유아가 신체적으로 자신이 남자 또는 여자라는 것을 분별하는 순간부터 시작된다. 즉 성역할 개념의 발달은 유아기부터 시작되어 청년 후기에 거의 확립되며 쉽게 변화되지 않는 측면으로 개인의 사회적 적응에 중요한 의미를 지닌다(명승화, 2008).

1) 성역할 개념 발달에 관한 이론적 관점

성역할 개념 발달에 대한 이론적 논의는 생물학적 결정론과 사회학습 이론, 인지발달이론 등을 중심으로 이어져 왔으며, 구체적인 내용은 다음과 같다.

(1) 생물학적 결정론

성역할에 대한 생물학적 관점에서는 남성과 여성이 타고난 신체 구조와 같은 생물학적인 차이에 초점을 둔다. 즉 유기체의 선천적인 특징에 의해서 기질이나 성격 차이가 결정되며, 성역할 행동을 영구적인 인성으로 가정한다. 실제로 남아는 여아보다 공격적인 성향이 강하고, 남아에 비해 여아는 더욱 풍부한 표정이나 미소를 나타낸다. 이러한 차이는 성역할에 대한 학습 기회를 갖기 전에 일찍이 나타나는 현상으로 생물학적 결정론을 뒷받침하는 사례가 될 수 있다.

생물학적 결정론은 다시 사회생물학적 관점과 정신분석학적 관점으로 구분된다. 사회생물학적 관점에서는 공격성이나 모성적 행동과 같은 행위들이 생물학적, 진화론적으로 어떻게 유전되는가에 관심을 갖는다. 태어날 때 대개 남아가 여아보다 몸무게, 키, 근육 량이 크며, 남아에 비해 여아가 자극과 고통에 대해서 더 민감한 것은 인간의 생물학적 성차를 설명하는 하나의 예이다. 그러나 인간의 성차에 관해 생물학적 영향력을 주장할 만한 일치된 연구 결과들은 거의 없다(김경옥, 2004).

프로이드의 정신분석 이론에서는 성역할 개념에 대한 남녀 차이는 인간의 심리성적 발달 5단계 중 제 3단계인 남근기에서의 서로 다른 경험에 기인한다고 본다(정옥분, 2008). 이 이론은 성역할 개념의 발달을 동일시의 과정으로 설명하고 있다. 동일시란 '어떤 역할 모델의 행동, 태도, 신념 및 사고방식을 따라서 자신의 자아를 형성하려는 노력'을 말한다. 이 관점에 따르면 4~6세경 남아는 외디푸스 콤플렉스(Oedipus complex)를 통해 동성인 아버지에 대한 두려움과 경쟁심을 갖게 되고 그것은 선망과 동일시의 과정으로 나타나게 된다. 또한 여아의 엘렉트라 콤플렉스(Electra complex)는 남근 선망과 아버지에 대한 애정으로 이어져 어머니와 동일시하게 된다고 하였다(차경수, 정문성, 구정화, 1997). 이와 같이 정신분석 이론에서는 동성 부모의 행동과 생각, 느낌을 닮고 싶어하는 동일시 과정을 성역할 개념 발달의 필수 조건으로 보았다.

(2) 사회학습 이론

사회학습 이론에서는 사회적 경험이 성역할이나 성차에 미치는 절대적인 영향력을 강조한다. 즉 성역할 개념의 발달에 직접적으로 영향을 미치는 외부 환경적 요인과 관찰을 통해 이루어지는 성역할 학습을 중시한다. 따라서 성역할의 발달은 일차적으로 강화와 모델링, 벌 등에 의한 직접적인 학습과 훈련에 의해서 이루어진다고 본다. 다시 말해 유아는 아주 어린 시기부터 부모, 교사 또는 또래로부터 생물학적인 성에 적합한 행동은 강화되고 적합하지 않은 행동은 처벌됨으로써 직접 학습이 이루어진다고 보는 것이다. 이와 같이 사회학습 이론에서는 유아가 성역할개념 발달에서 '보상'의 중요성을 강조한다. 유아의 남자다운(여자다운) 생각과 행동에 따르는 사회적 인정 및 수용이 유아가 성역할을 동일시하게 되는 동기로 작용하게 된다는 것이다.

이 관점에서는 관찰이나 모방과 같은 간접적인 학습을 통해서도 성역할의 발달이 이루어질 수 있다고 가정한다. 즉 유아는 동성의 부모나 교사, 또래와 같이 자신의 삶에 영향을 미치는 다양한 사회적 모델을 모방함으로써 '주변 사람들이 자신의 성에 대해 무엇을 기대하는가', 그리고 '남자와 여자에게 가치 있는 행동이 무엇인가'에 적합한 성역할 행동을 학습한다고 본다(김경옥, 2004). 특히 유아의 행동에 대한 어머니의 반응(승인, 제재)은 결정적이다. 예를 들어 남아의 우는 행동에 대해 어머니가 여아와는 다른 반응을 주었을 경우(예 : '남자가 씩씩해야지. 약한 사람이나 우는 거야. 우니까 창피하네.'), 우는 것은 남자다운 행동이 아니라는 메시지를 전달받게 되고, 이러한 경험이 반복되면서 성역할 개념으로 내면화될 수 있을 것이다.

(3) 인지발달 이론

인지발달 이론에서는 성역할 개념의 발달이 유아가 자신을 남성 또는 여성이라고 지각하는 것과 같은 인지적 성취를 바탕으로 환경과 상호작용하는 과정에서 이루어지는 것이라고 설명한다. 콜버그(Kohlberg)는 유아가 먼저 자신의 성을 남성 또는 여성으로 지각한 후에 비로소 그에 적합한 사회적 기대와 가치 및 태도를 동일시하게 되는 것이라고 주장하였다. 즉 성역할 개념이 발달해가는 과정에서 '나는 남자 혹은 여자다'라는 인식이 먼저 일어나며, 그 다음으로 자신과 같은 성별인 성인의 행동을 모방하면서 남성 혹은 여성에 적합한 행동을 학습하게 된다는 것이다.

길리건(Guilligan, 1990)은 남성과 여성에 대한 차이의 근원은 인지적 요인뿐만 아니라 사회적 요인들과 관련된다고 하였다. 즉 유아의 성역할 개념 발달은 유아 개인의 발달과 사회적 요인들 간의 상호작용에 의해서 이루어지는 것이며, 교육기관이 이를 매개하는 역할을 담당하게 된다(김경옥, 2004).

2) 성역할 개념의 발달과정

성역할 개념은 생애 초기부터 형성되기 시작하여 전 생애에 걸쳐 발달되며, 유아기는 성역할에 대한 이해가 형성되는 결정적인 시기로 중요하다. 성역할 개념의 발달은 일반적으로 자기 정체감과 타인에 대한 이해가 생겨나는 2세를 전후하여 시작된다. 이 시기의 유아는 주변 성인들과의 상호작용을 통해 성역할 모델을 민감하게 관찰하고 학습하며 일상에서의 성역할 행동으로 일반화시킨다. 성장과정에서 유아는 사회적 규준에 의한 성역할 행동에 영향을 받으며, 4~5세 유아의 경우 사회적으로 적절하다고 생각되는 또래 유아의 성역할 행동을 강화하기도 한다.

성역할 정체성 및 성역할 고정관념의 발달과정은 다음과 같다.

(1) 성역할 정체성

성 정체감(gender identity)이란 남성 또는 여성으로서의 기본적인 생물학적 특성을 의식하고 자신의 성을 정확하게 명명하며 정서적으로 수용하는 것과 함께 타인을 남자, 여자로 구분하는 능력을 의미한다. 즉 자기가 속해 있는 특정 성(性)을 알고 다른 사람들의 성을 인식하는 능력으로 개인의 자아정체감을 구성하는 요소가 된다. 또한 성역할 정체성이란 '한 개인이 남성 혹은 여성으로서 자신의 성을 알고 그에 따른 태도나 행동에 대한 역할을 인식하는 것'을 의미한다. 성역할 정체성은 유아기부터 발달되기 시작하며, 부모나 교사 혹은 또래를 포함한 타인과의 교류나 대중매체의 영향을 받으면서 형성된다.

2~7세 유아기에는 자신의 성별을 아는 성 정체감 획득을 시작으로 성 일관성을 이해하게 되는 일련의 과정이 이루어진다(정옥분, 2008). 2세경 유아는 두개의 성별이 있다는 것과 자기가 그중 하나에 속해 있다는 것을 알게 된다. 자신이 여자인지 남자인지를 인식할 수 있고, 더불어 타인의 성별을 구분할 수도 있다. 예컨대 아버지는 남자이고 어머니는 여자라는 것을 안다. 이 시기의 유아는 주로 생김새나 옷차림, 헤어스타일 등 남녀의 신체적 외양의 차이를 단서로 성별을 구분하며, 남녀의 생식기에 따른 성 구분을 이해하지 못한다. 따라서 옷이나 머리 모양을 바꾸면 자신이 원하는 대로 성별이 바뀔 수도 있다고 생각한다.

4세 무렵 유아는 성 안정성(gender stability)을 이해한다. 남아는 커서 아빠가 되고 여아는 엄마가 되는 것을 이해하며, 자신의 성은 일생동안 유지된다는 것을 이해할 수 있게 된다. 또한 7~8세경에는 복장이나 헤어스타일, 놀이 종류와 같은 외적인 모습과는 상관없이 생물학적인 특성(신체적인 조건)에 의해 항상 유지된다는 성 항상성(gender constancy)에 대한 인식이 발달하게 된다. 이와 같은 성 항상성 발달 수준은 연령이 높아질수록, 보존개념의 형성과 같은 인지적 성숙에 따라서 점차 높아지는 경향을 보인다.

(2) 성역할 고정관념

성역할 고정관념이란 '성에 따라 외모, 행동 양식, 말씨, 감정을 표현하는 방식 등 여러 가지 특성들이 다르다고 규정하는 인식'을 뜻한다. 예를 들면, '여성이 남성보다 더 온순하다', '남성은 여성보다 더 성취 지향적이다'라고 생각하는 것은 각 문화권의 편견에 따라 여성과 남성의 특징이나 가치평가를 달리하는 고정관념의 예라고 할 수 있다(구광현, 이희경, 2002). 성역할 고정관념은 성차(性差)를 전제로 하는 개념으로써 사회문화적 특성과 시대적 변화에도 불구하고 사회마다 성차에 대한 일반적이고 일관성 있는 고정관념이 존재한다.

성역할 고정관념은 아주 어린 시기부터 강하게 형성된다. 2세 유아도 성역할 고정관념에 관한 지식을 가지고 있으며, 성을 영속적이고 바뀔 수 없는 면으로 간주하면서 동성의 부모와 동일시가 이루어진다. 3~5세 유아기는 이러한 고정관념이 더욱 증가되는 시기이다. 연구 결과, 3~4세 유아에게서 직업에 대한 성역할 고정관념이 나타났으며, 이는 5~6세 유아에게서 현저하게 높아졌다가 7, 8세에 이르러 다소 감소하는 경향을 나타냈다(유미숙, 1983).

또한 직업이나 활동, 장래 희망에 대한 성역할 고정관념에 있어 남아가 여아보다 훨씬 강한 고정관념을 나타냈다(정옥분, 2008). 한편 성격에 대한 성역할 고정관념에서 5세경 유아도 여성은 부드럽고 애정적이며 남성은 강하고 지배적이고 공격적이라는 인식을 하였고, 이러한 인식은 11세까지 증가하였으며, 연령이 높아질수록 유연해지는 것으로 나타났다. 성역할 고정관념에 대한 종전의 연구결과에서 5~15세 아동들 모두 어머니가 일상적인 가사활동과 자녀 양육의 일을 담당하고 아버지는 힘을 요하는 일을 하는 것으로 지각하였다(서영숙, 1987). 최근 벰의 양성성 개념을 토대로 양성 평등적 역할 모델을 그린 동화와 같은 교재를 활용하여 유아의 성역할 태도 변화를 살펴본 연구들이 이루어지고 있으며, 그 결과 유아의 성역할 고정관념이 완화된 것으로 나타났다(김경옥, 2004).

3. 성역할 개념 발달의 영향 요인

성역할 개념의 형성에 관여하는 요인으로는 생물학적 요인 외에도 부모, 형제, 또래와의 상호작용, 교육적 경험, 대중매체 등의 사회적 요인들이 있다.

1) 생물학적 요인

태내 호르몬의 변화가 성역할 개념의 발달에 미치는 영향에 관한 연구 결과, 성호르몬은 성차의 일차적 원인이 된다는 사실이 밝혀졌다. 예를 들어 남성 호르몬 치료를 받은 산모의 여아는 훨씬 더 활동적이고 놀이친구로 여아보다 남아를 더 선호하였으며 인형보다는 총이나 장난감을 좋아했고, 외모에는 관심이 없었다. 또한 같은 치료를 받은 남자 아이들은 다른 남자 형제보다 더 거친 놀이를 했다(Santrock, 1981: 정옥분, 2008에서 재인용).

2) 부모와의 상호작용 경험

유아의 성역할 개념이 형성되는 과정에서 유아는 동성부모의 성역할 행동을 관찰하고 동일시함으로써 자연스럽게 자신의 성에 합당한 성역할 개념을 학습하게 된다. 또한 부모는 자녀의 행동에 대해 성별에 따른 태도와 반응을 취함으로써 성역할 개념의 발달에 직접적으로 영향을 미친다. 어머니는 대개 아들, 딸을 특별히 다르게 대하지 않는 데 반해 아버지는 아들에게는 엄격하고 비판적으로 대함으로써 도구적 성역할을 습득시키고, 딸에게는 관대하고 애정적으로 대함으로써 표현적 성역할 발달에 기여한다(정옥분, 2008).

이 외에도 아버지 역할의 부재가 아동의 성역할 발달에 미치는 영향을 연구한 결과들은 아버지가 없는 가정의 남아의 경우, 덜 공격적이고 의존적이며, 여성적인 놀이를 좋아하고, 학업 성적이 낮으며, 사회적 · 정서적 적응에서 낮은 점수를 보였다고 하였다.

3) 형제 및 또래와의 상호작용 경험

유아의 성역할 발달에 영향을 미치는 요인으로 형제 수, 출생 순위, 형제들과의 관계를 들 수 있다(정옥분, 2008). 예를 들어 남자 형제가 있는 여아는 여자 형제만 있는 여아보다 더 공격적이고 활달한 경향을 보인다. 또한 같은 성의 형제가 있으면 함께 놀이하는 과정에서 성에 적합한 행동을 빨리 습득하여 성역할 발달이 빨리 이루어질 수 있다.

동성(同性) 또래와의 놀이는 유아가 성에 적합한 행동을 배우고 실행해 보는 기회가 된다. 유아들도 성(性)을 기준으로 또래 집단을 형성하는 경향을 보이며, 또래들과의 놀이 속에서 동성의 행동을 모방하거나 동일시하고 자신의 성에 적합한 행동을 서로 보상하면서 자연스럽게 성역할에 대한 가치관이나 태도를 배워간다. 다양한 놀이 장면 속에서 유아들은 성에 적합한 놀이를 하는 또래에게는 보상을, 그렇지 않은 행동에 대해서는 비판적인 태도를 보이면서 성역할에 대한 가치와 태도를 서로 가르치고 자극을 주고받는다(김경옥, 2004).

3~5세 유아들의 경우 성별에 따라 선호하는 놀이가 다르다. 여아들은 주로 미술, 음악, 바느질 등 정적인 활동을, 남아들은 활동적이고 공격적인 놀이를 선호하는 경향이 있다. 또한 여아들은 가족의 생활과 관련된 상상놀이를 선호하는 것에 반해 남아들은 위험을 무릅쓰고 갈등을 해결해가는 인물이 주인공이 되는 상상놀이를 더 선호하는 경향이 강하다. 이와 같이 유아들은 또래집단을 통하여 사회문화적 가치와 사회적 역할 및 행동을 학습하면서 남아는 남성으로서 여아는 여성으로서 적합한 성역할에 대한 사회적 기대를 내면화하게 된다(김경옥, 2004).

4) 교사의 태도

교육기관에서의 경험은 유아의 성역할 지식 습득에 중요한 영향을 미친다. 연구 결과 대부분의 교사들은 여아보다 남아와 긍정적 상호작용을 더 많이 하며, 비난이나 부적절한 행동의 중지도 남아에게서 더 빈번한 경향을 보였다. 또한 다양한 놀이에 골고루 참여할 수 있도록 안내하는 교사의 태도는 성역할 유형화에 의미 있는 영향을 미쳤다(구광현, 이희경, 2002).

5) 사회 · 문화적 분위기

성역할에 대한 사회 · 문화적 인식은 유아의 성역할 개념에 자연스럽게 영향을 미친다. 한 번 스며든 인식은 지속적으로 그 사람의 인식과 행동에 영향을 미치며 성역할 고정관념으로 이어질 수 있다. 가령 남자는 경제적 능력이 중요하고 여자는 아름다운 외모가 중요하다고 생각하는 풍조는 우리 사회의 성에 대한 고정관념을 반영한다. 남아의 장난감으로는 흔히 로봇을 연상하고 여아의 장난감으로는 인형을 생각하는 경향 또한 유아가 지닌 양성성을 고루 발전시켜가는 데 걸림돌이 되는 편견으로 작용할 수도 있다.

6) 대중매체

책이나 텔레비전, 영화 등은 성역할에 대한 유아의 사고에 간접적이지만 지속적으로 영향을 미치는 요인이다. 특히 TV 프로그램 시청은 그 사회의 성역할에 대한 일반적인 관점을 학습하는 기회로서 가장 강력한 영향을 미친다. TV 프로그램 속에 등장하는 주요 인물의 성역할 행동이 성차별적인 경우 이것을 반복적으로 접하게 되면 잠재적으로 성에 대한 고정관념이 자리 잡힐 수 있다. 아울러 대중매체는 전통적인 성역할 개념에서 벗어나 새로운 성역할 개념으로 발전하는 데에도 지속적인 영향을 미침으로써 성역할 개념 발달에 기여한다.

4. 성역할 개념 발달을 돕는 교사의 역할

유아기는 성역할 고정관념이 형성되기 시작하는 시기로서 건강한 성역할 개념 발달을 돕는 교육적 개입이 필요하다. 교사는 성역할 개념에 대한 바른 인식을 토대로 유아들이 다양한 학습 경험을 통해 건강한 성역할 개념을 발달시켜 갈 수 있도록 도울 수 있다. 유아가 성역할 개념을 획득하는 과정에서 교사가 가진 편견은 균형 잡힌 발달을 저해하는 요인이 될 수 있으므로 주의하도록 한다. 예를 들어 교사가 유아의 놀이 선호 경향을 단순히 성차에 국한하여 이해하는 것은 성역할에 대한 고정관념이나 편견일 수 있다.

유아의 조화로운 성역할 발달을 돕기 위해 교사는 학급 운영 시 다음의 내용을 고려하도록 한다(이미숙, 2003).

- 남녀유아가 성별에 관계없이 학급에서 이루어지는 모든 일에 동등한 책임을 맡을 수 있도록 안내한다.
- 남아와 여아가 한 집단 안에서 서로 돕고 영향을 미칠 수 있는 집단 구성을 한다.
- 유아가 자신의 타고난 성을 기쁘고 소중하게 여기는 마음을 가질 수 있도록 분위기를 조성한다.

- 성별에 따라 특정 놀이를 선호하는 경향성이 굳어지지 않도록 유아들이 다양한 놀이 영역에 골고루 참여하는 것을 격려하고 필요한 지원을 제공한다.
- 남성과 여성이 다양한 직업에 종사하여 서로 협력하면서 능력을 발휘하는 다양한 사례들을 탐색하고 의견을 나눔으로써 유아 자신이 지니고 있는 양성성에 관심을 가지도록 안내한다.
- 남성과 여성의 신체적 차이와 성 정체성에 대한 이해를 도울 수 있는 활동을 경험할 수 있도록 충분히 제공해 준다.
- 양성성에 기초한 성역할 동화 및 극화 활동을 한다.
- 성역할에 대한 다양성을 반영하여 환경을 구성한다(예: 남녀가 가정이나 직장에서 다양한 일을 하는 사진과 그림).
- 다양한 직업을 가진 가족 구성원을 초청하여 유아들과 토론하는 기회를 가진다.
- 남녀의 성차가 부각된 내용의 교재(예 : 노랫말, 동화, 동시)를 통해 성역할 고정관념이 강화되지 않도록 주의한다.

Chapter 11

도덕성

<table>
<tr><td>학습목표</td><td colspan="3">• 도덕성의 개념과 구성요소를 이해할 수 있다.
• 도덕성 발달에 관한 이론적 관점을 이해할 수 있다.
• 도덕성의 발달과정을 다양한 측면에서 이해할 수 있다.
• 도덕성 발달에 영향을 주는 다양한 요인을 이해하고 유아의 도덕성 발달을 위한 교육적 방안을 모색할 수 있다.
• 도덕성 발달을 돕기 위한 교사의 역할을 이해하고 유아 사회교육 실제에 적용할 수 있다.</td></tr>
<tr><td rowspan="2">학습내용</td><td>지식</td><td>기술</td><td>태도</td></tr>
<tr><td>• 도덕성의 정의 및 구성요소
• 도덕성 발달에 관한 이론적 관점
• 도덕성의 발달과정
• 도덕성 발달의 영향 요인</td><td>• 도덕성 발달단계에 적합한 사회교육 계획 및 지도능력
• 유아의 도덕적 행동 발달을 지원하는 능력</td><td>• 유아의 생각과 행동을 존중하는 태도
• 도덕적으로 바람직한 행동의 모델링을 제공하기 위해 노력하는 태도</td></tr>
<tr><td>주요용어</td><td colspan="3">도덕, 도덕적 정서, 도덕적 사고, 도덕적 행동, 도덕성 발달 단계, 전 도덕성, 타율적 도덕성, 자율적 도덕성, 전 인습적 수준, 인습적 수준, 후 인습적 수준, 친사회적 도덕 추론 모델, 친사회적인 행동, 배려지향적 도덕성, 모델링, 강압적(통제적) 양육, 합리적(귀납적) 훈육</td></tr>
</table>

유아기는 인간으로서 무엇을 해야 하고 무엇을 하지 말아야 하며, 어떤 사람이 되어야 하는지에 대한 신념의 기초가 만들어지는 시기이다. 유아가 다른 사람들과 원만하게 잘 지내기 위해서는 사회적으로 바람직한 행위, 예절, 관습, 법에 대한 이해가 필요하다.

유아가 지닌 도덕성은 유아의 사회성 발달에 긍정적인 영향을 미친다. 예를 들어 감정이입과 같은 도덕적 정서는 유아가 타인의 입장에서 생각하고 타인을 돕고 이롭게 하는 친사회적 행동이나 이타적 행동을 하는 강력한 동기가 될 수 있다(박성연, 2006). 또한 적절한 수준의 수치심이나 죄의식은 사회적으로 바람직하지 않은 행동을 통제하고 제한하는 수단으로써 유아의 원만한 사회생활에 기여한다.

교육은 유아가 자신이 속한 사회의 일원으로 행동하고 적응하는 데 필요한 관습이나 기술, 가치관 및 행동을 발달시켜 가도록 돕는 과정이다. 다른 사람들과 함께 어울려 잘 살아가기 위해 요구되는 도덕 및 윤리규범의 이해와 실천에 대한 교육은 기본 습관이 자리 잡히는 유아기부터 시작되어야 한다.

이에 본 장에서는 도덕성의 정의와 이론적 관점, 유아의 도덕성 발달과정 및 영향 요인과 도덕성 발달을 돕는 교사의 역할에 대해서 살펴보고자 한다.

1. 도덕성의 정의

도덕(moral)이란 말은 라틴어의 mores란 말에서 유래하였으며 예의, 습관, 생활양식 등을 가리키는 의미로 사용되어 왔다(박병춘, 1995). 플라톤과 칸트는 도덕을 학문, 예술 등과 같이 인간 생활의 한 독립된 영역으로 보면서 도덕생활이란 것이 따로 존재하며 거기에 특별한 생활 내용이 있다고 주장하였다. 그런가 하면 도덕이란 어떤 특별한 생활 내용을 갖는 것이 아니라 일상생활에서 무엇이 옳으며 가치 있는 것인가를 알려주는 보편적인 형식이라고 설명하는 입장도 있다(김지은, 1996). 듀이(Dewey)는 인간관계에서 나타나는 모든 행위들 중 사회적으로 바람직한 것으로 인정되는 행동의 형식을 도덕이라고 정의하였다(명승화, 2008). 교육학사전에서는 도덕성을 '자신과 타인의 행위에 대하여 선과 악, 옳고 그름을 구별하고 선행과 정의를 실천하려는 심성'으로 정의하고 있다.

도덕성은 정의적 요소, 행동적 요소, 인지적 요소로 구성된다. 정의적 요소란 도덕적 감정을 의미하는 것으로 규칙 위반 후에 느끼는 죄책감 같은 정서를 말한다. 행동적 요소란 도덕적 행동을 의미하는 것으로 일탈 행동 혹은 유혹에 대처하는 행동을 말한다. 인지적 요소란 도덕적 사고를 의미하는 것으로 옳고 그른 것을 이해하는 것을 말한다. 사회적으로 적합한 행동을 하기 위해서는 올바른 도덕적 판단이 바탕이 되어야 하지만 한 사람의 도덕적 판단 수준과 행동이 늘 일치하는 것은 아니다. 따라서 도덕성은 당면한 상황에 대해 도덕적으로 사고하고 옳고 그름을 구별할 수 있는 능력인 도덕적 판단과 더불어 이를 행동으로 실천하는가의 측면까지 포함하는 개념이라고 할 수 있다(박성연, 2006).

이상의 내용을 종합해 보면 도덕성은 '사회 규범을 이해하고 선악의 가치 기준에 따라 어떤 것이 좋은 것이고 나쁜 것인지를 판단하고 행동하고자 하는 심성'으로 이해할 수 있다(유아교육사전, 1999). 또한 도덕성은 도덕적인 판단력과 도덕적인 행동, 도덕적인 태도를 포함하며 정신적인 면과 행위적인 면을 포함한 규범의 총체로 정의할 수 있다.

2. 도덕성의 발달

도덕성의 발달은 개인이 자신이 속한 사회와 문화, 규범, 가치체계 등을 인식하여 내면화시키는 과정이다(한영미, 2009).

1) 도덕성 발달에 대한 이론적 관점

도덕성 발달에 관한 이론적 관점은 도덕적 정서나 양심에 초점을 맞춘 정신분석 이론과 도덕적 행동의 모델링이나 강화에 관심을 둔 사회학습 이론, 그리고 도덕적 사고를 강조한 인지발달 이론 등으로 구분될 수 있다.

(1) 정신분석 이론

도덕성의 정의적 측면, 즉 동정심, 이타심, 죄책감과 같은 도덕적 감정과 태도에 초점을 두는 입장이다. 프로이드는 죄의식, 수치심, 열등감과 같은 도덕적 감정을 통해 초자아가 공격적, 성적 충동을 통제해가는 과정에 초점을 두었다. 또한 동일시의 과정에서 성인의 가치관을 내면화하는 것을 도덕성의 발달이라고 설명하였다(문정화 외, 2008). 이와 같이 정신분석 이론에서는 도덕성 발달에서 인지적 측면보다 정의적 측면을 더욱 강조하면서, 양심이 도덕성의 본질을 이룬다고 본다. 즉 유아가 사회적 규범을 지키지 못하였을 때 생기는 죄책감이나 수치심과 같은 도덕적 감정의 경험을 통해 도덕적으로 옳고 그름에 대한 기준과 판단을 내면화시킬 수 있다고 보는 관점이다(한영미, 2009).

(2) 사회학습 이론

도덕성의 행동적 측면에 초점을 두고 도덕적 갈등 상황에서 나타나는 구체적인 개인의 행동 및 도덕적 실천력을 강조하는 입장이다. 도덕성의 발달을 사회 학습의 결과로 여기며, 관찰 가능한 도덕적 행동과 환경적 조건들을 중시한다(이인재, 2005). 따라서 도덕성의 발달은 어릴 때 받은 양육방법과 사회적 환경이 내면화되면서 이루어진다는 입장을 취한다.

(3) 인지발달 이론

인간의 합리적 판단 능력이 도덕적 행위를 일으키는 본질이라고 보는 입장이다. 즉 인지발달 이론은 도덕성의 인지적 측면을 중시하며, 개인이 더 높은 단계의 사고로 발달함에 따라 그 사람의 도덕적 능력 또한 높아질 것이라고 가정한다.

2) 도덕성의 발달과정

도덕성이 발달하는 과정에서 인지적, 정의적, 행동적 측면은 서로 유기적 관계를 맺고 서로 영향을 주고받으며 통합적으로 발달해 나아간다(Lickona, 2001; 한영미, 2009에서 재인용). 도덕적 정서와 도덕적 사고, 도덕적 행동의 발달과정을 살펴보면 다음과 같다.

(1) 도덕적 정서

도덕적 정서란 '도덕적으로 적합하거나 적합하지 않는 행동에 대한 행위자의 느낌'을 의미하며 감정이입, 수치심, 죄책감 등이 여기에 포함된다. 감정이입은 '다른 사람의 감정 상태를 느끼고 그 사람의 입장에서 생각하면서 그와 비슷한 감정 상태로 반응하는 능력'으로 친사회적 행동이나 이타적 행동을 하게 되는 동기가 된다. 걸음마기의 아이들에게서도 감정이입이 나타나지만 자기 입장에서 그 상황을 이해하고 반응하는 특징을 보인다. 유아의 연령이 높아질수록 사람마다 관점이 서로 다를 수 있고 그에 따른 반응도 달라질 수 있다는 것을 이해하게 되며, 상대방의 입장을 고려하여 더욱 적절한 반응을 할 수 있게 되고, 점차 감정이입을 언어로 표현하는 수준으로까지 발달하게 된다.

정신분석 이론에서는 죄책감을 도덕적으로 바람직하지 않은 행동을 통제하는 중요한 도덕적 정서로 보았다. 즉 유아는 남근기를 거치면서 같은 성의 부모를 동일시함으로써 옳고 그름에 대한 부모의 사회적 기준을 내면화하게 되며, 동성의 부모에게 가졌던 공격성으로 인해 죄책감을 경험하게 된다. 그리고 이러한 정서는 유아로 하여금 옳지 않은 행동을 삼가고, 부모와 사회적인 기준에 맞는 행동을 하게 되는 근거가 된다.

(2) 도덕적 사고

도덕적 사고란 '어떤 특정한 행동이 옳고 그른지 판단하는 것'을 의미하며 피아제와 콜버그의 이론이 대표적이다. 이들은 도덕적 문제 상황에서 자신이 해야 할 행동이 무엇인지를 합리적으로 판단할 수 있는 능력인 도덕적 판단 능력의 발달을 중시하였다. 그리고 실질적으로 도덕적 갈등 상황에 대한 도덕적 판단을 기초로 도덕성 발달 단계를 나누어 설명하였다(이혜연, 2004).

이들 이론에 의하면 유아의 도덕적 사고는 외부의 규칙에 의존하고 복종하는 수준으로부터 상황을 고려하여 스스로 판단을 내리는 수준으로 발전해간다. 피아제와 콜버그는 아동이 사물이나 상황의 여러 측면을 동시에 고려할 수 있는 사고 수준으로 발달해감에 따라 자신의 도덕적 기준을 바탕으로 한 성숙한 도덕적 사고를 할 수 있게 된다고 보았다.

도덕적 사고의 발달에 대한 각 이론의 주요 내용을 살펴보면 다음과 같다(박성연, 2006).

① 피아제의 도덕성 발달 이론

피아제는 규칙을 내면화하고 규칙에 비추어 비판하는 능력을 도덕성의 본질로 보았다(한영미, 2009). 그리고 아동의 도덕성 발달과정을 알아보기 위해 결과는 비슷하지만 행동의 동기가 다른 내용의 이야기 두 편을 제시해 주고 어떤 것이 도덕적으로 더 나쁘며, 왜 그러한가를 질문하여 그 결과를 분석하였다(유효순, 2007). 그 결과 아동의 도덕성 발달은 전도덕성 ⇒ 타율적 도덕성 ⇒ 자율적 도덕성의 단계로 진행된다는 것을 밝혀냈으며, 그 내용은 다음과 같다(명승화, 2009).

[표 11-1] **도덕성 발달 단계**

발달단계	특징
전 도덕성 pre-moral stage 2~4세	규칙에 대한 관심을 거의 보이지 않거나 규칙이 있다는 것조차 자각하지 못하는 단계로 아직까지 규칙이란 '어떻게 해야만 하는가에 대한 합의'라는 것을 이해하지 못한다.
타율적 도덕성 heteronomous morality) 5~6세	도덕적 실재론(moral realism)의 단계 규칙이란 절대적이고 불변의 것으로 반드시 지켜야 한다고 생각한다. 규칙을 어기면 부모나 교사 또는 신(神)과 같이 권위를 지닌 누군가가 반드시 처벌한다는 내재적 믿음이 강하다. 행동의 결과에만 초점을 맞추어 옳고 그름을 판단하는 경향이 강하다.
자율적 도덕성 autonomous morality 8~11세	도덕적 상대론(moral realism)의 단계 규칙이나 법은 사회적 승인에 의해 만들어진 것이므로 서로 간의 동의와 합의, 조정을 거쳐 변경될 수 있다고 생각한다. 또래와의 경쟁, 협동, 공유 등을 통해 옳고 그름에 대한 절대적인 기준보다 공평성에 기준한 정의의 개념을 발달시킨다. 또한 행위의 옳고 그름을 판단함에 있어 결과와 함께 의도도 고려해야 한다고 생각한다. 또래의 기준에 더 부합하려고 한다.

이와 같이 도덕적 사고는 유아의 인지 능력이 발달함에 따라 자기중심적, 처벌 지향적, 결과 및 외적인 통제에 기초한 판단 수준으로부터 결과뿐 아니라 의도를 고려하는 자율적인 판단 수준으로 발달한다는 것을 알 수 있다. 피아제는 타율적 도덕성 단계로부터 자율적 도덕성 단계로 발달하기 위해서는 인지적 성숙과 사회적 경험이 모두 중요한 역할을 한다고 보았다. 즉 전조작기의 자기중심성이 감소하고 타인조망능력과 역할 수행 기술이 발달하면서 도덕적 문제를 여러 각도에서 조망할 수 있게 된다는 것이다.

② 콜버그의 도덕성 발달 이론

콜버그(1976)는 도덕성을 '사회적 행동 규칙에 대한 양심'으로 정의내리고 아동이 문화적 규칙을 내면화하는 과정에서 도덕성 발달이 이루어진다고 보았다(한영미, 2009). 또한 피아제의 기본 개념을 토대로 도덕적 사고 발달에 관한 이론을 청소년, 성인에 이르기까지 확대시켜 분석하였다. 콜버그에 따르면 도덕성의 발달 수준은 도덕적 가치의 내면화 정도에 따라 전 인습적 수준, 인습적 수준, 후 인습적 수준의 세 단계와 각 수준별 2단계를 포함하여 총 3수준, 6단계로 구분된다(명승화, 2009). '인습적'이란 사회 규범, 기대, 관습, 권위에 순응하는 것을 의미한다.

• 전 인습적 수준(pre-conventional reasoning) : 4~10세

도덕성 발달의 최하위 단계로 사회 규범이나 기대를 이해하지 못하며, 외적 보상이나 처벌에 의해 도덕적 판단을 한다. 9세 이전 아동이나 일부 청소년 및 성인 범죄자가 여기에 해당한다.

1단계: 처벌 및 복종 지향(punishment and obedience orientation)

어른의 말에 절대 복종하며, 진정한 의미의 규칙에 대한 개념은 없다. 보상받는 행동은 좋은 것, 벌을 받는 행동은 나쁜 것으로 판단한다.

2단계: 개인주의 도구적 목적 및 거래 지향(쾌락주의 단계)

자신이 원하거나 이익이 있는 일을 꾀하려 하고 다른 사람도 그렇게 한다고 생각한다. 옳은 것이란 기분이 좋고 무엇인가 보상을 주는 것이라고 생각하며, 즐거운 결과를 가져오는 행동이 선한 것이라고 판단한다.

• 인습적 수준(conventional reasoning) : 10~13세

다른 사람을 기쁘게 하거나 사회적 질서를 지키기 위해서 도덕적인 행동을 한다. 도덕적 기준이 내면화되는 단계이나 여전히 윗사람이 정한 기준이나 사회적 규칙 등 외적 기준에 준한다. 10세 이후 청소년과 다수의 성인이 이 수준에 해당된다.

3단계: 상호 간의 기대 및 동조 지향(personal concordance orientation)

개인 간의 관계에 관심을 두고 다른 사람에 대한 믿음이나 배려, 충성심을 도덕적 판단의 기준으로 삼는다. 부모의 도덕적 기준을 따르기 때문에 '착한 아이 지향 도덕성' 단계라고도 한다.

4단계: 법과 질서 지향(law and order orientation)

개인과 집단 간의 관계로 관심이 옮겨지며, 사회 질서, 법, 정의 및 의무를 준수하는 것이 도덕적 행동이라고 생각한다.

• 후 인습적 수준(post-conventional reasoning)

도덕성 발달의 최상위 수준으로 도덕적 가치의 내면화가 완성되는 단계이다. 규범이나 법 또는 관습보다는 개인의 가치 기준에 우선한다. 도덕적인 기준은 서로 상충될 수 있다는 것을 인식하게 되며, 권리나 정의에 근거하여 나름대로의 판단을 하게 된다. 형식적 조작이 가능해지는 청년기에 이르러서야 가능하며 소수의 성인이 이 수준에 도달할 수 있다.

5단계: 사회적 계약 공리성 및 개인적 권리 지향(social contract and legalistic orientation)

생명, 자유와 같은 인간의 기본적 권리와 가치가 법을 능가하는 중요한 가치라고 생각한다. 법과 질서는 사회 질서 유지를 위해 준수되어야 하지만 상대적이며 바뀔 수도 있다고 생각한다.

6단계: 보편적 윤리 원칙 지향(universal ethical principal orientation)

개인적 양심과 생명의 존엄성, 인간의 평등성, 정의와 같은 보편적인 원리에 근거한 도덕성을 갖게 된다. 법과 양심 사이에서 갈등을 느낄 때 자신의 결정이 개인에게 위험을 가져 오더라도 양심을 따른다.

콜버그의 이론은 도덕성 발달이 낮은 수준으로부터 높은 수준으로 일정한 순서를 거치면서 이루어지며, 어떤 단계가 나타나는 보편적인 연령이 있다는 점에서 지지를 받고 있다. 그러나 각 단계는 그가 주장한 시기보다 늦은 연령에 출현하며, 인간의 전 생애를 통해 과연 6단계의 발달이 모두 나타나는가 하는 것에 대한 의문, 도덕성 발달에서 정서의 중요성이 간과되었다는 비판을 받고 있다(박성연, 2006).

③ 아이젠버그의 친사회적 도덕성 발달 이론

콜버그가 벌이나 규칙, 권위자의 지시, 형식적 규정 등과 같이 금지 중심의 도덕적 판단의 발달에 초점을 맞춘 것과는 달리 아이젠버그(1987)는 긍정적인 도덕 추론의 영역과 친사회적이고 이타적인 주제를 다루고자 하였다. 친사회적 행동을 중심으로 도덕성 발달을 설명하고 평가하는 것에 초점을 두기 때문에 친사회적 도덕 추론 모델이라고도 한다. 그는 외부로부터의 압력이 최소화된 상태에서 자기 자신의 요구와 다른 사람의 요구나 가치 중 어느 한 쪽을 선택해야 하는 상황에서 도덕적 판단의 형태가 다르게 나타날 수 있다고 가정하였다. 개인이 자신의 이익을 희생해야 하는 갈등 상황에서 행동을 선택하도록 하는 실험을 통해 친사회적 추론의 발달과정을 여섯 수준으로 분류하였다(박성연, 2006).

[표 11-2] 도덕성 발달 단계

발달단계	발달 특성
1수준 권위와 벌에 대한 강박적, 신비적 관점	벌을 피하고자 하며 권위자에게 무조건 복종한다.
2수준 쾌락/자기중심	도덕보다는 자신에게 직접적인 이익이 따르는 것인지, 자신이 좋아하는 사람인지 등이 행동을 선택하는 기준이 된다.
3수준 타인의 필요 중심	타인의 신체적·물질적·심리적 요구를 고려하여 행동을 선택한다. 동정심이나 죄책감과 같은 내적 정서에 대한 초보적인 수준의 표현이 나타난다(예: 그 사람이 슬퍼하니까).
4수준 타인의 인정, 고정관념 중심	타인의 인정에 관심을 둔다. 선한(악한) 행동에 대한 고정관념에 기초하여 행동한다(나누어 주는 것은 착한 것이니까, 대부분의 사람들이 그렇게 하니까).
5수준 동정 중심	타인의 권리와 존엄성을 보호하는 것에 관심을 둔다. 동정적 반응(예: 그가 매우 슬프게 느낄 거야), 자기반성(내가 그의 입장이 된다면…), 타인의 인격에 대한 배려(그들도 사람이기 때문에 우리가 나누어 가져야 해.), 혹은 죄책감, 자기 행동의 결과와 관련된 정적인 정서를 나타낸다.
6수준 강한 내면화	내면화된 가치 기준이나 책임감, 개인과 사회적 규정을 지속하려는 열망, 존엄성과 권리에 대한 믿음, 개인의 평등에 기초하여 도덕적 판단을 한다.

이와 같이 아이젠버그는 자신의 이익을 지향하는 단계로부터 다른 사람의 필요를 지향하는 단계로 도덕성 발달이 이루어진다고 주장하였다.

친사회적인 행동(prosocial behavior) = 이타행동

- 타인을 돕거나 타인에게 이득이 되는 것을 목적으로 어떤 형태의 보상에 대한 기대 없이 자발적으로 행하는 행동
- 반사회적 행동과 반대되는 개념으로 타인에게 유익을 주기 위해 자발적으로 수행되며 사회적으로 긍정적인 결과를 가져오는 행동
- 구체적인 행동 예: 나누기(sharing), 기부(donation), 관용(generosity), 이타성(altruism), 협력(cooperation), 친절(kindness), 동정(sympathy)

④ 길리건의 배려 지향적 도덕성 발달 이론(보살핌의 윤리학)

길리건(1982)은 도덕성 발달에 성차가 있음을 주장하였다. 즉 남아가 정의와 공평성의 태도에 초점을 두는 것에 반해 여아는 보살핌과 관계 중심의 태도에 보다 관심을 두기 때문에 도덕적 딜레마를 인식하는 데 차이를 나타낸다는 것이다(황희숙 외, 2008). 이는 남성들의 도

덕성(정의 지향적)에 비추어 여성들이 선호하는 배려 지향적 도덕성을 낮은 단계로 규정한 콜버그의 이론에 반하는 견해로써 이러한 관점에 기초한 도덕적 추론의 발달과정은 다음과 같다(명승화, 2008).

[표 11-3] **배려지향적 도덕성의 발달 과정**

단계	발달 특성
1수준	• 자기중심적 단계 생존을 위하여 자기 자신만을 돌보는 수준이다.
1.5수준	• 이기심에서 책임감으로의 변화 다른 사람에 대한 애착이 서서히 나타남에 따라 이기심과 책임감이 공존한다.
2수준	• 책임감과 자기희생의 단계 타인을 위하여 자신을 희생하며 타인에 대한 책임감이 나타난다.
2.5수준	• 선행에서 인간관계에 대한 진실성으로의 변화 타인을 위한 선행으로부터 인간관계의 진실성에 초점을 두는 변화를 보인다.
3수준	• 자신과 타인을 배려하는 단계 자신과 타인의 상호 연계성에 대한 관심을 바탕으로 이기심과 책임감 사이의 역동적 관계에 초점을 둔다.

(3) 도덕적 행동

도덕적 행동이란 '타인의 요구와 필요를 고려하고 이를 기초로 행동하는 것'을 의미한다. 사회학습 이론에 의하면 도덕적 행동은 그 행동에 따른 결과에 의해 학습된다. 유아의 행동에 따른 결과적 반응이 무엇이었는가가 다음 행동을 결정하는 요인으로 작용하게 되는 것이다. 가령 유아가 거짓말을 할 때마다 벌을 받게 되면 이러한 경험이 반복됨에 따라서 벌 받을 때의 불쾌한 정서가 거짓말하는 행동과 연합될 것이다. 따라서 다시 거짓말하려는 상황에 처했을 때 유아에게는 벌에 대한 두려움이나 불쾌감이 연상될 것이며, 이로 인해 거짓말 행동을 억제하게 된다는 것이다.

이 외에도 유아는 다른 사람을 모델링하거나 어떠한 행동에 대한 격려를 받음으로써 도덕적인 행동을 발달시킨다. 특히 부모의 행동을 관찰하거나 가르침을 통해 어떠한 행동이 옳고 그른지를 이해하게 되고 올바른 행동을 배운다. 그러므로 유아의 도덕적 행동이 일관적이지 못하며 상황에 따라 다른 것은 부모의 가르침이 항상 행동과 일치하지 않는 것에서 일부 원인을 찾아볼 수 있다.

친사회적 행동은 도덕적 사고 및 정서 발달, 정서 조절 능력의 발달과 밀접하게 관련된다.

감정이입 행동은 빠른 경우 2세경부터 나타나기 시작한다. 서툴기는 하지만 어린 영아도 다른 사람에게 도움을 주고 위로하려고 하며 장난감을 같이 나누어 쓰는 행동을 보인다. 그런데 발달 초기의 친사회적 행동은 감정이입뿐만 아니라 다른 사람의 관심을 받고 싶어하는 의도나 호의적인 상호작용을 하고 싶다는 일종의 신호를 의미하는 것이기도 하다(박성연, 2006).

아동기에 이르면 감정이입 행동과 친사회적 행동이 현저하게 증가한다. 친사회적인 아동은 사회적 상황에 맞는 적절한 행동을 하며, 긍정적인 정서를 보다 많이 나타내고 주어진 상황에 보다 건설적인 방법으로 대처한다. 유아기의 친사회적 행동이 주로 칭찬을 받고 비난을 피하려는 자기중심적인 동기로부터 시작되는 것에 비해 아동기에는 자기중심성이 감소하면서 타인으로부터 '착한 아이'라는 인정을 받고 싶어 하는 사회적 기준에 더욱 비중을 두게 된다.

해야 할 행동과 하고 싶은 행동 사이에서 유혹을 이기고 해야 할 행동을 선택하는 것은 높은 수준의 도덕적 행동이다. 즉, 유아의 자기 조절 능력은 바람직하지 않은 행동을 하고 싶은 유혹을 참는 것, 어른의 기대에 부응하고 순종하는 것과 같은 도덕적인 행동과 밀접한 관련이 있다. 이와 같이 유아가 다른 사람의 요구에 맞추거나 어떤 목적을 달성하기 위하여 자신의 행동을 규제하는 능력인 자아통제(self control)는 유아의 자아개념 형성뿐 아니라 윤리적 · 도덕적 행동을 형성하는 데 있어서도 매우 중요하다(유효순, 2007). 사회학습 이론에서는 유아가 유혹을 이기는 능력이 자아통제의 발달과 밀접하게 관련된다고 믿는다(유효순, 2007). 자아통제는 유아가 인내심을 가지고 만족지연을 할 수 있을 때 가능한 것으로 연구 결과, 자아통제력의 발달과 인지적 요인의 밀접한 관련성이 입증되었다.

3. 도덕성 발달의 영향 요인

유아의 도덕성 발달에 영향을 미치는 요인들은 다음과 같다.

1) 부모의 양육태도

유아는 부모에게 사랑받고 신뢰를 받음으로써 도덕적 기준을 내면화하고 다른 사람을 배려하는 것도 배운다. 체벌이나 금지를 통해 유아를 훈육하는 통제적 양육 방법은 도덕성의 내면화를 돕지 못한다. 지나치게 엄격한 부모의 양육태도는 자녀로 하여금 잘못을 숨기도록 하여 내적 통제력을 길러 주지 못함으로써 유아의 도덕성 발달을 저해할 수 있다(Hower & Edward, 1979; 유효순, 2007에서 재인용). 또한 자녀의 행동에 대한 일관성 없는 기대나 훈육은 혼란과 불안을 유발하며 적의, 불복종 등을 불러일으키는 요인이 된다. 특히 처벌적인 양육행동을 많이 할 경우 유아의 신체적 공격성이 높고 친사회적 행동이 낮아진다(Romano, Tremblay, Boulercie & Swisher, 2005).

강압적인 방법이나 애정 철회 방법은 아동에게 지나친 자극을 주어 적대감이나 불안을 느끼게 한다. 이에 반해 부모-자녀 간의 상호 존중이나 애정적 유대에 기초한 훈육은 유아의 도덕적 행동 발달에 긍정적인 영향을 미친다(박성연, 2006). 즉 부모가 자녀에게 어떤 행동을 하면 왜 안 되는지, 그 행동이 다른 사람에게 어떠한 영향을 미치는지를 설명해주는 합리적이고 귀납적인 훈육은 바람직한 행동에 대한 유아의 이해와 도덕성의 내면화를 효과적으로 도울 수 있다.

2) 또래와의 상호작용

부모만큼이나 또래의 영향도 유아의 사회화 과정에서 중요하다. 또래와의 관계는 수평적이고 상호 호혜적인 성격을 가지고 있으므로 또래 경험은 규칙의 준수와 예절 습득에 대한 자율적이고 융통적인 발달을 촉진시킨다. 또한 또래와의 다양한 상호작용 및 놀이 경험은 도덕적 추론을 경험하는 기회가 된다. 아울러 또래와의 교류를 통해 유아는 타인의 관점을 이해하고 타인에 대한 존중을 경험하며, 상호 동의가 있을 때에는 규칙을 변화시킬 수 있다는 것에 대해서도 배울 수 있다.

3) 대중매체

유아는 대중매체에 나오는 다양한 역할들을 관찰함으로써 그들이 표현하는 가치와 정서적 반응, 새로운 행동 등을 학습하게 되며 더 나아가 도덕적 판단이나 도덕적 행동도 배우게 된다. 또한 유아는 자신이 좋아하는 TV 만화 프로그램의 주인공의 행동을 모방하는 것을 즐기므로 이를 통해 자연스럽게 도덕적 행동에 대한 학습이 일어날 수도 있다.

4. 도덕성 발달을 돕는 교사의 역할

유아의 도덕적 정서와 사고, 행동의 발달이 균형 있게 이루어질 수 있도록 돕기 위한 교사의 역할은 다음과 같다.

1) 일상생활 속에서 반복적으로 가르치기

유아를 위한 도덕 교육은 기본생활교육을 통한 습관 형성에 초점을 두어야 한다. 즉 유아가 자신의 행동에 주의를 기울이도록 독려하면서 바람직한 행동이 몸에 배도록 꾸준히 지도해주어야 한다(방인자, 2008). 유아교육기관의 일상은 유아가 도덕적 감성과 판단, 행동을 반복적으로 경험하고 발전시킬 수 있는 다양한 기회가 될 수 있다. 그러므로 교사는 다양한 장면에서의 일관성 있는 지도를 통해 유아가 도덕성을 내면화해가는 과정을 도울 수 있어야 한다.

☞ 사례: 친구를 때린 유아를 지도할 때

- 먼저 피해를 당한 유아를 돌보고 보살핀다. 공격행동을 한 유아를 질책하기보다는 교사의 친사회적인 행동을 유아가 관찰하는 기회를 우선적으로 제공해주는 것이 중요하다. 이때 유아가 다친 유아를 보살피는 일에 기여할 수 있도록 어떤 역할을 부여해주는 것이 좋다. 유아의 공격적 행동은 대개 우발적으로 일어나는 것이므로 친구를 돌보는 과정에서 유아 스스로 미안한 마음을 가지도록 분위기를 마련해주는 것이다.
- 유아가 왜 친구를 때렸는지 이유를 충분히 들어주고 그 감정을 존중해준다. 그리고 친구를 때리는 것은 적합하지 않은 행동이며, 왜 적합하지 않은지에 대한 이유를 유아가 이해할 수 있도록 충분히 설명해준다.
- 유아가 친구를 때리는 행동 대신 말로 자신의 요구를 표현하는 방법을 가르쳐준다. 이 때 교사는 유아와 함께 상호작용에 필요한 구체적인 언어를 연습해보는 것이 좋다.

유아가 도덕적으로 바람직하지 않은 행동을 반복하는 것은 고의적으로 교사를 곤란하게 하고자 함이 아니다. 그보다는 제한된 기억력, 행동과 결과의 인과관계에 대한 이해 부족, 자기중심성 등과 같은 발달적 한계 때문일 가능성이 높다. 따라서 유아를 위한 도덕 교육은 강압적인 주입식 교육보다는 옳고 그름에 대한 분명한 메시지를 전달하되, 친절한 표정과 언어로 유아의 생각을 존중하는 가운데 이루어져야 할 것이다. 도덕적 성향은 하루아침에 길러지는 것이 아니므로 어떤 행동은 도덕적으로 바람직하고 또 어떤 행동은 그렇지 않은지, 그 이유가 무엇인지에 대해 유아가 분명히 이해할 수 있도록 꾸준히 반복적으로 가르쳐주는 것이 중요하다.

2) 도덕적으로 바람직한 행동 모델 보여주기

도덕성의 발달은 어떤 행동이 다른 사람에게 미치는 영향에 대한 논리적인 설명이나 직접적인 가르침, 자신에게 의미 있는 특정 대상을 관찰하고 모방하는 것을 통해서 이루어질 수 있다. 부모나, 교사, 또래, 이야기나 TV 프로그램의 주인공 등은 유아의 도덕성 발달에 영향을 미치는 중요한 인적 환경이다. 그리고 교사는 유아에게 있어 부모 다음으로 유력한 모방(관찰)의 대상이 되므로 교사가 보여주는 도덕적 가치나 태도, 행동은 잠재적인 도덕 교육의 자원이 된다.

일상에서 교사의 애정적이고 반응적인 행동이나 감정이입 행동을 자주 경험한 유아는 다른 사람의 입장에 관심을 기울이고 배려하는 유아로 자란다. 그러나 처벌 중심의 반응적이지 않은 교사와 함께 지낸 유아는 도덕적인 정서가 무딘 사람으로 자라게 될 가능성이 높다. 또한 교사가 평소 다른 사람의 입장에서 생각하는 태도를 보여주거나 도덕적인 행동을 솔선하여 보여줄 때 유아의 도덕성 발달에 보다 긍정적인 영향을 미칠 수 있다. 아울러 도덕적으로 적합하지 않은 내용이 담긴 미디어(매체)의 영향으로부터 유아를 보호해주어야 한다. 유아와 TV나 비디오 프로그램을 볼 경우에는 진행되고 있는 사건의 내용을 잘 설명해 주고, 주인공의 행동이 바람직한지, 아닌지, 왜 그런지 등에 대해서 이야기 나누어 보는 것이 유아의 도덕성 발달에 도움이 된다.

3) 유아와 함께 도덕 관련 주제에 관해 이야기 나누기

유아와 함께 일상의 도덕적 갈등 상황이나 이야기 속 딜레마에 대해서 이야기 나누는 경험은 도덕적 문제 상황에 대한 추론 및 판단, 도덕적 감성, 문제해결 능력의 발달을 돕는다. 교사와 유아가 서로의 느낌이나, 생각, 의견을 존중하고 협력함으로써 문제를 해결해보는 경험은 유아의 자율적인 판단과 선택 및 의사결정 능력을 키울 수 있다. 또한 긍정적인 분위기 속에서 설명적 이야기 방식으로 대화하는 것은 유아의 도덕적 자아의 발달을 돕는다(Reese, Bird & Tripp, 2007).

도덕적 주제와 문제 상황이 담겨진 이야기(그림책)를 중심으로 주인공의 도덕적 가치와 태도, 행동을 살펴보고 토의하는 활동은 유아의 사고를 자극하여 높은 수준의 도덕적 추론을 경험할 수 있는 기회가 된다. 교사가 도덕적 갈등 해결을 위한 정답을 제공해주는 것은 유아의 도덕성 발달을 돕지 못한다. 그보다는 유아들이 자신의 생각을 이야기하고 다른 사람의 생각을 경청하며 함께 논의하는 가운데 최선의 대안을 찾아내고 선택할 수 있도록 안내해 주어야 한다. 다음과 같은 발문은 도덕적인 가치와 태도, 감정, 행동 등에 대한 유아들의 추론이 활성화되고 비판적 사고 능력이 향상되는데 도움이 된다.

- 이야기 속에 어떤 일이 일어났는가?
- 그러한 상황에 대해 어떻게 느끼는가?
- 그 일로 인해 주인공의 마음은 어떨 것이라고 생각하는가?
- 주인공이 문제를 어떻게 해결할 것이라고 생각하는가? 왜 그렇게 생각하는가?
- 주인공의 선택이 옳다고 생각하는가? 왜 그렇게 생각하는가?
- 만약 나라면 문제를 어떻게 해결할 것인가? 그 이유는 무엇인가?

Part

03

유아사회교육의 계획 및 운영

사회의 한 구성원으로 태어난 유아는 주변의 모든 환경과 상호작용하면서 사회화되어 간다. 유아가 다른 사람들과 조화로운 관계를 맺으며 살기 위해서는 이 사회에서 요구하는 사회적 기술과 가치 및 태도, 사회과학적 지식을 습득해야 한다.

유아사회교육은 유아가 살고 있는 사회에서 요구하는 바른 인성과 민주 시민의 자질을 육성하기 위하여 바른 가치와 태도를 형성하고, 사회적 기술과 사회과학적 지식을 습득하는 것을 목표로 하고 있다. 교사는 유아의 발달수준과 유아가 처한 사회·문화적 환경에서 요구하는 사회교육의 내용을 숙지하고 있어야 하며, 유아의 일상생활과 놀이 상황, 놀이와 연계된 활동을 통해 효과적으로 지도할 수 있어야 한다. 유아에게 효과적인 교수-학습 방법은 3장에서 살펴본 바와 같이 유아에게 의미 있고, 흥미로우면서도 통합적으로 접근하는 방법이어야 한다. 제3부에서는 교사가 유아사회교육을 계획하고 실행, 평가하는 데 기초가 되는 유아 사회교육의 목표와 교육내용, 효과적인 교수-학습 방법, 평가에 대해 알아보고자 한다.

Chapter 12

유아사회교육의 목적 및 목표

학습목표	• 유아사회교육의 목적 및 목표를 이해할 수 있다. • 국가수준의 공통과정에서 제시하고 있는 유아사회교육 관련 영역의 목적 및 목표를 이해할 수 있다.		
학습내용	지식	기술	태도
	• 민주 시민을 육성하기 위한 유아 사회교육의 목표 • 누리과정 사회관계 영역의 목표	• 유아 사회교육의 교육 목표를 도출하는 기술	• 발달에 적합한 유아 사회교육의 목표의 중요성 인식
주요용어	민주 시민, 사회관계, 목적 및 목표		

21세기 사회에서 요구되는 태도 중 하나는 공동체적 삶의 중요성을 인식하고, 관계 중심의 인간관계를 형성하는 것이다. 유아는 자신과 주변 세계와의 관계를 이해하면서 자신을 둘러싼 사회와 환경에 대한 관심을 넓히고, 자신이 소속한 사회에서 책임 있는 구성원이 되는 데 필요한 삶의 태도 및 가치, 기술을 형성함으로써 유능한 민주 시민으로 자라게 된다(교육인적자원부, 2007; 김영옥, 엄정애, 최윤정, 박경희, 2000).

미국사회교육협회인 NCSS(National Council for the Social Studies, 1993)는 유아사회교육을 유아들이 상호 의존적으로, 문화적으로 다양한 세계 안에서 민주적인 사회의 시민으로서의 자질을 가지고, 이성적이면서도 합리적인 의사 결정을 내릴 수 있는 능력을 개발하도록 돕는 과정으로 보았다. 씨펠트(Seefeldt, 2005)는 유아사회교육이란 사회생활과 지식, 기술을 통합하는 과정으로, 사회성 교육만이 아니라 사회과학적 지식(역사, 지리, 경제, 사회학, 인류학 등과 관련된)의 균형 있는 경험을 통하여 유아의 건전한 자아 발달, 가치관 및 태도를 형성할 수 있도록 도와야 한다고 보았다. 박찬옥, 이경미, 장명림(2007)도 유아사회교육은 유아가 자기를 긍정적으로 인식하고 자기 정체성을 확립할 수 있어야 하며, 다문화에 대한 이해와 정보, 지식 및 문화 생산자로서의 능력을 육성하고 자기 학습 능력을 배양할 수 있도록 해야 한다고 하였다. 즉 유아가 자신을 소중하게 여기고 자신의 생각과 행동을 조절하여 주변 사람들과 화목하게 살아가는 방법을 익히고 자신을 둘러싼 생활 세계에 대하여 관심을 가지고 적응할 수 있는 기초 능력을 기르는 것이라고 볼 수 있다(서동미, 엄은나, 이혜경, 박성희, 2008). 유능한 민주 시민의 자질을 육성하기 위한 유아사회교육의 목표로 샤핀과 메식(Chapin & Messick, 1999)은 사회적 기술과 민주적 태도와 가치, 사회적 참여 그리고 사회과학적 지식을 갖추어야 한다고 하였다. 이를 살펴보면 다음과 같다.

첫째, 과거, 현재, 미래에 인간이 경험하거나 경험하게 될 지식들을 획득한다.
둘째, 사회생활에 필요한 정보를 생각하거나 처리하는 기술을 발달시킨다.
셋째, 민주적 태도와 가치를 발달시킨다.
넷째, 사회적 참여를 위한 기회를 갖는다.

멜렌데즈, 버크와 플레처(Melendez, Berk & Fletcher, 2000)는 유아 사회교육의 목표를 다섯 가지 제시하였는데, 이는 다음과 같다.

첫째, 독특한 한 개인으로서의 긍정적인 자아를 인식한다.

둘째, 사회생활을 성공적으로 해나가기 위해 필요한 지식과 기술, 태도를 발달시킨다.

셋째, 사회 현실에 대한 아이디어를 습득하고 발달시켜서 다양한 각도에서 주어진 현상을 평가하고 이해한다.

넷째, 사람들은 서로 다른 특성이 있으며 모두 평등하다는 생각을 갖고 타인을 존중한다.

다섯째, 세계시민으로서의 감각을 발달시켜서 자신의 행동이 다른 사람에게 미치는 영향에 대한 책임감을 갖는다.

2019 개정 누리과정은 건강한 사람, 자주적인 사람, 창의적인 사람, 감성이 풍부한 사람, 더불어 사는 사람을 추구하는 인간상으로 제시하고 있다(교육부, 2019). 인간상은 유아사회교육이 지향하는 방안을 담고 있으며, 추구하는 인간상을 구현하기 위한 누리과정의 목적과 목표는 다음과 같다.

목적	유아가 놀이를 통해 심신의 건강과 조화로운 발달을 이루고 바른 인성과 민주 시민의 기초를 형성하는 데 있다.
목표	첫째, 자신의 소중함을 알고, 건강하고 안전한 생활 습관을 기른다. 둘째, 자신의 일을 스스로 해결하는 기초능력을 기른다. 셋째, 호기심과 탐구심을 가지고 상상력과 창의력을 기른다. 넷째, 일상에서 아름다움을 느끼고 문화적 감수성을 기른다. 다섯째, 사람과 자연을 존중하고 배려하며 소통하는 태도를 기른다.

추구하는 인간상 중 건강한 사람은 몸과 마음이 고루 발달하고 스스로 건강함을 유지하며 안정적이고 안전한 생활을 하는 사람을 의미한다. 자주적인 사람은 자신을 잘 알고 존중하며 자신감을 가지고 스스로 할 수 있는 일을 주도적으로 해 나가는 사람을 의미한다. 창의적인 사람은 주변 세계에 열려 있고, 호기심이 많으며, 자기만의 방식으로 상상하고 느끼고 표현하고 탐구하는 가운데 새롭고 독창적인 생각을 하는 사람을 의미한다. 감성이 풍부한 사람은 예술을 사랑하고 존중하며 자신을 둘러싼 주변 세계에 경이감과 아름다움을 느끼고 즐길 수 있는 풍부한 문화적 감수성을 지닌 사람을 의미한다. 더불어 사는 사람은 자신이 속해 있는 사회에 소속감을 느끼고, 다른 사람과 생명을 존중하고 자연과 더불어 살아가며 보다 나은 사회를 만들기 위해 사회문제에 관심을 갖고 협력하는 민주 시민을 의미한다(교육부, 2019).

추구하는 인간상을 구현하기 위한 목적과 목표는 신체운동·건강, 의사소통, 사회관계, 예술경험, 자연탐구의 5개 영역의 통합적인 경험을 통해 구현될 수 있다. 그리고, 유아사회교육 목적 및 목표는 누리과정이 추구하는 인간상과 5개 영역의 목표와도 상호 연관성이 있다. 누리과정 5개 영역 중 유아사회교육과 직결되는 사회관계 영역의 목표는 **자신을 존중하고 더불어 생활하는 태도를 가진다**(교육부, 2019)이다. 세부 목표는 다음과 같다.

첫째, 자신을 이해하고 존중한다.
둘째, 다른 사람과 사이좋게 지낸다.
셋째, 우리가 사는 사회와 다양한 문화에 관심을 가진다.

이상의 내용을 종합하여 본 책에서는 유아사회교육의 목적과 목표를 다음과 같이 기술하고자 한다.

목적	민주사회의 구성원으로서 요구되는 가치와 태도, 기술, 사회과학적 지식을 형성한다.
목표	첫째, 자신과 자신의 일에 대해 긍정적인 태도와 가치관을 형성하며, 유능한 민주 시민으로서 갖추어야 할 긍정적인 가치와 태도를 형성한다. 둘째, 유능한 민주 시민으로서 다른 사람들과 조화로운 관계를 형성하기 위해 필요한 의사소통과 문제해결하기, 갈등해결하기 등 사회적 기술과 사회학습에 필요한 기술을 활용한다. 셋째, 민주 시민으로 갖추어야 할 기본 소양인 역사와 경제, 지리, 다문화 등 사회과학적 지식에 관심을 가진다.

Chapter 13

유아사회교육의 내용

학습목표	• 유아사회교육의 내용을 가치와 태도, 기술, 사회과학적 지식 측면에서 이해할 수 있다. • 유아의 발달 및 흥미와 요구를 고려하여 유아사회교육의 내용을 선정할 수 있다.		
학습내용	지식	기술	태도
	• 가치와 태도 • 사회적 기술과 사회학습 기술 • 사회과학적 지식	• 가치습득을 돕는 전략 활용 능력 • 유아의 발달에 적합한 유아사회교육의 내용 선정	• 다양성을 존중하고 민주적으로 문제해결하는 태도 • 사회과학적 지식의 탐구과정에 민감한 태도
주요용어	가치와 태도, 신체적 자아존중감, 심리적 자아존중감, 개별적 가치, 가치의 명료화, 가치 분석, 기술, 사회적 기술, 사회학습 기술, 사회과학적 지식, 역사, 지리, 경제, 사회학, 전통문화 이해, 다문화 이해		

유아사회교육의 목적 및 목표에 따른 사회교육의 내용은 가치와 태도, 기술, 사회과학적 지식이라고 볼 수 있다.

가치와 태도는 보편적 가치와 태도 그리고 개별적 가치와 태도로 나뉜다. 보편적 가치와 태도는 자신에 대한 긍정적인 태도 및 가치, 지식과 학습에 대한 긍정적인 태도 및 가치, 민주적 가치와 태도를 포함한다. 개별적 가치는 가치의 명료화, 가치분석을 통해서 형성된다.

기술은 사회적 기술과 사회학습 기술로 나뉜다. 사회적 기술은 사회생활에서 다른 사람들과 상호 호혜적인 관계를 주도하고 유지할 수 있는 개인적인 능력으로 자기 조절하기, 친구사귀기, 공유하기, 협력하기, 의사소통과 협의하기, 갈등해결하기를 포함한다. 사회학습 기술은 사회학습을 하는 데 필요한 사고기술이다.

사회과학적 지식은 유아가 자신이 살고 있는 세계와 인간에 대한 기본적인 개념을 이해하는 것으로 역사, 지리, 경제, 사회학, 전통문화 이해, 다문화 이해 등이 포함된다.

1. 가치와 태도

가치와 태도는 인간의 행동을 결정하는 내적인 상태로 유아의 감정이나 정서적 반응에 영향을 주고 유아가 어떻게 행동할 것인가를 결정하는 요소가 된다(Franenkel, 1980).

자신이 지닌 가치와 태도에 따라 유아들은 주변 사물과 상황에 대하여 다른 유아들과는 다른 방식으로 반응을 한다. 이는 유아들의 단순한 행동에도 가치와 태도가 상호 복합적으로 연결되어 영향을 주기 때문이다. 유아들의 가치와 태도는 유아가 주변 사람들과의 사회적 상호작용을 통해 점진적으로 발달된다. 유아는 교사 또는 또래와 사회적 상호작용을 하면서 집단에서 존중되고 수용되는 것이 무엇인지를 알게 된다. 이 과정에 유아는 자신이 지니고 있는 가치를 재해석하고 자신의 행동을 반성적으로 평가하면서 타인에게 공감되는 가치와 태도를 발달시킬 수 있게 된다.

유아가 사회생활을 통해서 습득하게 되는 가치와 태도의 종류와 지원 방안은 다음과 같다.

1) 보편적 가치와 태도

(1) 자신에 대한 긍정적인 가치와 태도

자신에 대한 긍정적인 가치와 태도는 유아가 자신의 특성과 유능함에 대해 지니고 있는 생각, 판단, 태도, 감정, 행복 및 기대 등을 포함하는 개념으로(Mussenm, Conger & Kagan, 1984), 적응 및 건강한 성격 발달과 자아실현에 중요한 요소이다. 자신에 대한 긍정적인 가치와 태도는 유아가 자신만이 무조건 '일등' 또는 '최고'라고 자부하는 것이 아니라 현실적인 능력을 인정하면서 자신의 현재에 대해 긍정적으로 평가하는 것을 의미한다. 어떤 유아는 "나는 뭐든지 잘해요. 내가 일등이에요"라고 말한다. 그런가 하면 어떤 유아는 "나는 그림은 잘 그리는데 달리기는 어려워요. 연습하면 나도 잘 달릴 수 있어요"라고 말한다. 전자의 유아는 다른 유아와 비교하여 자신이 우수하다고 생각한다면, 반면에 후자의 유아는 다른 유아와 상관없이 자신의 실제 능력을 긍정적으로 평가하고 자신의 부족한 부분에 대해서도 노력하여 극복하고자 한다. 자아존중감은 실제 자신의 모습을 있는 그대로 수용하는 것으로 타인과의 관계 형성에도 긍정적인 영향을 미친다. 자신을 유능하고 가치 있게 평가하는 사람이 타인도 존중하기 때문이다.

유아는 타인과 상호작용하면서 자신에 대해 알게 되고, 자신의 이미지에 대한 일반적 평가를 기초로 자신을 평가하게 된다(이은화, 김영옥, 2000). 자신에 대한 긍정적인 가치와 태도는 신체적 자아존중감과 심리적 자아존중감으로 나눌 수 있다(오채선 외, 2008).

① 신체적 자아존중감

유아는 자신의 신체와 성에 대해 알아가면서 신체적 자아존중감을 발달시킨다. 유아의 신체적 자아존중감을 향상시키기 위해서 유아가 자신의 신체를 탐색하고 움직일 수 있는 활동을 제공한다. 신체적 자아(physical self)를 인식하게 되면서 유아는 환경과 자신이 분리된 존재임을 깨닫게 된다. 유아가 자신의 신체를 움직이면서 할 수 있는 놀이와 활동들은 유아의 신체적 자아존중감을 발달시킨다.

또한 유아는 자신을 인식하면서 자신의 성정체성과 성역할, 성지향성을 이해하게 된다. 이 시기는 성인의 영향력에 의해 성유형화를 결정하기 때문에 적합한 경험을 통해 유아들이 자신의 성에 적절한 성 정체성과 성역할, 성 지향성을 가질 수 있는 교육 내용을 제공해야 한다

(Seefeldt, 2005). 신체적 자아존중감을 발달시키기 위한 놀이 및 활동의 지원 방안은 다음과 같다.

- 유아들이 자신의 신체로 할 수 있는 다양한 움직임의 기회를 제공한다.
- 여자와 남자의 몸의 유사한 점과 차이점을 생각할 수 있는 기회를 준다. 이때 교사는 유아들이 여자와 남자가 신체적인 차이가 있으나 능력의 차이를 의미하지 않는다는 것을 이해하도록 한다.
- 눈을 가리고 청각과 미각, 후각을 사용하여 사물의 특성을 파악해 볼 수 있는 기회를 제공한다. 이때 유아들이 감각 기관을 사용하여 사물을 충분히 탐색하고 그 특징을 언어로 표현할 수 있도록 격려한다.

② 심리적 자아존중감

심리적 자아존중감은 자아에 대한 지식(self-knowledge), 자아 인식(self-perception), 자신의 감정 다루기와 태도 등이 포함된다(오채선 외, 2008). 심리적 자아존중감은 유아가 주변 사람들과 상호작용하는 가운데 발달한다. 유아의 심리적 자아존중감을 발달시키기 위해서 교사는 유아 자신과 자신이 느끼는 감정을 인식하고 사회에서 인정될 수 있는 방법으로 감정과 정서를 표현할 수 있도록 지원해야 한다. 또한 교사는 유아마다 상황에 대한 느낌과 행동하는 방법이 서로 다르다는 것을 이해하고, 주어진 상황에서 적합한 태도를 선택할 수 있도록 지원해야 한다. 심리적 자아존중감을 발달시키기 위한 놀이 및 활동의 지원 방안은 다음과 같다.

- 유아 자신을 다른 사람에게 소개해 보도록 한다.
- 유아들이 미래의 모습을 상상하고 그려보도록 한다. 교사는 유아들이 다양한 직업에 관심을 갖도록 돕는다.
- 감정을 다룬 동화를 듣고 유아들이 느끼는 다양한 감정에 대해 표현해보도록 한다.

[다양한 감정에 대해 이야기해요]

(2) 지식, 학습에 대한 긍정적인 가치와 태도

유아가 자신이 속한 사회에서 유능한 구성원으로 살기 위해서는 자율적이고 합리적인 의사결정 능력이 있어야 한다. 이를 위해서는 자신의 주변에서 일어나는 다양한 문제를 이해하고 판단하는 데 필요한 지식과 기술들을 알고, 적용할 수 있어야 한다. 교사는 유아가 일상생활의 경험과 놀이를 통해 사회적 문제를 인식하고 스스로 해결하는 과정에서 무엇인가를 알아가는 것이 가치 있는 일이라는 것을 인식하도록 돕는다. 자칫 대집단 중심의 수업이 진행될 경우 유아들은 학습에 대해 오히려 부정적인 태도와 가치를 형성할 수 있기 때문에 교사는 유아들의 선택과 자발적인 탐색 과정을 지원하고 놀이가 배움으로 연계되도록 지원한다.

사회적 지식이나 학습에 대해 긍정적인 가치와 태도를 형성하도록 교사는 다음과 같은 경험을 지원할 수 있다.

- 동네 돌아보기를 하면서, 유아들이 살고 있는 곳에 대해 궁금한 것을 알아보고, 차가 다니는 길 · 사람이 다니는 길 · 상점 간판들 · 오가는 사람들의 모습 · 골목 등 인상깊었던 것들을 즐겁게 이야기 나누도록 한다.
- 명절이나 기념일, 특별한 날 들에 대해 생각한 것을 이야기 나누고, 모둠별로 관련된 내용을 협동 작업하여, 원하는 공간에 자유롭게 전시하도록 한다.
- 역할놀이, 쌓기놀이 등 자유놀이를 하면서 유아들이 놀이방식을 정하고, 협의하여 놀이 규칙을 만드는 경험을 하도록 한다.

(3) 민주적 가치와 태도

민주적 가치와 태도는 사회 집단에서 각 개인의 권리를 인식하고 인정하는 가치체계를 의미한다. 민주적 가치와 태도의 교육내용에는 일반적으로 자신의 권리와 책임, 타인의 권리와 책임, 공정함, 자유와 평등, 민주적 의사결정 등의 가치에 대한 인식이 포함된다(조순옥, 이경화, 배인자, 이정숙, 김정원, 민혜영, 2008). 유아들이 민주적인 가치 판단을 할 때 판단의 준거가 되는 것은 개인이 지닌 도덕적 가치관이다. 유아사회교육은 민주 사회에서 요구하는 보편타당한 가치체계를 습득하도록 돕는 과정이다. 민주적 가치와 태도를 발달시키기 위해 교사는 다음의 경험을 제공할 수 있다.

- 우리 반의 규칙 만들기 : 유아들의 분쟁을 최소화하기 위해 유아들이 함께 규칙의 필요성을 이야기 나누고 의사결정을 거쳐 학급의 규칙을 정한다.
- 교통규칙 지키기 : 교통규칙이 필요한 이유를 이해하고 등 · 하원 시 유아들이 지켜야 할 교통규칙에 대해 이야기 나눈다.
- 전쟁과 평화에 대한 이야기 나누기 : 전쟁이 일어나는 이유와 전쟁으로 인한 피해에 대해 이야기 나누고, 평화의 중요성에 대해 생각해 본다.
- 흥부와 놀부에 대한 새로운 해석 : 유아는 등장인물의 행동에 대한 자신의 의견을 말해본다. 이때 교사는 나와 다른 사람을 존중하고 배려하는 차원에서 유아들이 대화의 결론을 지어 보도록 돕는다.
- 찬반 투표하기 : 유아들이 대립되는 두 개의 주제에 대한 찬성과 반대의 입장을 이야기해보도록 한다. 이때 교사는 유아가 자신의 주장을 뒷받침할 수 있는 근거를 제시할 수 있도록 돕는다. 예를 들어, '외국에서 만든 물건은 사면 안 된다.'라고 주장하는 유아가 있다면 왜 그렇게 생각하는지를 이야기 해보도록 한다. 교사는 어느 한 팀의 의견을 지지하기보다는 유아들이 자유롭게 자신의 의견을 말하고 상대방의 이야기를 귀 기울여 듣도록 돕는다.

2) 개별적 가치와 태도

개별적 가치란 개인적인 취향이나 선호에 의해서 결정되는 것으로 특정 경향의 음악, 옷, 종교적 믿음, 정치적 신념 등 나와 타인 사이를 구별 짓는 독특한 성향을 의미한다. 유아마다 서로 다른 사회 · 문화적 배경을 가지고 있으며 이에 따른 경험이 다르기 때문에 각자의 개별적 가치가 다르며 행동도 다르게 나타난다.

이러한 선호 경향성은 유아기에 생겨나 연령이 높아지면 더욱 분명해진다. 어린 유아일지라도 음식이나 옷, 친구, 놀잇감, 놀이경향에 대한 좋고 싫음의 성향이 분명한 것을 볼 수 있다. 이는 때로 또래와의 갈등의 원인이 되기도 한다. 교사는 유아들이 지닌 개별적인 가치를 존중하면서 유아가 집단에서 존중되고 수용될 수 있는 보편적 가치를 내면화시키도록 도와야 한다. 이때 교사가 유아에 대한 편견이나 선입견이 있다면 유아의 개별적 가치를 수용하기 어려울 수 있다. 교사는 우선적으로 자신이 지니고 있는 편견의 내용을 점검해 보고 이를 배제하기 위한 노력을 해야 한다. 또한 유아들과 사회적 문제에 대해 이야기를 나눌 때 교사는 중립적인 태도를 취함으로써 유아가 자신의 개별적 가치와 태도를 형성해 가도록 안내해야 한다(서동미, 엄은나, 이혜경, 박성희, 2008).

- 내가 좋아하는 것을 소개해요 : 유아들이 좋아하는 색, 음식, 장난감, 친구들을 다양한 방법으로 소개할 수 있다. 이때 교사는 유아가 좋아하는 이유도 말해 보도록 돕는다.
- 다른 나라의 친구는 어떤 놀이를 할까? : 우리나라와 다른 나라 아이들의 놀이의 유사점과 차이점을 비교해 보도록 한다.
- 여자 놀이와 남자 놀이 : 여자들의 놀이와 남자들의 놀이가 정해져 있는지에 대해 토의를 한다. 유아들 마다 선호하는 놀이가 다를 수 있지만 성의 차이보다는 개인의 관심에 따라 선호하는 놀이가 다를 수 있음을 생각해 보도록 돕는다.

3) 가치와 태도 습득을 돕기 위한 전략

가치와 태도 습득은 유아가 타인과의 사회적 경험을 통해 자연스럽게 학습되기도 하지만 교사의 도움으로 더 효과적으로 습득할 수 있다.

(1) 가치와 태도의 명료화 (value clarification)

가치와 태도는 유아가 개인의 선택에 대해 평가하고 행동하는 과정으로, 교사는 유아들이 자신의 느낌을 인식하고 주어진 상황에서 최선의 가치를 선택할 수 있도록 돕는다(Seefeldt, 2001).

- 유아들이 주도적으로 행동하고 자유롭게 선택할 수 있는 다양한 기회를 제공한다.
- 유아들이 심사숙고하여 선택할 수 있도록 돕는다.

• 유아가 자신이 선택한 가치를 소중히 여기고 스스로 만족하는지를 평가해 보도록 한다.
• 유아가 자신의 선택에 따라 행동하도록 돕는다.

(2) 가치와 태도 분석(value analysis)

가치와 태도 분석은 유아가 갈등의 요소가 있는 문제를 접하여 하나의 가치를 선택하고 이에 대한 결과를 예측하면서 자신의 사고를 논리적으로 분석해 볼 수 있는 기회를 제공한다. 가치와 태도 분석 능력을 발달시키기 위해 다음의 과정을 사용할 수 있다(Seefeldt, 2001).

① 문제 상황을 인식한다.

교사는 유아들에게 갈등 상황의 이야기를 들려주고 주인공들이 느끼는 문제가 무엇인지 질문할 수 있다.

> 정은이는 어버이날 선물로 아빠에게 카네이션을 만들려고 생각했다. 그러나 놀이시간이 되었을 때 정은이는 카네이션 만들기보다 가족놀이가 더 재미있을 것 같다는 생각을 했다. 가족놀이를 하다 보니, 놀이시간이 끝났다. 정은이는 아빠에게 선물할 카네이션을 만들지 못한 것이 생각났다. 이때 카네이션을 4개 만들어서 가지고 있는 수현이를 보았다. 정은이는 수현이에게 가서 꽃을 2개만 달라고 부탁하였다. 수현이는 자신이 애써서 만든 것이기 때문에 주고 싶지 않기도 했지만, 친구와 사이좋게 지내기 위해서는 꽃을 나눠줘야 될 것 같다는 생각도 들었다.

② 유사점과 차이점을 비교한다.

사람들은 동일한 상황에서 서로 유사한 가치를 지니기도 한다. 위 이야기에서 둘 다 카네이션이 필요하지만 정은이의 입장과 수현이의 입장은 다르다. 그리고 이에 따른 가치 판단도 다를 수 있다.

> "정은이는 지금 어떤 생각을 하고 있니?"
> "정은이가 어떻게 결정을 내렸는지 이야기해 줄 수 있니?"
> "수현이의 생각은 무엇일까?"

③ 이 상황에 대한 느낌을 이야기한다.

갈등 상황에서 자신이 느끼는 감정과 다른 사람의 감정을 이야기함으로써 유아들이 내리는 결정에 따른 감정에 대해 생각해 볼 수 있다.

"수현이가 친구에게 카네이션을 주겠다고 결정했다면 어떤 마음에서 그렇게 결정한 것 같으니?"
"만약 수현이가 카네이션을 정은이에게 주지 않겠다고 결정했다면 수현이에게 어떤 마음이 들었기 때문이니?"
"정은이는 왜 수현이에게 카네이션을 달라고 말한 것 같으니?"

④ 가치 판단을 분석한다.

유아들은 자신이 내린 가치 판단의 결과를 예측하고 분석해 볼 수 있다.

"수현이가 정은이를 돕는다면 어떤 일이 생길 것 같으니?"
"만약 수현이가 정은이의 부탁을 거절한다면 어떤 일이 생길까?"
"거절당했을 때 너라면 어떤 느낌이 들까?"

⑤ 대안에 대한 생각을 함께 나누고 공유한다.

가치 대립의 상황에서 유아들은 갈등의 요인과 갈등을 해결할 수 있는 대안이 무엇인지 결정하고, 이 결정의 결과에 대해 평가해 본다.

"너는 수현이가 어떻게 할 것이라고 생각하니?"
"왜 그렇게 할 것이라고 생각하니?"
"네가 정은이라면 어떤 결정을 내리겠니?"
"정은이가(수현이가) 그렇게 했을 때 결과는 어떻게 될 것 같니?"

[친구와 함께 놀아요]

유아는 가치와 태도를 어떻게 습득할까?

1. 가치와 태도는 모델링된다.

유아들은 자신과 정서적으로 긴밀하게 연결되어 있는 주변인들의 행동을 닮아가려고 한다. 즉 유아는 자신에게 의미 있는 타인의 가치와 태도를 자신의 가치와 태도로 내면화한다. 유아가 새로운 집단에 들어가 새로운 상황에 직면하게 될 때에도 자신에게 영향을 미칠 수 있는 새로운 모델을 찾아서 행동과 가치 판단을 따라하게 된다.

2. 가치와 태도는 강화된다.

유아들은 자신의 행동에 대해 칭찬을 받거나 자신이 내린 선택으로 만족스러운 결과를 경험한다면, 이와 유사한 상황이 발생할 때 이전과 동일한 가치 판단을 할 것이다. 교사는 유아가 바람직한 의사결정을 내렸을 때 유아가 자신의 가치 판단에 대해 확신을 가질 수 있는 긍정적인 보상을 적극적으로 해주어야 한다.

3. 가치와 태도는 학습된다.

피아제는 유아의 가치와 태도 형성에 유아의 사고 과정이 영향을 준다고 하였는데, 자기중심성이 강한 유아는 타인의 입장에서 문제를 해결하기 어렵기 때문에 또래와의 갈등을 경험하게 된다. 그러나 사회적 경험을 통해 유아들은 자기중심적 사고를 포기하고 친구와 서로에게 이익이 되는 방식으로 문제를 해결하게 된다. 이러한 사회적 상호작용 경험을 통해 유아는 인지적 사고 능력과 옳고 그름에 대한 도덕적 가치 판단 능력을 발달시킨다.

출처: Seefeldt(2001).

2. 기술

유아는 유아교육기관의 하루일과에서 무수히 많은 사회적 상황을 경험한다. 이때 사회적 기술이 있는 유아는 주어진 문제를 현명하게 해결하지만 그렇지 못한 유아는 맞닥뜨린 상황을 회피하거나 교사에게 의존한다. 이는 유아의 연령이 비슷하다고 해도 유아들마다 사회적 기술 발달의 차이가 있기 때문이다.

사회교육에서 다루어야 할 기술은 사회적 기술과 사회학습 기술로 나누어진다. 사회적 기술은 유아가 사회생활을 할 때 필요한 기술로 자기 조절력과 친구 사귀기, 공유하기, 협력하기, 의사소통과 협의 기술, 갈등 해결하기 등이 포함된다. 사회학습 기술은 유아가 받아들인 정보를 조직하거나 표현하는 것 등이 포함된다. 사회적 기술을 우선적으로 알아보면 다음과 같다.

1) 사회적 기술

유아들이 또래와 관계를 형성하는 과정을 관찰해 보면 한 유아는 놀이 집단에 끼어들지 못하고 망설이고 있고, 또 다른 유아는 교사에게 도움을 요청한다. 그런가 하면 어떤 유아는 또래들에게 친근하게 다가가 자연스럽게 놀이에 참여한다. 놀이 집단에 끼어들지 못하는 유아의 경우 효과적으로 자기주장을 못해서 일 수 있으며, 따지듯이 놀이에 끼어들기를 시도하기 때문일 수 있다. 이 두 유아 모두 사회적 기술이 높다고 말할 수는 없다. 사회적 기술이 높은 유아는 놀이의 흐름을 이해하고 자신의 감정을 조절하면서 다른 사람과 어울리는 방법을 안다. 또한 자신의 요구를 적절히 주장할 수 있다. 유아가 다른 사람과 원만한 관계를 맺고 유지하기 위해서는 자기 조절력과 친구 사귀기, 공유하기, 협력하기, 의사소통과 갈등해결하기와 같은 사회적 기술을 발달시켜야 한다.

(1) 자기 조절력

유아가 자신에 대해 긍정적으로 인식한다는 것은 자신의 사고와 행동을 스스로 결정하고, 조절할 수 있을 때 가능하다. 유아들이 자신을 긍정적으로 인식하기 위해서는 자기 통제력과 조절력이 있어야 한다.

자기 조절력(self-regulation)은 유아가 목표를 달성하기 위해 순간의 충동이나 욕구와 행동을 억제할 수 있는 능력으로(정옥분, 2000), 유아는 자신의 흥미와 요구, 관심사를 현실 상황을 고려하여 조정하고 통합할 수 있어야 한다. 자기 통제력이 있는 유아는 자신의 요구와 흥미를 표현하되, 주변 상황과 다른 사람과의 관계 속에서 자신의 요구를 조절하고, 자신의 행동으로 인해 야기되는 결과까지도 고려한다(양옥승, 김영옥, 김현희, 신화식, 위영희, 이옥, 이정란, 이차숙, 정미라, 지성애, 홍혜경, 1999). 유아의 자기 조절력 발달을 지원하는 놀이와 활동은 다음과 같다.

- 나의 기분은? : 유아가 자신의 다양한 감정을 조절하여 적절히 표현할 수 있는 방법을 알아본다.
- 게임의 규칙 알아보기 : 유아들이 게임이 규칙을 알고 놀이하도록 한다. 유아들이 스스로 규칙을 정할 수도 있다.
- 전통놀이하기 : 전통놀이 중 타인과 협력을 요구하는 놀이를 소개한다. 줄넘기의 경우 줄을 돌리는 사람들의 협력이 중요하기 때문에 유아는 상대방의 속도를 고려하여 자신의 힘을 조절해야 할 필요성을 알게 된다.
- 내 감정은? : 상황에 따른 유아의 감정을 알고 이를 조절하거나 적합하게 표현하는 방법을 이야기 해 본다.

위에 제시된 놀이는 유아의 자기 조절력뿐 아니라 타인과 협력하기, 공유하기 기술을 발달시키는 데도 도움이 되는 활동이다.

[어떤 기분일까요?]

(2) 친구 사귀기

유아들은 또래와 협동하고 물건을 공유하면서 친구를 사귀고 친구관계를 유지한다. 자기

중심적으로 행동하는 유아들은 또래로부터 거부당하고 이로 인한 분쟁을 경험한다. 이러한 경험이 반복되면서 유아들은 또래에게 수용되기 위해서는 친구와 물건을 나눠 쓰고, 양보해야 할 필요성을 배우게 된다. 또한 유아들은 사회적 상호작용을 통해 또래에게 다가가는 방법과 말 건네기, 놀이에 끼어들기를 배우게 된다. 유아가 친구를 사귀고 또래로부터 인정받는 것은 유아들의 긍정적인 자아개념과 친사회적 기술 획득뿐 아니라 학업 성취도에도 중요한 영향을 미친다.

친구 사귀기를 잘하는 유아들은 또래 친구들에게 잘 받아들여지고, 다른 유아들에 비해 교육기관에 쉽게 적응을 한다(Ladd, 1990). 유아기의 친구 사귀기를 통해 청소년기의 사회적 문제를 예측할 수 있는데 파커와 어셔(Parker & Asher, 1987)는 친구 사귀기를 잘하는 유아는 청소년기에 적응의 어려움을 덜 겪으며 정서적 문제도 덜 경험한다고 하였다.

다음의 질문에 대해 생각해 보면서 친구 사귀기에 실패하는 유아들의 공통된 특성에 대해 생각할 수 있다(Kemple, 1991).

- 친구들이 싫어하는 유아들은 또래와 어떻게 상호작용을 하는가?
- 또래로부터 거부당하는 유아들은 소그룹, 대그룹에서 어떻게 행동하는가?
- 거부당하는 유아가 또래 유아의 의도를 잘못 이해하지는 않는가?
- 친구 사귀기에 실패하는 유아가 문제해결의 방법으로 공격적인 행동을 하지는 않는가?
- 유아가 다른 유아에게 거절을 표현할 때 거부의 이유나 대안을 제시하는가?
- 유아는 놀이 친구의 의사소통에 대해 엉뚱한 반응을 보이는가?

만약 친구 사귀기의 어려움을 가지고 있는 유아가 있다면 교사는 그 유아의 문제점이 무엇인지 파악하고, 다음의 방법을 사용하여 그 유아를 도울 수 있다(Kemple, 1991).

- 사회적으로 능력 있는 유아와 사회적 기술이 부족한 유아가 함께 놀이할 수 있는 기회를 제공한다.
- 혼자 노는 유아는 그보다 어린 연령의 유아와 짝을 맺어 준다.
- 공격적인 유아가 친사회적으로 갈등을 해결할 수 있는 방법을 알려 준다.
- 사회적 갈등 상황을 해결하도록 돕기 위한 역할극을 제공한다.
- "은영아, 약을 파는 약사가 없는데, 약사 할래?"와 같이 말함으로써 놀이에 끼어들지 못하는 유아가 참여할 수 있도록 도움을 제공한다.

• "정수야, 친구에게 '나도 그거 필요해'라고 말해줘."와 같은 말을 들려주어서 친구관계에 어려움이 있는 유아를 지도 한다.
• 가상의 갈등 상황에 대해 다양한 문제 해결 방법을 생각하고, 선택한 결과에 대해 평가해 보도록 한다.
• 놀이 집단에 끼어들지 못하는 유아가 있을 때 교사는 유아가 진행 중인 놀이를 관찰하게 하고 어떤 놀이를 하고 있는지 이해하게 한 후 그 놀이에 자연스럽게 끼어들 수 있는 역할을 생각하도록 돕는다.

친구 사귀기를 돕기 위한 놀이와 지원방법은 다음과 같다.
• 수건 당기기 : 수건을 서로 잡아당긴다. 게임을 통하여 친구와 함께하는 즐거움을 공유하도록 돕는다.
• 함께 풍선치기 : 두 유아가 짝이 되어서 풍선을 친다. 둘이 동시에 치기, 한 명씩 번갈아 가며 치기 등으로 활동을 진행한다.
• 간식 먹여 주기 : 두 유아가 한 손을 잡고 남은 손으로 짝에게 간식을 먹여 준다. 이 활동을 통해 둘이 힘을 합하는 것의 필요성을 이해하도록 한다.
• 나 따라해 봐라 : '누가 먼저 했나 이렇게'노래 부르면서 이름 부르는 유아의 행동을 그대로 따라한다. 친구 사귀기를 잘 할 수 있기 위해서는 타인의 행동과 언어를 따라하는 동조행동을 할 수 있어야 한다. 친구의 행동을 집중하여 관찰하고 따라하는 과정에서, 동조행동을 배울 수 있다.

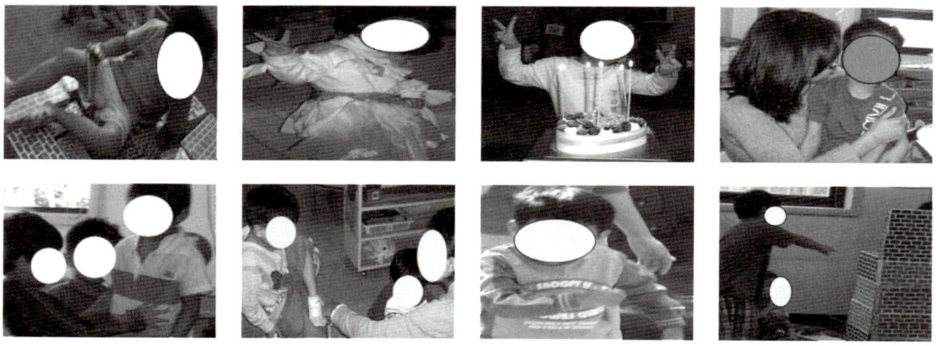

[친구의 감정을 추론해요]

(3) 공유하기

원만한 사회생활을 하기 위해서 유아는 타인과 사물이나 권리, 애정 등을 나눠 가질 수 있어야 한다. 공유한다는 것은 혼자 독차지할 수 있는 사물과 시간, 애정, 공간 등을 다른 사람의 입장을 고려하여 양보하는 것이므로 자기중심성이 강한 유아들의 경우 진정한 의미의 공유하기는 어려운 과제일 수 있다. 유아들에게는 처음부터 다른 사람에게 자신의 물건을 양보하고 나눠주기를 가르치기보다는 유아가 자신의 소유권을 보장받을 수 있고, 유아 자신이 존중받는 경험을 우선적으로 제공해야 한다(서동미, 엄은나, 이혜경, 박성희, 2008).

교사는 유아의 개인적 소유권을 존중하면서 교실의 공용 물건과 공간을 나눠 쓰도록 지도한다. 교실의 놀잇감과 같이 수가 한정되어 있을 경우 먼저 선택한 유아의 소유권을 존중해 준다. 놀이 차례에 있어서도 기다리는 유아는 먼저 시작한 유아의 놀 권리를 존중하도록 지도하되 놀이의 우선권을 가진 유아는 기다리는 유아의 입장을 배려하도록 안내할 수 있다. 또는 정해진 공간에서 함께 놀이하는 방법이나 하나의 물건을 사이좋게 놀 수 있는 방법을 생각해 보도록 할 수 있다. 중요한 것은 공유의 경험을 통해 유아들이 기쁨과 만족스러움을 느낄 수 있어야 한다.

교사는 다음의 사항을 고려하여 공유하기를 지원할 수 있다(Seefeldt, 2005).

① 심리적으로 안정감 있는 환경을 제공한다.

심리적으로 안정감을 느끼는 유아는 그렇지 않은 유아들에 비해 보다 공유하기를 자발적으로 하는 경향이 있다.

② 충분한 놀이 공간과 놀잇감을 제공한다.

유아의 수를 고려하여 놀이 공간을 확보하고 유아들의 손이 닿을 수 있는 곳에 놀잇감을 정리해 놓으며, 동일한 놀잇감도 여러 개 준비해 놓는다면 유아들은 보다 쉽게 공유하기를 실천할 수 있을 것이다.

③ 교사 자신이 공유하기를 실천하는 모습을 보여준다.

유아들은 공유하기를 설명으로 지도받을 때보다 누군가가 다른 사람과 나누는 모습을 보면서 더 잘 배운다.

④ 놀이와 상호작용을 통해 교사는 유아들에게 공유하기 기술을 지원할 수 있다.

교사는 유아와의 놀이 상황 또는 사회적 상호작용을 통해서 나누기의 중요성을 알려 줄 수 있다. 교사는 인형이나 놀잇감을 이용하여 친구와 놀잇감을 공유하고 갈등을 해결하는 과정을 이야기로 들려줄 수도 있다.

- 너 한 번, 나 한번 : 친구와 사이좋게 지낼 수 있는 방법을 생각해 보고, 너 한 번, 나 한 번 나눠 가질 수 있는 것들에 대해 이야기 나눈다.
- 나란히, 나란히 : 우리 주변에 나란히 줄 세워져 있는 것을 찾아보고, 교실에서 차례 차례 줄을 서야 하는 상황에 대해 생각해 본다.

(4) 협력하기

유아들은 친구와 협력하면서 구성원 간에 서로 의견이 다를 수 있다는 것을 이해하고, 모두의 이익을 위해 때로는 자신의 요구를 조절하고 양보할 필요성이 있다는 것을 알게 된다.

공유하기와 협력하기를 지도하는 방법은 유사하다. 다음은 유아의 협력하기 능력을 향상시키는 방법들이다(Seefeldt, 2005).

① 협력하기를 잘한 유아들을 격려한다.

유아가 친구와 협력하여 놀이했을 때 성취감과 자부심을 느끼도록 돕는다. 협력을 잘한 그룹의 유아들을 칭찬하여 보상을 해 줄 수도 있다.

② 협력하기에 적정한 집단 크기를 정한다.

집단의 크기가 크면 유아들도 협력이 어려울 수 있다. 집단의 크기가 작으면 교사는 보다 수용적인 태도를 보이며 유아들도 친구들과 공유하기와 협력하기를 더 잘한다.

③ 경쟁적 분위기를 조장하지 않는다.

승자와 패자가 결정되는 놀이, 순위가 결정되는 활동은 유아들이 협력하기보다는 경쟁적이 될 수 있다. 협력을 격려하기 위해서 교사는 모든 유아들이 개별적인 능력을 가지고 참여할 수 있는 놀이환경을 지원한다.

협력하기를 위한 놀이 지원 방법은 다음과 같다.

• 기차 타고 떠나요 : 유아들이 한 줄로 서서 앞의 유아의 허리를 잡는다. 북소리에 맞춰 교실을 이동하며 움직인다. 교사는 유아들이 앞의 유아의 보폭을 고려하여 움직일 수 있도록 한다.
• 강강수월래 : 유아들이 손을 잡고 둥글게 서서 오른쪽과 왼쪽 방향으로 움직인다. 교사의 지시에 따라 다른 사람들의 속도를 고려하며 움직이도록 한다.
• 친구의 몸을 그려요 : 벽에 커다란 전지를 붙여놓고, 한 유아가 그 앞에 서게 한다. 다른 유아들은 그 유아의 몸을 본떠서 그린다. 유아의 몸을 다함께 색칠한다.
• 우리 반 나무 만들기 협동 작업 : 우리 반의 나무를 만들기 위해 유아들은 필요한 재료와 만드는 방법을 의논할 수 있는 기회를 갖는다.

[협력해서 함께 놀아요]

(5) 의사소통과 협의 기술

의사소통 능력은 타인과 관계 맺는 데 필요한 기본 능력으로 다른 사람의 의견이나 입장을 귀 기울여 듣고 그 마음에 공감하며, 자신의 마음을 효과적으로 표현할 수 있는 것을 의미한다. 효과적인 의사소통을 위해 유아는 먼저 자신의 생각과 다른 사람의 생각이 서로 다를 수 있다는 것을 수용하고, 다른 사람이 어떤 생각을 가지고 있는지 관심을 갖고 이해할 수 있어야 한다.

의사소통과 협의 기술을 발달시키기 위한 지원방법은 다음과 같다.

• 귓속말 전달하기 : 교사가 짧은 문장을 한 유아에게 귓속말로 들려주면 이를 들은 유아는 다음 유아에게 이 문장을 전달한다. 다른 사람의 말에 주의집중하는 능력을 길러준다.

- 부드럽게 거절해요 : 유아가 싫어하는 것을 친구들이 부탁할 때 상대방의 기분을 고려하면서 거절할 수 있는 방법을 알아본다.
- 부탁해! : 내가 원하는 것이 있을 때 친구들에게 거절당하지 않고 부탁할 수 있는 태도와 말을 알아본다.
- 내 생각을 말해요 : 하나의 상황에 따라 친구들의 의견이 다를 수 있다는 것을 알고 나의 의견을 분명하게 표현하도록 한다.

[친구가 놀리면 무엇이라고 말할까?]

(6) 갈등 해결하기

갈등 해결하기는 유아가 직면한 갈등상황에서 스스로 갈등을 원만하게 해결할 수 있도록 하는 것이다(Dinwiddie, 1994).

유아들은 연령이 어릴수록 갈등상황에서 자신의 의도와 생각을 정확하게 전하지 못하거나 자신의 관점과 요구에만 집중하고, 갈등의 내면보다는 가시적인 것에 초점을 맞추는 경향이 있다. 그러다 보니 갈등 문제에 대한 이해도 눈에 보이는 현상과 즉시적인 순간에 초점을 맞추게 되는 것이다(Luke & Myers, 1995).

갈등해결을 돕기 위한 상호작용 시 교사는 유아가 갈등의 원인과 결과와의 관계를 연결 지어 생각할 수 있도록 하고, 유아의 어떤 행동과 말이 갈등해결에 작용하게 되는지를 이해할 수 있도록 도와야 할 것이다.

갈등 해결을 지원하기 위한 단계는 다음과 같다.

- 문제의 인식 : '무슨 일이 있었니?', '이 친구의 기분은 어떠니?'

  유아들은 우선 갈등이 왜 일어났는가에 대한 원인을 알아야 하며, 갈등 상황에 있는 두 유아의 입장을 생각해 보도록 한다. 교사는 각각의 유아에게 자신이 생각하고 있는 원인에 대해 이야기하도록 하며 상대방의 생각도 경청하도록 한다.

- 해결책 모색 : '어떻게 할 수 있을까?'
  갈등 해결을 위한 모든 방법에 대해 생각해 볼 수 있는 기회를 갖도록 한다.
- 전략의 실행 : '만약 ~한다면 어떻게 될까?'
  실행 단계에서 유아들은 바람직한 언어와 행동을 사용하여 갈등상황을 해결할 수 있는 전략을 실행해 본다.
- 전략 효과 및 결과에 대한 평가 : '네가 ~하니까 어떻게 되었니?'
  자신들이 선택한 전략의 효과를 갈등해결 결과 및 갈등 쟁점과 관련지어 평가해 본다. 교사는 유아들이 선택하고 적용한 전략에 대해 갈등 쟁점과 상대방의 반응에 기초하여 그것의 효과를 스스로 평가해 보는 기회를 제공한다.

우진이는 트럭을 갖고 놀고 싶어요. / 그런데 기다려도 차례가 안 되어 놀 수가 없었어요. / 우진이 차례가 되었는데 기욱이가 트럭을 가져가 버렸어요. / 우진이는 '트럭을 빼앗아 올까?' 아니면 '선생님에게 이를까?' 생각했어요.

[친구가 놀잇감을 빼앗아 갔다면 어떻게 할까?]

갈등 해결을 위한 문제해결하기는 다음과 같이 지원할 수 있다.

- 인과 관계 이해하기 : 갈등 상황의 그림을 보고, 이러한 일이 일어난 원인에 대해 생각해 보도록 한다. 또는 하나의 상황에 대한 원인이 되는 그림과 결과가 되는 그림을 제시하고 짝지어 보도록 한다.
- 긍정적인 대안 선택하기 : 또래 간의 갈등 상황을 제시하고 유아들이 선택한 방법이 긍정적인 결과를 가져오는지, 그렇지 않은지에 대해 생각해 보도록 한다.

만약 친구에게 안 빌려준다면 어떻게 될까?

친구와 사이좋게 놀자고 말한다면 어떻게 될까?

[긍정적인 결과와 불행한 결과]

2) 사회학습 기술

사회학습 기술에는 감각적 정보와 일반적인 정보에 관련된 것이 있다(이은화, 김영옥, 2008). 감각적 정보는 감각을 통해 들어온 정보를 표현하는 것이다. 일반적인 학습 기술은 유아가 자료를 수집하고 분류하여 이를 분석하는 과정으로 분류, 비교, 요약, 그래프화 등이 포함된다. 사회학습 기술을 발달시키기 위해 교사는 다음과 같이 지원할 수 있다.

- 견학활동을 통해 자료 수집 및 조사하기 : 견학 전 유아들이 질문 목록을 미리 작성하도록 하며, 견학을 가서는 전문가를 만나 알게 된 점을 그리거나 기록하고, 교실에 와서 발표하는 시간을 갖는다.
- 유아교육기관 지도 만들기 : 유아교육기관의 위치를 그려서 다른 사람에게 소개하는 경험을 갖는다. 산책을 하면서 유아교육기관 주변의 건물과 공원, 도로에 대한 사전 조사를 하고 이를 표현할 수 있는 방법에 대해 생각해 보도록 한다.
- 우리교실의 배치도 : 우리 교실의 배치도를 그려서 교실 벽면에 제시한다. 교실 환경이 바뀔 때마다 이전 배치도와 현재 배치도를 비교하여 차이점을 발견한다.
- 좋아하는 놀잇감 조사하기 : 유아들이 좋아하는 인기인이나 놀잇감을 조사하여 그래프로 나타낸다.

- **어른들을 위한 시설 알아보기 :** 할머니, 할아버지를 위한 편의 시설을 만들기 위해 어르신들의 불편함을 조사하고 이를 해결할 수 있는 방법을 토의한다.
- **마을 사람들을 위한 공원은? :** 우리 동네 하천과 공원의 환경, 지역 주민이 필요로 하는 하천과 공원에 대한 조사를 한다. 지역 주민들을 위한 하천과 공원을 만들기 위한 방법을 생각한다.

3. 사회과학적 지식

씨펠트(2005)는 유아사회교육은 사회성 교육만이 아니라 사회과학적 지식까지 포함하여 유아의 건전한 자아발달과 긍정적인 가치관 및 태도 형성을 도와야 한다고 하였다. 민주 시민으로 자라기 위해 유아는 역사, 지리, 경제, 사회학, 전통문화 이해, 그리고 다문화 이해에 대한 지식이 필요하다. 이를 살펴보면 다음과 같다.

1) 역사

역사란 우리가 과거에 대해 알고 있는 지식을 현재의 우리 생활과 행동, 의사 결정에 적용하는 과정이다. 유아들은 과거의 사람들이 무엇을 했고, 어떻게 살았는지를 알게 됨으로써 현재 우리들의 생활 모습과 행동의 이유를 이해하게 된다(교육인적자원부, 2005).

역사 교육이 유아에게 어렵고 지루한 내용이라고 생각하는 사람들도 있지만 실제 유아들은 과거에 대해 많은 호기심을 보인다. 듀이(1966)는 유아들이 사람들은 어떻게, 왜 그렇게 살았는지, 어떤 집에서 살았고, 무엇을 입고 살았는지에 대해 끊임없는 관심을 가지고 있기 때문에 유아들에게 역사를 가르치는 것은 어렵지 않다고 하였다(조순옥 외, 2008에서 재인용).

유아들의 역사 이해를 돕기 위해 제시할 수 있는 교육내용은 시간, 변화, 연속성 등의 역사적 개념과 역사를 학습하는 방법인 역사탐구 기술이 있다. 이를 살펴보면 다음과 같다.

(1) 시간

역사는 시간을 중심으로 이루어지는 교육이다. 유아들은 과거와 현재의 시간적 흐름에 대한 직관적이고 주관적인 감각을 가지고 있다. 따라서 유아들은 매일의 일과에서 규칙적인 일상 활동에 직접 참여하여 시간과 시간의 흐름에 대해 이해할 수 있다(박찬옥 외, 2005).

유아기 학습해야 할 시간의 교육내용은 '일상생활의 경험 이해하기', '과거, 현재, 미래 구분하기', '시간의 흐름에 대해 이해하기', '과거와 현재의 연계 과정 이해하기', '시간을 임의의 단위로 측정하기'로 볼 수 있다(교육인적자원부, 2005). 시간 개념 형성을 위한 활동의 예는 다음과 같다.

- 유아교육기관의 하루 일과를 알아보고, 유아가 하고 싶은 놀이 시간을 계획해 본다.
- 동화를 듣고 이야기의 시간적 순서를 살펴본다.
- 주말 동안의 유아의 경험을 회상하여 이야기 해 본다.
- 요리 또는 만들기와 같이 유아가 하나의 활동을 하는 데 걸리는 시간을 측정한다.
- 우리들의 1년 회상하기, 우리들의 1년 앨범 만들기를 한다.

(2) 변화

변화는 역사교육의 가장 기본으로 변화를 삶의 일부분으로 받아들이고 적응하는 것은 우리의 삶을 풍요롭게 할 수 있다(Seefeldt, 2005). 유아는 자신과 가족, 이웃의 변화를 통해 서서히 변화의 불가피성을 수용하고 변화에 적응하는 방법을 배울 수 있다. 변화에서 다룰 수 있는 교육내용은 '주변의 변화 탐색하기', '변화의 계속성 이해하기', '변화의 결과와 영향 알기' 등이 있다. 이러한 학습 내용을 위해 교사는 유아들이 유아 자신과 가족들의 변화, 지역사회와 유아교육기관의 변화에 관심을 갖도록 할 수 있다(박찬옥 외, 2005).

변화 개념 형성을 위한 활동의 예는 다음과 같다(Seefeldt, 2005).

- 주말을 지내고 교실의 변화된 점을 찾는다.
- 교실의 가구를 재배치하거나 벽면을 장식하여 교실에 변화를 준다.
- 새로운 이웃이 이사 오는 것, 빌딩을 부수는 것, 거리를 보수하는 것, 공원을 만드는 것 등을 관찰한다.
- 나무, 나비의 유충, 올챙이 등의 변화를 관찰한다.
- 모래주머니를 이용하여 자신이 태어났을 때의 무게를 알아보고, 현재의 몸무게와 비교한다.
- 아기였을 때 입었던 옷의 종류를 알아본다(예 : 기저귀, 아기 신발).
- 아기였을 때 찍은 사진을 가져와서 현재의 모습과 비교한다.

(3) 연속성

우리들의 삶은 매일 변화하고 있지만 반복적으로 일어나는 경험도 있다. 조부모 세대가 경험했던 것을 부모 세대에 반복하여 경험하게 되고, 이러한 경험은 유아들에게도 전달된다. 유아들은 조부모, 부모와의 상호작용을 통해서 삶이 연속된다는 것을 체험적으로 알 수 있게 된다. 또한 가족들의 역사나 공휴일 경험 등을 통해 사람들이 계속적으로 이루어왔던 것들을 연속성의 개념으로 받아들일 수 있다. 연속성과 관련된 세부 교육내용으로는 '우리 가족만의 역사 알아보기', '과거의 생활과 현재의 생활 비교하기', '각 세대의 삶을 통하여 생활의 연속성 이해하기' 등이 포함된다(박찬옥 외, 2005).

연속성 개념 형성을 위한 활동의 예는 다음과 같다(Seefeldt, 2005).

- 부모들이 자녀들에게 부모의 과거를 들려준다.
- 유아교육기관에 할머니, 할아버지를 자원 봉사자로 초대하여 세대간 상호작용이 이루어질 수 있도록 한다(할아버지, 할머니의 어린 시절 이야기 듣기, 유아의 생일잔치에 참석하기, 유아들의 활동과 놀이에 참여하기).
- 부모나 지역사회의 구성원이 함께 참여하는 공휴일 행사를 갖는다.

(4) 과거

유아들은 '아주 오래전에', '옛날에'와 같은 표현을 사용하여 자신의 과거 경험을 기억하여 말할 수 있다. 유아들에게 가장 흥미 있는 과거는 유아 자신과 관련된 생활이다. 부모와 조부모, 유아교육기관의 교직원과 이웃들은 유아들이 과거 개념을 이해할 수 있도록 도울 수 있는 중요한 인적 자원이며, 과거의 집과 과거에 사용된 사물들, 그리고 과거의 문화를 이해할 수 있는 이야기와 전설, 신화 등도 유아들이 과거에 대한 이해를 형성하도록 돕는 자원들이 된다. 과거 개념 형성을 위해 '옛날 사람들의 모습과 생활', '신화 속의 인물', '옛날에 사용했던 사물', '과거의 동물들(사라진 동물들)'들을 교육내용으로 제시할 수 있다.

과거 개념 형성을 위한 활동의 예는 다음과 같다(Seefeldt, 2005).

- 부모, 할아버지, 할머니, 교사, 이웃 등을 자원으로 활용한다.
- 옛날 물건(호롱, 인두)을 현대의 물건과 비교해 본다.
- 과거에만 살았던 사라진 동물들을 알아본다.
- 과거의 사람들이 살았던 환경을 알아본다.
- 박물관, 도서관, 소방서, 교회 등 옛날 건물을 견학한다.

(5) 역사 탐구 기술

역사 탐구 기술은 유아가 역사학자처럼 역사적 문제에 대한 답을 찾기 위하여 정보를 수집하고 이들 간의 인과 관계를 해석하고 추론하여 결론에 도달하는 과정이다. 역사 탐구 방법은 문제해결 과정과 동일하다.

첫째, 문제의 확인이다.

유아 자신이 문제를 제기할 수도 있고, 교사가 문제를 선정할 수도 있다. 교실, 유아교육기관, 가정, 가까운 지역사회에서 자연 발생적으로 야기되는 문제가 유아들에게 현실감을 줄 수 있다.

둘째, 정보의 수집이다.

유아들은 책이나 인터넷, 주변의 어른들과의 면담, 박물관 견학을 통해 과거의 흔적을 조사할 수 있다.

셋째, 자료의 관찰이다.

유아들이 본 것, 느낀 것, 맛본 것, 만져본 것들을 이야기하게 함으로써 관찰 능력을 길러 줄 수 있다.

넷째, 정보의 분석이다.

과거에 대한 자료를 모은 후 옛날 사람들이 좋아했던 것, 살았던 방식, 했던 일, 믿었던 것 등을 추론해 보도록 한다. 유아들이 역사와 관련된 개념을 이해하고 이를 기초로 추론할 수 있도록 돕기 위해 교사는 유아에게 "너는 기차가 왜 만들어졌다고 생각하니?", "우리가 요즘 사용하는 것과 얼마나 비슷하니?"와 같은 질문을 할 수 있다.

다섯째, 결론 도출이다.

유아는 여러 가지 자료에 근거하여 결론을 이끌어낼 수 있다. 그러나 과거에 대한 추론이 완전하지 않기 때문에 유아들의 결론이 완전하다고 할 수는 없다. 교사는 유아들이 여러 가지 자료에 근거하여 결론을 내리도록 돕는다.

2) 지리

지리는 우리가 살고 있는 세상의 일반적인 특성에서부터 개인적인 장소에 이르기까지 전체적으로 분포되어 있는 공간에 대해 연구하는 것이다(서태열, 2008).

유아들은 태어나는 순간부터 물리적 세계와의 상호작용을 시작하며 자신이 살고 있는 주변 세계에 관심을 갖는다. 유아들은 부모와 함께 친척 집을 찾아가거나, 동네의 슈퍼를 가면서 방향과 위치에 대해 관심을 가질 수 있고, 뉴스를 통해 공간적으로 분리된 곳의 소식을 접하기도 한다. 그런가 하면 산과 바다를 여행하면서 땅과 바다의 자연적 특성에 대한 관심을 기울일 수도 있다.

유아기의 지리 교육은 유아가 살고 있는 주변 환경으로부터 시작하여 지리적 개념과 지리적 탐구 방법을 학습한다.

유아기 학습할 수 있는 지리의 주요 개념은 우리가 살고 있는 방향과 위치, 장소, 지구환경, 지역, 공간적 상호작용이다. 이를 구체적으로 살펴보면 다음과 같다.

(1) 방향과 위치

방향과 위치는 지리 이해의 가장 기초적인 개념으로 인간과 사물이 세상에서 차지하는 자리를 의미한다. 유아들은 공간 속에서 자신의 신체를 움직임으로써 오른쪽–왼쪽, 위–아래, 앞–뒤에 대한 방향과 위치를 이해할 수 있다. 유아들이 방향을 이해하면, 방향을 나타내는 상징이나 이정표에 관심을 갖고 이를 그림으로 나타낼 수도 있다. 지리에 대한 이해를 돕기 위해 교사는 유아가 공간에서 '자신의 동작 탐색하기', '방향 용어를 사용하여 자신의 움직임 묘사하기', '기준이 되는 한 공간을 중심으로 자신의 위치를 설명하기', '장소 찾기와 표시하기'등의 교육내용을 제공할 수 있다.

방향과 위치 개념 형성을 위한 지원방법은 다음과 같다(Seefeldt, 2005).

- 공간에서 신체의 요소를 인식하면서 자신의 신체를 사용할 수 있는 방법을 이해하도록 돕는다("교실 문에서 피아노까지 가장 빠르게 갈 수 있는 방법은 무엇이니? 어느 방향으로 가야 할까?").
- 자신의 위치를 설명해 보도록 한다. 이때 주변에 있는 책상과 교구장들과 유아의 관계를 설명해 보도록 한다("너는 지금 어디에 서 있니? 문의 어느 쪽에 서 있니?").
- 방향을 나타내는 지시어에 따라 사물을 놓는 게임 활동을 한다.
- 바깥놀이터에 물건을 숨긴다. 물건이 숨겨진 장소를 표시한 지도를 보고 찾는다.
- 쌓기놀이 영역에서 블록으로 구성물을 만들고 구성물의 위치를 설명해 보도록 한다.
- 교실 환경을 관찰하고 배치도를 그린 후 사물들의 위치를 설명해 본다.
- 지도를 소개하고 지도에서 볼 수 있는 기호를 찾는다.
- 유아교육기관 마당의 놀이 시설과 건물들을 기호로 표시하고 이를 설명한다.

(2) 장소

유아들은 주변의 많은 장소들이 유사한 것 같으면서도 서로 다르다는 것을 발견하고 왜 다른지에 대해 호기심을 갖는다. 유아들은 장소를 구별하기 위해 물리적 특성과 인위적 특성을 서서히 발견하기 시작한다. 물리적 특성은 땅의 형태와 토양, 그 곳에 사는 고유의 동・식물, 기후 등의 자연적 특성에 의해 결정된다. 인위적 특성은 그 곳에 사는 사람들의 언어, 의상, 건축양식, 정책 방향 등에 의해 결정된다(Hardwick & Haltgrieve, 1996). 장소에 대한 개념을 이해하도록 돕기 위해 교사는 '주변 환경과 사람・사물들과의 관계 관찰하기', '근처의 산 견학하기', '공원들의 같은 점과 차이점 발견하기', '산에서 자라는 나무와 곤충 관찰하기', '강, 하천 주변 관찰하기', '산의 돌과 공원의 돌, 하천의 돌 관찰하기' 등의 경험을 제공할 수 있다.

장소에 대한 개념 형성을 위한 지원방법은 다음과 같다.

- 같은 목적을 가진 장소지만 그곳의 사람과 사물, 환경의 차이를 관찰하고 이야기해 보도록 한다.
- 공원을 주기적으로 방문하여 그곳에 피는 꽃과 나무를 관찰하고 그 차이를 발견하도록 한다.
- 공원과 산, 하천에서 자연물을 수집하여 장소에 따른 수집물의 차이를 발견해 본다.
- 계곡이나 하천에서 볼 수 있는 거미와 우리 동네에서 볼 수 있는 거미의 차이점을 발견한다.
- 추운 곳에 사는 사람들의 의상과 음식, 집 등을 알아본다.

(3) 지구 환경

지구 환경에 대한 이해는 우리가 살고 있는 지구의 물리적 특성인 지형, 기후, 토양과 식물과 동물의 생활에 대해 알아보는 것이다. 자기중심적인 유아들의 사고를 고려하여 구체적이고 직접적인 경험을 제공한다면 유아들은 자신이 살고 있는 지구에 대해 보다 정확한 개념을 발달시킬 수 있을 것이다. 교사는 '기후', '흙과 돌', '산과 계곡', '낮과 밤' 등의 경험을 제공할 수 있다.

지구환경에 대한 경험을 지원하는 방법은 다음과 같다.

- 테이블이나 게시판에 '살아 있는 것', '살아 있지 않은 것'이란 제목을 붙인 뒤 유아들이 실생활에서 볼 수 있었던 바위, 모래, 식물, 나무 조각 등을 제목에 맞추어 분류해 보도록 한다.

- 유아들에게 실내 · 외에서 모래, 물, 흙을 탐색하고 실험할 수 있도록 한다.
- 운동장이나 이웃에서 각기 다른 땅 표면(풀밭, 콘크리트, 모래)을 느껴 보고, 그것들을 딱딱한, 부드러운, 거친 것으로 분류한 뒤 각각의 사용 용도와 목적에 대해 이야기하도록 한다.
- 교실의 벽이나 게시판을 두 부분으로 나누어 '땅에서', '물에서'라는 명칭을 붙여놓고, 제목에 맞게 그림들을 분류하도록 한다.
- 땅을 나타내는 산, 계곡, 언덕, 사막 등의 사진과 물을 나타내는 강, 폭포, 호수, 바다의 사진을 분류하도록 한다.
- 밤과 낮의 차이점, 밤과 낮에 하는 일을 비교하며 이야기하도록 한다.
- 그림자 놀이를 한다(유아 자신의 신체와 여러 사물을 이용하여 그림자를 만들어 본다. 하루 중 여러 시간대의 그림자를 그려 보고 비교한다).
- 기후에 대해 관심을 가질 수 있는 활동을 마련해 준다.

(4) 지역

지역은 위치, 장소, 인간과 환경의 상호작용, 이동 등을 종합하여 유사한 특징을 보이는 장소를 말한다. 지리학자들은 지역을 물리적 지역과 문화적 지역으로 나눈다. 물리적 지역은 기후, 지형, 식물 분포에 따라 분류된다. 문화적 지역은 문화적 · 역사적 연속성을 갖고 있는 지역이다. 유아들에게 지역을 알도록 하기 위해 같은 지역에서 자라는 식물과 동물, 각 지역에 따른 기후, 한 지역의 문화의 노래, 예술, 전래동화를 소개할 수 있다.

지역에 대한 개념 형성을 돕기 위한 방법은 다음과 같다.

- 지역사회의 공원과 쇼핑센터를 견학하고 유아들이 관찰한 사실들을 그리거나 글로 적는다.
- 우리 동네에 있는 기관을 방문하여 그 곳에서 일하는 사람들을 만나 인터뷰한다.
- 박물관을 견학하여 세계의 다양한 건축양식이나 의상 등을 관찰한다.
- 다른 나라 사람들이 생일을 축하하는 방법을 알아보고, 우리들의 생일 축하 방법과 비교하여 이야기해 본다.
- 우리나라의 명절과 유사한 기념일을 가진 나라에 대해 알아본다.
- 우리나라의 동화와 유사한 다른 나라의 동화를 듣는다.
- 다른 나라의 동요를 부른다.

(5) 공간과의 상호작용

사람들은 멀리 떨어져 살고 있어도 전화, 신문, 텔레비전과 인터넷을 통해 서로 연락을 주고 받으며, 멀리 떨어진 곳까지 우편물을 보내거나 물품을 공급한다. 유아들은 실생활에서 통신수단을 활용하여 소식을 전하고, 전해 듣는 등 지리적으로 먼 곳에 있는 사람들과 다양한 방식으로 상호작용을 하고 있다. 유아들은 유아 자신의 생활로부터 '운송', '통신수단'에 대한 다양한 경험을 한다.

공간과의 상호작용에 대한 개념 형성을 돕기 위한 방법은 다음과 같다.

- 유아들이 먹는 음식물이 유아교육기관 또는 가정으로 배달되기까지의 과정을 알아보고, 이를 그림으로 표현한다.
- 동물들이 땅이나 바다에서 이동하는 경로를 알아본다.
- 한 공간을 유아교육기관의 버스로 이동해 보고, 다른 교통수단을 이용하여 이동해 본 후 그 차이점을 비교해 보고 이동경로를 그림으로 나타낸다.

(6) 지리 탐구 기술

지리 탐구 기술이란 유아가 지리적으로 생각할 수 있도록 하는 학습 기술로(Melendez et al., 2000), 유아가 지니고 있는 지리적 정보를 바탕으로 새로운 사태나 문제를 다룰 수 있게 해 준다(서태열, 2006, 2007).

유아들이 지리 개념을 잘 획득하기 위해서는 지리학자와 같은 탐구 방법을 사용해야 한다. 유아가 발달시켜야 할 지리 탐구 기술은 다음과 같다(박찬옥 외, 2001).

첫째, 지리에 대한 질문을 한다.

지리적 탐구를 위해서 유아들이 호기심을 가지고 있는 지리와 관련된 질문을 해 보도록 한다. 예를 들면, '우유는 어디에서 얻을 수 있어요?', '황사는 어디서부터 불어오는가?', '언덕은 어떻게 만들어졌나?' 등과 같이 유아가 지니고 있는 호기심을 질문으로 표현한다.

둘째, 지리적 정보를 수집한다.

유아들이 질문에 대한 답을 구하기 위해 견학, 책, 인터넷, 사진, 지도 등의 자원을 활용하여 자연적 특성, 사람들의 특성, 한 장소에 살고 있는 사람들의 지리적 상태에 대한 정보를 수집한다.

셋째, 지리적 정보를 조직한다.

유아들이 수집한 자료들을 분류하는 과정이다. 유아들은 분류한 정보를 그래프로 나타내거나, 알기 쉽게 정보를 지도로 표현하기, 쓰기와 말하기의 방법으로 정보를 조직하는 기술을 발달시킬 수 있다.

넷째, 지리적 정보를 분석한다.

유아들은 그래프를 분석하여 정보를 해석하거나 사물의 위치를 표시한 지도를 읽을 수 있다.

다섯째, 지리적 질문에 답을 한다.

조직된 정보를 근거로 유아들은 초기에 가졌던 지리에 관련된 질문에 대한 답을 한다. 유아들은 목장에서 우유 공장을 거쳐서 우유가 가게로 그리고 가정으로 전달된다는 것을 답할 수 있다.

3) 경제

경제란 우리의 삶에 필요한 재화와 서비스를 생산, 분배, 소비하는 모든 활동을 뜻하며 이를 통해 발생하는 모든 사회적 관계를 말한다. 실제 현실 생활에서는 누구나가 만족할 만큼의 충분한 재화와 서비스가 부족하기 때문에, 재화와 서비스를 누가 얼마나 생산하여 어떻게 분배하고, 언제 소비하는가 하는 문제가 일어난다. 경제 개념은 바로 이러한 여러 가지 문제를 해결하는 출발점이라고 볼 수 있다(한희경, 1999).

유아 경제 교육이란 유아의 일상생활에서 일어나는 경제 관련 문제들에 대해 관심과 흥미를 갖고 합리적으로 의사결정 능력을 갖도록 하는 것이라고 할 수 있다.

유아에게 소개할 수 있는 경제 개념은 자원의 부족함과 생산과 소비 그리고 직업이다. 이를 살펴보면 다음과 같다 .

(1) 자원의 부족함

사람들은 무한한 욕구를 가지고 있지만 한정된 자원으로 인해 부족함을 느끼게 된다. 이는 유아들의 생활에서도 경험하는 부분이다. 미술 영역에서 색종이를 원하는 만큼 갖지 못하거나, 쌓기놀이 영역에서는 블록의 부족함을 경험한다. 유아는 이러한 경험을 통해서 원하지만 가질 수 없는 것이 있다는 것을 이해하게 된다. 교사는 자원의 부족함에 대한 개념을 이해하도록 돕기 위해 '원하는 것과 필요한 것', '에너지 절약', '아껴쓰기', '계획적으로 사용하기' 등의 경험을 제공한다.

자원의 부족함에 대한 개념 형성을 돕기 위한 지방법은 다음과 같다(Seefeldt, 2005).

- 유아들이 갖고 싶은 장난감 목록을 그리거나 적은 후 다 사서 가질 수 없는 이유를 생각해 본다.
- 내가 먹고 싶은 음식들을 다 먹으면 어떻게 될지 이야기해 보고, 절제해야 하는 이유에 대해 생각할 수 있는 기회를 제공한다.
- 가족들마다 갖고 싶은 것이 다르다는 것을 알고, 가족마다 갖고 싶은 것의 목록을 만든다. 순위를 정해서 물건을 구입한다면 무엇부터 살지 결정한다.
- 유아교육기관에서 전기, 물을 절약할 수 있는 방법을 의논하고, 절약에 대한 포스터나 표어를 만들어 필요한 곳에 붙이도록 한다.
- 가정에서 사용하지 않는 장난감, 신발, 의류, 도서 등의 물건을 수집하여 나눔 장터(바자회)를 연다.
- 미술 영역의 색종이, 도화지의 수와 유아들의 수를 비교하여 한 사람이 몇 장씩 쓸 수 있는지를 생각해 보도록 한다.
- 갖고 싶은 물건들의 목록을 기록하고 그 중에 가장 필요한 것 하나만 고르도록 한다. 이때 교사는 "왜 이 물건을 고르게 되었니?"와 같은 질문을 한다.

(2) 생산과 소비

사람들은 자신의 욕구를 충족시키기 위해 물품을 생산하거나 서비스를 제공한다. 유아들은 물품을 구매하는 소비자로 좋은 상품과 서비스를 선택할 권리가 있다. 또한 다른 사람의 재산과 권리를 존중해야 할 책임이 있다. 유아는 생산과 소비의 기능을 학습하면서 합리적인 소비자의 태도를 배울 수 있다.

또한 유아들은 물품을 구매하기 위해 돈이 필요하다는 것을 이해하고 계획적으로 물품을 구입하고 돈을 사용하는 태도를 기를 수 있다. 생산과 소비 개념의 교육내용은 '소비자에 대한 개념 이해하기', '돈의 사용', '서비스의 개념과 종류 알기' 등이다(Seefeldt, 2005).

생산과 소비에 대한 개념 형성을 도울 수 있는 방법은 다음과 같다.

- 원하는 상품의 광고를 함께 만들어 본다. 이때 교사는 이 상품을 선택하는 소비자의 입장을 이해할 수 있는 기회를 제공한다.
- 장난감 광고를 유아들이 함께 보고, 광고의 내용과 실제 장난감을 비교해 본다. 교사는 유아들이 광고의 말만 그대로 믿지 않고 합리적으로 판단할 수 있는 기회를 제공한다.
- 물건을 구매할 때 알아야 할 것들을 살펴본다. 교사는 유아들이 가격, 유통기한, 물건의

특성을 고려해 볼 수 있도록 한다.

- 역할 영역에서 가게 놀이를 하면서 주인과 손님의 역할을 수행해 본다. 이때 교사는 유아들이 손님과 주인이 하는 행동과 대화를 이해하도록 돕는다.
- 물건 구입하기를 통해 물건마다 가격이 정해져 있고, 돈을 지불해야 한다는 것을 알 수 있도록 한다.
- 돈을 모으기 위한 다양한 방법을 이야기해 보고, 돈을 절약하는 습관을 기르도록 지원한다.

(3) 직업

유아들일지라도 미래 자신의 모습을 상상하면서 자신이 하고 싶은 일과 할 수 있는 일에 대해 생각할 수 있다. 유아들은 실제 생활에서 다양한 직업에 종사하는 사람들을 만나고 책과 신문, 대중 매체를 통해서 직업에 대한 정보를 접할 수 있다. 교사는 '다양한 직업에 관심 갖기', '직업의 종류 및 하는 일 알기', '모든 직업의 소중함 알기', '직업을 존중하는 태도 갖기', '책임을 다하는 태도 갖기', '일과 돈의 관계 이해하기', '다양한 일에 참여해 보기', '다른 사람과 도움 주고받기', '협력해야 할 일을 실천하기'등의 교육내용을 제공한다(이숙재, 이봉선, 이방실, 박정선, 한상경, 김종선, 2006).

직업에 대한 이해를 도울 수 있는 활동의 예는 다음과 같다.

- 신문과 광고지, 책에 소개된 다양한 직업인의 사진을 오려서 책을 만든다.
- 부모님의 직업을 알아와 친구들에게 소개한다.
- 우리 동네의 사람들과 직업을 관찰하고 이야기한다.
- 나의 미래를 그리고 소개한다.
- 다양한 직업의 사람들을 교실에 초대하여 이야기 듣고 궁금한 것을 질문한다.

4) 사회학

사회학은 집단 내에서 상호작용하는 사람들에 대해 연구하는 것으로 사람들은 자신이 속한 집단에 어떤 영향을 주고, 반대로 집단은 그 집단의 구성원들에게 어떤 영향을 주는지를 살펴보는 것이다. 사회학에 대한 개념을 이해할 수 있도록 돕기 위한 교육내용은 '가족의 소중함 알기', '가족의 구성원 알아보기', '나와 이웃의 관계에 관심 갖기', '지역사회의 여러 기관에 관심 갖기', '법과 규칙의 필요성 알기', '법과 규칙 존중하기' 등이다.

위의 내용을 이해하도록 하기 위한 활동의 예는 다음과 같다.

- 우리 가족 구성원을 소개한다.
- 역할 영역에서 가족 놀이를 한다.
- 우리 가족을 그림으로 그린다.
- 우리 반의 규칙을 만든다.
- 견학 활동 시 또는 유아교육기관의 실내 · 외에서 지켜야 할 규칙에 대해 생각하고 실천한다.

이불 정리 돕기 / 노래 불러 드리기 / 안마해 드리기

심부름하기 / TV 대신 켜고 꺼 드리기 / 현관 신발 정리하기

뽀뽀하기 / 식사 때 수저 놓기 / 책 보여 드리기

[가족을 위해 내가 할 수 있는 일]

5) 전통문화 이해

전통문화란 특정 민족이나 공동체만이 가지고 있는 독특하고 고유한 것을 뜻하는 것으로, 특정 민족이나 국가의 오랜 역사적 과정에서 형성되고 그 구성원들에 의하여 공유 · 계승되어 온 정신적 · 물질적 문화 일체를 총칭하는 말이라고 할 수 있다(이복규, 2003).

전통문화에 대한 이해를 위한 세부적인 교육내용은 '전통의 가치와 중요성 이해하기', '전통에 친밀감 갖기', '전통문화에 대한 긍지 갖기', '전통 양식과 생활과의 관계 이해하기', '다른 나라의 전통문화에 관심 갖기' 등이 있다.

전통문화에 대한 이해를 도울 수 있는 활동의 예는 다음과 같다.

- 계절과 명절에 따른 전통놀이를 소개한다.
- 전통놀이를 한다.
- 계절과 관련된 행사를 알아본다.
- 전통 음악, 춤을 감상하고 즐긴다.
- 전통 의상 꾸미기를 한다.
- 명절 음식을 만들어 함께 먹는다.

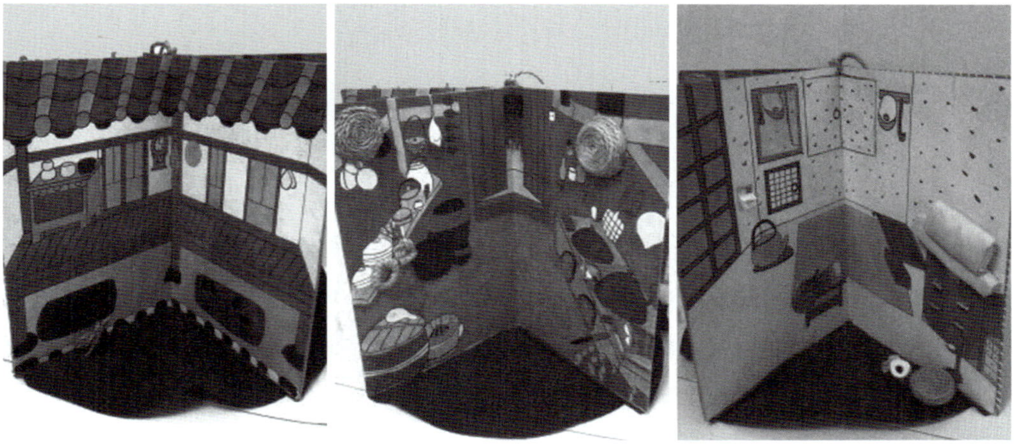

[우리나라의 옛날 집에 대해 관심가지지]

6) 다문화 이해

다문화 이해는 모든 사람들은 외모와 능력이 서로 다르고, 지니고 있는 믿음과 문화, 계층도 다르다는 것을 알고, 이러한 문화적 차이를 이해할 수 있는 능력을 기르는 것이다.

세계화, 국제화 사회로의 변화는 국가 간의 경계를 허물고 국가 공동체 사회로의 변화를 가져왔다. 지역적인 한계를 극복하고 먼 거리에 있는 사람들과도 전화, 이메일, 인터넷과 팩스 등으로 소식을 전할 수 있으며, 외국의 문화를 접할 기회가 많아지게 되었다.

이러한 사회구성원들의 새로운 결합은 다양한 문화를 접하고 수용할 수 있다는 긍정적인 측면도 있으나, 자칫 다른 나라의 문화에 대해 편견 및 부정적 선입견을 만들어낼 수도 있다. 특히 유아기는 편견이 생기는 시기로 2세부터 성이나 인종, 민족적 차이, 신체적 차이에 대한 인식이 생기기 시작하여 5~6세에 이르면 더 확실해지고(Kendall, 1983), 이러한 사고와 태도는 쉽게 변하지 않는다. 따라서 이 시기 유아들에게 나와 다른 것을 인정하고 수용하는 태도를 교육할 필요성이 있다.

다문화 이해에서 다루는 세부 교육내용은 '상호 의존'과 '문화적 차이와 공통점', '국제 이해'이다.

(1) 상호 의존

우리는 주변 사람들과 독립적으로 살기보다는 서로 협력하고 의존하며 살아간다. 유아들은 가정에서 가족들이 서로 애정을 나누며 의지하는 것을 경험하고 교실에서는 친구와 서로 돕고 협력하는 것을 배운다. 넓게는 세계 모든 나라들도 서로의 차이를 존중하면서 상호 의존한다는 것을 알 수 있으며, 동물과 식물도 서로 공존하고 있다는 것을 이해하게 된다. 유아들이 상호 의존에 대해 이해하도록 하기 위해 교사는 '이웃과 함께할 수 있는 일', '친구와 서로 돕기', '동물들의 공생 관계', '사람과 동물의 상호 관계'와 같은 교육내용을 계획할 수 있다.

상호 의존에 대한 개념 형성을 돕기 위한 교육 활동의 예는 다음과 같다.

- 유아들이 서로 도와야 하는 일들에 대해 이야기 나누고, 도울 수 있는 방법을 생각해 본다.
- 우리 주변의 어려움을 겪고 있는 사람들에게 관심을 갖고 서로 돕고 살 수 있는 방법을 생각하여 실천해 보도록 한다.
- 식물의 성장과 곤충들의 관계를 이해할 수 있도록 한다.
- 사람들이 음식물을 자연에서 구하는 과정을 알아보고, 자연에서 먹을 수 있는 열매들을

찾아본다. 이때 사람들이 먹는 열매들이 동물들의 먹이가 된다는 것을 이해하도록 돕는다.

- 동물 기르기를 통해 동물과 사람과의 상호 관계에 대해 생각해 보도록 한다.

(2) 문화적 차이와 유사점 이해

다문화 이해에서는 유아들이 나와 다른 사람의 차이를 인정하고 존중하는 것이고, 문화적 차이와 공통성을 발견하는 것이다. 2019 개정 누리과정의 사회관계 영역에서는 '다양한 문화에 관심을 가진다.'를 교육내용을 제시하고 있다. 이는 유아가 다른 나라의 다양한 문화와 생활양식에 대해 관심을 가지고, 문화의 다양성을 이해하는 것을 의미한다(교육부, 보건복지부, 2019). 이를 위한 교육내용은 '세계 여러 나라의 문화들 간의 유사점과 차이점 이해하기', '다양한 문화를 이해하고 존중하기', '친구와 나의 차이점과 공통점 발견하기', '다른 나라의 음식과 놀이, 의상 알아보기'등이다.

문화적 차이와 유사점 이해를 위한 교육 활동의 예는 다음과 같다.

- 나와 친구의 같은 점과 다른 점을 찾아보고, 사람들이 서로 다르다는 것을 이해하고 그 차이를 존중하도록 돕는다.
- 세계 여러 나라 사람들이 사는 자연 환경과 위치 등을 알아본다. 사는 곳이나 겉모습이 달라도 친구가 될 수 있음을 이야기한다.
- 다른 나라의 명절과 명절 음식을 알아보고, 유아들과 함께 요리를 한다. 이때 교사는 이 음식을 명절에 먹는 이유를 소개한다.
- 다른 나라 전통 춤을 감상하고 춤의 동작이 의미하는 것이 무엇인지 알아본다.
- 신체적으로 차이가 있는 유아에 관심을 가지며 그 차이를 편견 없이 수용하도록 돕는다.

(3) 국제 이해

현대 사회는 서로 다른 지역과 문화권에 살면서도 하나의 세계를 이루고 살고 있다. 유아들은 세계에 여러 나라가 있고, 다른 나라의 사람들도 우리처럼 생활하고 생각한다는 것을 이해할 수 있으며, 우리나라와 유사한 생활 풍습을 지니고 있다는 것에 관심을 가질 수 있다. 국제 이해의 세부 교육내용은 '세계 여러 나라에 관심 갖기', '세계 여러 나라를 상징하는 것 알아보기', '세계 여러 나라의 사람들에 대해 알아보기', '다른 나라의 풍습과 생활 모습에 관심 갖기', '다른 나라의 의 · 식 · 주 조사하기', '다른 사람들에게 친밀감 갖기' 등이다.

국제 이해를 위한 교육활동의 예는 다음과 같다.

- 세계 여러 나라의 이름과 상징 및 위치를 알아본다.
- 다른 나라의 상징에 관심을 가진다.
- 다른 나라의 인사법을 해본다.
- 다른 나라의 음식을 만들어 먹는다.
- 다른 나라의 노래를 배우고 부른다.
- 다른 나라의 생일 축하 방법을 알고 축하해 준다.
- 유아들이 좋아하는 나라를 하나 정하여 그 나라를 소개하는 책자를 만든다.

Chapter 14

유아사회교육의 교수-학습 방법

<table>
<tr><td rowspan="2">학습목표</td><td colspan="3">• 유아사회교육의 교수원리를 이해하고 유아의 발달수준과 흥미에 기초한 유아사회교육의 교수-학습방법을 모색할 수 있다.
• 유아사회교육에서 사용되는 교수전략을 이해하고 이를 활용하여 놀이와 활동에 적용할 수 있다.
• 유아사회교육의 효과적인 실행을 위하여 다양한 학습자원을 활용한다.</td></tr>
<tr></tr>
<tr><td rowspan="2">학습내용</td><td>지식</td><td>기술</td><td>태도</td></tr>
<tr><td>• 유아사회교육 교수원리
• 다양한 교수전략
• 다양한 활동유형 및 특징
• 학습 자원</td><td>• 다양한 교수-학습 자료 활용능력
• 교수전략을 효율적으로 활용하는 능력</td><td>• 개별 유아의 발달과 수준과 흥미를 존중하는 태도
• 다양한 학습 자원을 활용하려는 적극적인 태도
• 주변의 다양한 학습자원에 대한 관심</td></tr>
<tr><td>주요용어</td><td colspan="3">교수원리, 교수전략, 자기 표현, 토의, 문제해결, 사회적 추론, 모델링, 설명, 활동유형, 견학, 극놀이, 자원인사 초청, 게임, 물 · 모래놀이 영역, 쌓기놀이 영역, 역할놀이 영역, 도서 영역, 쓰기 영역, 미술 영역, 음률 영역, 수학 영역, 과학 영역, 목공 영역, 사회학습 영역, 학습 자원, 또래, 가족, 부모, 형제, 지역사회, 유아교육기관, 미디어</td></tr>
</table>

교육의 목표와 교육내용이 결정되면, 이를 효과적으로 전달할 수 있는 교수-학습 방법을 고민하게 된다. 사회교육의 교수원리는 유아교육과정의 교수원리와 동일하게 적용된다. 유아의 발달 수준과 흥미에 기초한 구체적이고 실제적인 경험을 제공하여 유아의 사회적 탐구와 사회적 능력을 발달시킬 수 있어야 한다.

유아사회교육에서 사용되는 교수전략은 자기 표현과 토의, 문제해결, 사회적 추론, 모델링, 설명 등이 있다. 교사는 사회교육의 내용과 유아의 흥미, 발달 수준 등을 고려하여 가장 효과적인 전략을 선택할 수 있어야 하며, 유아의 일상경험이나 놀이상황에서 효과적인 교수방법을 선택하여 이를 활동으로 연계할 수 있어야 한다. 사회교육을 위한 활동의 유형으로는 견학, 극놀이, 자원인사 초청, 게임 등이 있다.

유아는 주변인 관찰과 모방을 통해서 사회적으로 성장한다. 따라서 교사는 유아 주변의 사회교육의 자원인 또래, 가족, 유아교육기관, 지역사회와 미디어에 대해 이해하고 있어야 한다.

1. 교수원리

유아를 위한 사회교육은 유아를 위한 교육과정의 교수-학습원리를 따른다.

첫째, 유아들의 학습은 구체적인 것으로부터 추상적인 것으로, 간단한 것에서 복잡한 것으로 진행되어야 하므로 유아들을 위한 활동 및 자료는 유아들이 만지고 조작할 수 있는 구체적이고 실제적인 것이어야 한다.

둘째, 유아는 개인적인 학습 형태뿐만 아니라 성장과 발달에 있어서도 개별적인 형태와 시간, 속도를 갖는다. 유아마다의 가족 경험과 문화적 배경이 다양하므로 다양한 능력과 흥미를 가진 유아들의 개인차를 고려하여 유아에게 적합한 교수-학습 방법을 제공하여야 한다.

셋째, 유아를 위한 교수 활동은 유아의 신체, 사회, 인지, 정서, 언어의 전인적 발달이 이루어지도록 해야 한다. 전인적 발달을 위해 누리과정의 5개 영역인 신체운동·건강, 의사소통, 사회관계, 예술경험, 자연탐구의 교육 내용은 일상생활과 놀이, 활동을 통해 통합적인 경험이 되어야 한다.

넷째, 유아 스스로 학습하고자 하는 동기가 있을때 효율적인 학습이 이루어지므로 유아의 흥미, 요구, 관심에 기초한 교수-학습 방법을 계획한다.

다섯째, 유아는 놀이하면서 감정을 조절하는 것, 타인과 상호작용하는 것, 갈등을 해결하는 방법을 배운다. 유아는 놀면서 상상력과 창의력을 발달시킬 수 있으며, 놀이를 통해 새로 습득한 기능이나 지식을 여러 상황에 자발적으로 연습할 수 있는 기회를 갖는다. 즐거움과 흥미의 요소인 놀이를 통해 유아가 주변 사물과 교사, 또래와의 상호작용을 하고 이 과정에서 학습이 일어나 유아의 발달이 이루어질 수 있도록 유아교육기관에서 일어나는 모든 활동은 놀이 속에서 통합되어야 한다.

여섯째, 유아는 스스로 탐색하고 직접 경험함으로써 사회적 지식과 기술을 습득한다. 유아의 사고발달을 돕기 위해 다양한 경험, 관찰 및 탐색, 창의적 문제해결 과정 등이 유아 교수-학습 과정에 반영되어야 한다.

일곱째, 실제 생활에서 일어나는 흥미와 관심, 요구, 질문, 갈등해결은 유아에게 가장 직접적이고 구체적이며 의미 있는 학습 경험이 될 수 있으므로 유아 주변에서 일어나는 일, 사건, 생활과 연결된 놀이 경험을 제공한다.

2. 교수전략

1) 자기 표현

유아들은 자신의 느낌과 생각을 자유로이 표현하면서 자신감과 긍정적인 자아개념을 발달시키게 된다. 유아들은 자기 표현 과정에서 자신의 개인적 정서와 사회적 인지 과정을 자연스럽게 나타내게 된다. 이런 과정 속에서 다른 사람의 생각과 느낌을 알 수 있게 된다.

자기 표현은 유아가 자연적인 발달과 의도적인 교수-학습의 결과로 얻게 된 느낌과 생각을 다양한 활동의 형태로 표현하는 것이다. 이러한 자기 표현은 유아의 사회성을 발달시키는 데 기본적인 전략으로 사용할 수 있다.

교사는 유아가 주도적으로 자신의 느낌과 생각을 자유롭게 표현하고 다른 사람들과 함께 협동하여 표현할 수 있도록 다양한 기회를 마련해 주어야 한다. 자기 표현에는 행동적 표현, 조형적 표현, 언어적 표현이 있다(박찬옥 외, 2006).

첫째로 행동적 표현은 행동으로 자신의 생각과 느낌을 표현하는 것이라고 볼 수 있다. 예를 들면, 역할 놀이, 구성 놀이, 게임, 신체적 표현이 있다.

둘째로 조형적 표현이 있다. 조형적 표현은 유아들의 내면적 사고와 감정을 그림이나 만들기를 통하여 표현하도록 하는 것이다. 조형적 표현의 예로는 그리기, 만들기, 꾸미기가 있다.

셋째로 언어적 표현이 있다. 언어적 표현은 유아의 느낌과 생각을 말이나 글로 표현하는 것이다. 언어적 표현의 예로는 부정적 · 긍정적 감정을 말이나 글로 표현하기, 문제 해결 방법을 말이나 글로 표현하기가 있다.

2) 토의

토의는 유아들이 어떤 주제 또는 사회적 갈등 상황에 대해 서로의 의견을 표현하는 과정에서 의견들 사이의 유사점과 차이점을 비교하고 문제해결의 방법을 논의하는 과정을 말한다. 토의는 유아들이 자신의 입장을 효과적으로 전달하고 타인의 입장을 고려하면서 서로의 생각을 공유하도록 도울 수 있는 효과적인 방법이다.

토의 진행은 토의 주제, 교사의 역할, 집단의 크기 등에 영향을 받는다(조순옥 외, 2008).

토의 주제는 모든 유아들이 공통된 관심을 끌 수 있는 내용이어야 한다. 성공적인 토의를 위해 교사는 교실 안에서 실제 일어난 상황이나 유아들이 관심을 가질 만한 상황을 제시하여 문제 상황에 대한 유아들의 반응이나 의견, 생각을 이끌어낼 수 있다.

또한 교사는 유아들이 자유롭고 편안하게 서로의 의견을 교환할 수 있는 분위기를 조성해 주는 것이 중요하다. 유아들이 골고루 참여 기회를 가질 수 있도록 하기 위해 토의는 6~8명 정도의 소집단을 중심으로 실시하는 것이 효과적이며, 서로 마주보고 앉을 수 있도록 둥글게 앉거나 반원으로 앉아서 이야기하는 형태가 가장 바람직하다. 둥근 형태로 앉아서 토의를 할 때 유아들은 서로의 얼굴을 보고 이야기하기 때문에 비언어적 · 언어적 의사소통을 사용하여 의견을 나누게 된다.

토의가 사회교육의 효과적인 방법이기는 하지만 유아들은 언어적인 능력의 제한으로 자신의 생각을 잘 표현하지 못하며 자기중심적인 특성으로 다른 유아들의 이야기를 주의 깊게 듣는 태도가 미숙할 수 있다. 이를 돕기 위해 교사는 유아와 함께 토의에 참여하여 의견 제시자, 촉진자, 중재자 역할을 한다.

토의 활동 시 교사가 고려해야 할 점은 다음과 같다(성혜자 외, 2008).

- 교사는 중간적 입장에서 유아들의 생각을 정리해 주는 역할을 하며 결정은 유아들이 스스로 내릴 수 있도록 한다.

- 교사는 유아들의 이해를 돕기 위해 토의 주제와 관련된 그림이나 사진 또는 책 등의 보조 자료를 제시한다.
- 토론 주제에 대해 유아가 자신의 생각을 정리하고 표현할 수 있도록 충분한 시간적 여유를 제공한다.
- 개방적이고 자유로운 분위기에서 토의가 이루어지도록 한다.
- 토의에 참여한 모든 유아들이 골고루 발표할 수 있는 기회를 제공한다.
- 다른 사람의 말을 주의 깊게 듣도록 하며, 상대방의 의견이 나와 다를지라도 다른 사람의 생각이나 의견을 비웃거나 비난하지 않도록 한다.
- 토의 시간은 주제 및 유아들의 연령에 따라 다르기는 하지만 대략 10~ 20분 이내로 하는 것이 좋다.

위의 유의점을 고려하여 토의를 진행하는 방법은 다음과 같다(오채선 외, 2008).

- 놀이상황에서 갈등이 있을 때 수시로 토의의 시간을 가질 수 있다. 이때 토의 주제는 놀이 규칙이나 갈등의 원인이 될 수도 있다.
- 교사가 유아들의 놀이를 관찰하여 토의 주제를 선정할 수도 있다. 주제는 유아들이 이미 익숙하게 알고 있는 주제, 정답이 없으면서, 서로의 의견을 교환할 수 있는 주제를 선정한다. 이미 선정된 주제일지라도 유아들과 주제를 수정할 수도 있다.
- 토의 환경을 준비한다. 이때 공간만이 아니라 토의에 필요한 자료로 함께 준비한다. 예를 들어, 컴퓨터, 백과사전, 서적, 인터넷 자료를 준비하면 유아들이 토의를 진행하면서 궁금한 점을 즉시 알아볼 수도 있을 것이다
- 교사는 토의 주제에 대하여 충분히 숙지하고 있어야 하며, 토의를 지원하기 위한 질문 목록을 준비한다.
- 토의 시에 지켜야 할 약속에 대해 이야기해 준다.
- 교사는 토의 과정을 지켜보다가 유아들의 대화가 토의 주제에서 벗어날 때 주제로 관심으로 모으거나 유아들의 말을 명료화해 준다.
- 토의 결과를 다른 유아들에게 발표할 기회를 준다. 이러한 경험을 통하여 유아들은 자신이 참여한 토의 내용과 결과에 대해 더 잘 알게 되며, 이후 다른 토의 활동에 적용하게 되고 토의를 아직 경험하지 못한 유아들에게 토의를 간접적으로 경험할 수 있는 기회를 제공한다.

3) 문제해결

유아들이 일상생활에서 발생하는 문제 상황을 이해하고 이를 해결하는 것은 중요한 사회적 능력의 일부이다. 유아들은 또래들과 함께 생활하면서 갈등 상황을 만나게 되는데 이때 공격적인 행동이나 즉흥적인 방법으로 해결하려는 유아들을 볼 수 있다. 이러한 행동은 자기 통제력이나 의사소통과 같은 사회적 기술이 부족한 유아일수록 많이 나타난다. 교육을 통해 이러한 유아들이 합리적이고 언어적인 방법으로 문제를 해결할 수 있도록 도와야 한다.

유아가 문제 해결을 잘하기 위해서는 문제해결 전략을 발달시켜야 한다. 문제해결 전략이란 문제의 원인과 해결책을 모색하여 문제해결을 시도하는 것이다. 문제해결 전략은 유아 스스로 사고하면서 문제를 하는 과정으로 합리적 사고와 책임감 있는 행동을 발달시키는 기초가 된다. 문제해결력을 증진시키는 방법으로는 문제 상황에 대한 역할극, 인형극, 동화 등을 통해 타인의 입장을 배려해 보는 경험을 제공한다.

문제해결 과정은 다섯 단계로 나누어 볼 수 있다(박찬옥 외, 2005).

- 1단계 : 문제의 인지

문제가 내포된 상태에서 문제가 무엇인가를 확인하고 그것을 전체적인 상황과 관련지어 생각한다.

- 2단계 : 문제에 대해 정확한 규명과 정의 내리기

문제를 정확하게 진단한다.

- 3단계 : 가능한 해결 방안의 제시

문제에 대한 가능한 해결 방안과 잠정적인 해답을 내린다.

- 4단계 : 여러 대안에 대한 검토

문제 해결을 위해 제시한 여러 대안을 체계적으로 검토한다.

- 5단계 : 최선의 대안 선택

논리적인 추론을 거쳐 해결안을 결론으로 채택하는 단계이다.

교사들은 유아의 문제 해결력을 증진시키기 위해 유아들의 지적 · 정의적 특성을 파악해야 한다. 교사는 유아들이 일상생활에서 직면하는 여러 문제들을 제시하고 유아들이 그 문제들에 대하여 충분히 생각한 뒤 결론을 도출하도록 지원해야 한다. 또한 다른 사람과 의논하며 문제를 해결하는 습관을 갖도록 하고, 유아들에게 적절한 질문을 하여 유아들이 비판적으로 사고하고 정확하고, 다양한 정보를 수집할 수 있도록 도움을 주어야 한다.

4) 사회적 추론

사회적 추론은 논리적인 설명, 칭찬, 유아의 행동의 결과에 대한 예측 등을 통하여 유아가 자신이 한 행동의 원인과 결과의 관계를 판단하고 사회에서 일반적으로 수용되는 행동을 하도록 하는 교수전략이다.

사회적 추론은 인지적 측면과 정의적 측면으로 설명할 수 있다. 전자를 도덕적 추론, 후자를 귀납적 추론이라 한다.

도덕적 추론은 유아에게 문제 상황과 관련된 딜레마 상황을 제시하고 이 상황에서 주인공이 어떻게 해야 할지, 왜 그렇게 해야 하는지를 이야기하도록 한다. 이 방법은 유아가 자신의 실제 상황이 아닌 가설적 상황이기 때문에 좀 더 자유로운 추론적 사고가 가능하다는 장점이 있다. 하지만 유아의 도덕적 추론이 행동에 쉽게 적용하지 못하는 단점도 있다.

도덕적 추론을 위한 딜레마를 구성하는 기준을 살펴보면 다음과 같다.

- 유아가 흥미를 가질 수 있는 재미있는 극적 이야기를 제시해야 한다.
- 유아가 두 개 이상의 가치 사이에서 갈등할 수 있는 내용을 제시한다.
- 유아에게 무엇이 옳은가에 대해 강요하지 말아야 한다.
- 교사는 유아가 자신의 사고 단계에서 풍부한 추론을 하도록 격려한다.

귀납적 추론은 유아들이 왜 착한 행동을 해야 하고 잘못된 행동을 하지 말아야 하는지를 이해하도록 돕는 방법이다. 이 방법은 유아가 당면한 상황에서 하는 행동이 초래할 결과를 교사가 논리적이고 설득력 있게 설명할 때 효과가 있다.

귀납적 추론이 유아의 사회적 행동 변화에 효과가 있는 이유를 보면 다음과 같다.

- 귀납적 추론은 유아들의 그릇된 행동이 타인에게 미칠 부정적 결과 및 죄책감을 예측함으로써 그 행동을 하지 않도록 한다.
- 귀납적 추론은 적절한 행동과 부적절한 행동에 대한 일반적 원리를 유아들에게 가르쳐

주기 때문에 유아는 그것을 새로운 상황에까지 적용할 수 있도록 한다.

- 귀납적 추론의 교육을 받은 유아들은 후에 그릇된 행동을 하게 될 경우 과거에 들은 교육의 내용을 회상할 수 있다.

5) 모델링

모델링은 사회적으로 가치 있는 행동을 유아들에게 제시하고 학습하도록 돕는 방법 중의 하나이다. 유아들은 그들 주변의 영향력이 있는 사회적 인물들 중에서 유아 자신이 친밀감을 느끼고 신뢰할 수 있는 모델을 보고 학습하게 된다. 모델링의 교수전략은 새로운 행동 양식을 처음으로 익히게 할 때, 바람직한 행동 양식을 강화하고자 할 때, 그리고 기존의 행동 양식을 촉진시키고자 할 때 사용할 수 있다(박찬옥 외, 2005).

6) 설명

설명은 유아들의 개념 획득을 위하여 사용하는 방법의 하나로 유아가 일반적 원리를 이해하도록 한 후에 이 원리를 구체적 사례에 적용하여 개념의 구조를 형성해 나가도록 하는 방법이다. 이 방법은 교사들이 사회적 관계에 관한 지식들, 즉 예절, 전통 윤리 존중, 공중도덕, 질서의식 등 유아가 배워가야 할 사회생활의 기본 개념들을 형성하도록 도울 때 사용할 수 있다.

3. 놀이와 활동 유형

1) 놀이

실내 · 외의 놀이는 유아가 자신의 흥미와 요구에 맞는 놀이자료와 놀이방법을 선택하고 집중하는 경험을 제공한다. 연구결과에 의하면 놀이 선택의 기회가 있으며, 다양한 놀이 공간이 주어졌을 때 유아들은 사회적 상호작용 수준이 높고, 놀이 참여도 높았다고 한다(이영자, 이기숙, 이정욱, 1999).

유아들은 자신이 선택한 놀이공간에서 또래 유아들과 의사소통하기, 협동하기, 규칙지키기 등의 사회적 기술을 배우고, 다른 사람의 권리와 감정을 존중하는 태도와 가치를 경험하게 된다.

놀이 공간은 유아의 호기심과 흥미를 관찰하여 새로운 놀이자료를 첨가하거나 변화시켜 주어야 한다. 놀이공간의 수와 크기는 유아들의 흥미, 놀이유형에 따라 융통성 있게 구성한다.

(1) 물 · 모래놀이

물 · 모래놀이는 유아의 긴장감 해소와 심리적 안정에 도움이 된다. 물 · 모래놀이는 일반적으로 실외에서 많이 하지만 실내에서도 할 수 있도록 공간 구성을 해준다. 유아는 모래에 대한 감각적 경험을 하며 구성 또는 창조적 놀이로 확장할 수 있다. 유아는 모래로 웅덩이, 길, 터널, 다리 등 자신이 본 지역사회의 모습을 재구성 해 볼 수 있으며, 또한 소품을 활용하여 상상적 극놀이도 할 수 있다. 이때 유아는 다른 유아와 놀이 자료를 서로 나누어 쓰고 함께 구조물을 만들기 위하여 협동하고 타협하면서 사회적 기술을 발달시키게 된다.

(2) 쌓기놀이

유아는 블록을 쌓고 무너뜨리기를 반복하면서 정서를 표출하기도 하고 또래와 함께 블록을 나눠 쓰는 기회를 갖게 된다. 블록으로 건물, 교통기관, 동물원 등을 구성하고 사회극 놀이로 확장하면서 유아 주변의 사회와 사람들에 대한 관심을 놀이로 표상하기도 한다. 쌓기놀이 경험은 집단놀이를 통하여 협동심과 타인 조망 능력을 발달시킬 수도 있다.

(3) 역할놀이

역할놀이는 유아들이 '~~인척' 가상의 상황에서의 가상의 역할을 맡아서 놀이하는 것이다. 역할놀이를 통해 유아들은 상황에 따른 역할 이해와 타인의 감정에 주의를 집중할 수 있다. 자신의 의견을 자유롭게 표현할 수 있는 기회를 갖고 놀이의 순서와 놀잇감 공유의 사회적 경험을 갖는다.

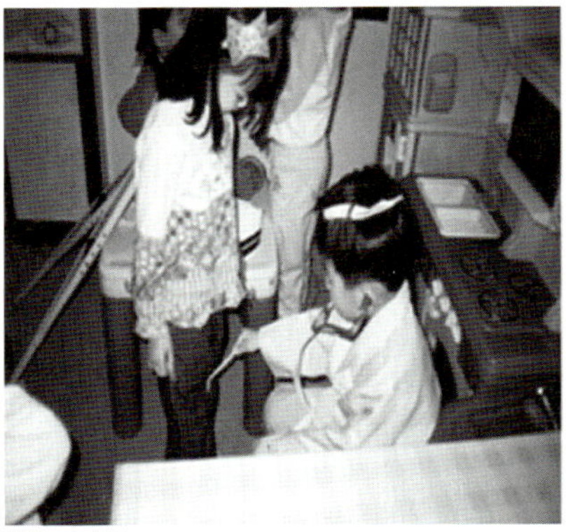

"팔이 부러지면 어디로 가야 되지"
"병원 가야지~"
"병원은 많잖아. 팔이 움직이지 않게 띠를 주는 데잖아."
"맞아, 거기 햄버거 가게 3층에 있는 거…"
"아~ ○○정형외과 말이야"
"응, 뼈가 다치면 가는 곳이야."

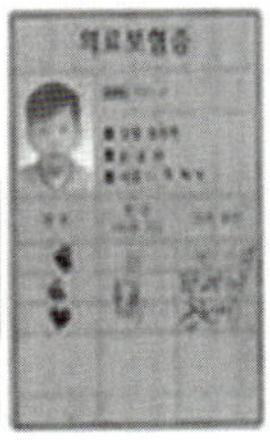

병원놀이 하는 유아

(4) 책보기

유아는 책의 이야기를 통해 다양한 사람들을 만나고 간접경험 기회를 갖는다. 견학이나 산책이후에 관련되는 도서를 읽으면서 유아의 경험을 회상하고 정리할 수 있는 기회가 되기도 한다. 교사는 유아의 관심을 반영하면서 유아 수준에 적합한 모든 형태의 책을 제공해야 한다. 유아들이 읽기 쉬운 백과사전부터 다양한 주제의 책, 동화책 등은 사회 학습에 유용한 자원이 될 수 있다.

책보기 영역이나 언어영역에 연필, 다양한 색깔의 펜, 다양한 크기와 형태, 색의 종이를 준비해 두는 것이 좋다. 유아는 자신의 경험을 글이나 그림으로 표현하여 견학 후에 함께 책을 만들면서 협동하는 즐거움을 경험할 수 있다.

(5) 미술놀이

유아의 생각과 경험을 미술로 표현하고 재창조해 봄으로써 사회적 경험이 확장될 수 있다. 유아들은 미술표현 과정에서 자료를 공유하고 협동작업을 하면서 의사소통과 협력하기의 경험을 한다. 미술 자료를 준비하고 정리정돈하면서 책임감을 느끼기도 한다. 또한 다양한 미술 작품을 감상할 기회를 주어 타인의 표현방법과 타 문화에 대한 이해와 인식을 높여 줄 수 있다. 견학, 관찰, 다른 사람과의 상호작용과 같은 사회교육 경험은 유아들의 미술 활동을 자극시킨다

(6) 음률놀이

유아는 노래 부르기와 악기놀이, 춤을 통해 자신의 감정을 표현할 수가 있으며 새로운 노래와 춤을 창작할 수 있다. 음악과 춤 놀이는 개별적으로도 할 수 있지만, 다른 유아와 함께 하는 것을 즐긴다. 이를 통해 유아들은 서로 협조하고 조화를 이루는 경험을 하게 되며 다른 사람의 독특한 표현을 존중할 수 있는 기회를 갖는다. 세계에는 거의 모든 나라마다 음악이 있기 때문에 음률활동은 유아가 다양한 문화를 공유할 수 있는 기회를 제공하므로 다문화 이해에도 효과적이다.

(7) 수, 과학놀이

유아는 수, 과학놀이에서 또래와 구체물(바둑알, 색과 크기가 다른 단추, 요리도구. 그릇, 조개껍데기 등)을 함께 공유하면서 규칙에 따른 놀이를 할 수 있다. 또한 동식물을 관찰하고 기르면서 생명의 존엄성을 느끼게 한다. 생물을 가꾸고 돌보는 가운데 청결한 태도와 더불어 자연을 아끼고 보호하는 태도도 길러 줄 수 있다.

(8) 목공놀이

목공놀이는 유아들에게 실제적으로 자료를 다루는 긴장과 공구 사용에서 오는 만족감을 느낄 수 있게 한다. 또래와 함께 놀이하면서 공동의 성취감을 갖게 하며 정서적인 안정감도 함께 가져다준다.

(9) 사회놀이

사회놀이는 사회적 개념을 탐구할 수 있는 동기를 부여하기 위해 특별히 고안된 놀이영역이다. 모든 놀이 공간에서 통합적으로 사회교육이 이루어지지만 좀 더 사회적 탐구 활동을 강조하기 위해 사회학습놀이 공간을 구성할 수 있다(교육인적자원부, 2007).

사회놀이 영역에는 새 소식, 역사, 지리 등 다양하게 제시할 수 있다. 새 소식은 신문이나 뉴스의 새로운 소식이나 다른 나라에서 발생한 사건들을 알리는 용도로 활용할 수 있으며, 역사는 과거의 생활 모습과 오늘날의 생활 모습 비교, 가족들의 변화한 모습, 역사적인 사건들을 중심으로 구성한다. 지리는 지도, 지구의 다양한 모습들, 산과 강의 그림 자료들을 게시한다.

사회놀이 공간에 준비된 자료들은 유아들의 흥미와 경험을 일깨워 주어서 상호작용을 증가시키고 다른 사회학습을 자극함과 동시에 사회적 지식과 개념 습득으로 연결될 수 있다.

2) 활동

(1) 극놀이

극놀이는 유아가 주변에서 만난 다양한 인물들이나 사건, 동화 속 주인공의 삶, 견학을 통해 보고 들은 내용을 모방하면서 자신의 감정을 표현하고 타인의 반응과 감정을 이해할 수 있는 사회학습의 한 형태이다. 유아들은 흥미 있는 상황을 표현하고자 하는 욕구를 가지고 있는데, 각본이 주어지지 않은 자발적이고 자연스러운 극놀이를 통하여 창의적인 능력을 발달시킨다. 또한 극놀이는 유아가 자신의 경험을 새롭게 창조하기 위해 외부 세계에 있는 사회적 · 물리적 경험을 자신의 지적 · 정신적 · 정서적 과정에 통합시킨다.

극놀이의 교육적인 가치는 다음과 같다.

- 일상생활에서 문제를 해결할 수 있는 능력을 기른다.
  극놀이에 참여하기 위해 유아는 또래들과 역할, 놀이 공간, 소품과 관련된 결정을 해야 한다. 때로는 갈등을 빚기도 하지만, 극놀이를 시작하고 지속하기 위해 타협하고 의견을 조율하는 방법을 차츰 배우게 된다. 이러한 과정에서 문제 해결력을 기를 수 있다.
- 친사회적 의사결정 능력과 행동을 발달시킨다.
  갈등 상황을 평화롭게 해결하고 서로 협력하는 가치를 담은 동화의 내용을 극화하면서 유아들은 자연스럽게 친사회적 가치를 내면화하고 행동할 수 있다. 또한 극놀이를 하기 위해 자료를 나누고 역할을 조정하면서 협력하기와 차례 기다리기, 양보하기 등의 친사회적 행동을 발달시킨다.
- 다른 사람의 입장을 이해하는 타인조망능력이 발달한다.
  다양한 사람들의 역할을 경험하면서 주인공에게 감정이입하고, 타인의 입장에서 상황을 이해하고 판단할 수 있는 기회를 갖는다. 이와 같은 경험을 통해 유아들은 사회성을 발달시킨다.
- 인지적 사고의 발달을 돕는다.
  상상적 극놀이를 하기 위해 유아는 자신의 경험을 회상하고 주변 사람들의 행동과 언어적 표현을 기억하여 이를 상징적으로 표현한다. 또한 극놀이를 하는 과정에서 사람들의 역할과 환경, 사용되는 사물의 용도 등에 대한 인지적 정보를 습득한다.

- 언어적 표현능력과 타인과의 의사소통 기술이 발달된다.
  극놀이는 다양한 역할을 맡은 유아들의 언어적 · 비언어적인 의사소통을 통해 진행이 된다. 유아들은 다른 어떤 활동에 비해 극놀이에서 빈번한 언어적 상호작용을 한다. 이 과정에서 자신의 생각을 분명하게 표현할 수 있는 기회를 가지며, 다른 유아의 말을 주의 깊게 듣는 능력이 자라게 된다. 또한 극놀이를 하면서 새로운 어휘를 배울 수 있는 기회를 갖게 된다.
- 심리적인 갈등 요소들을 밖으로 표출시킴으로써 유아가 갖고 있는 갈등이나 긴장이 해소되는 치료의 역할을 한다.

극놀이는 역할놀이 영역과 쌓기놀이 영역에서 자발적으로 이루어지기도 하며, 동극과 이야기나누기, 토의, 동화, 견학 등의 다양한 활동으로 전개된다.

유아들이 진행하는 극놀이의 종류로는 일상생활에서 일어나고 있는 사건을 재현해 보는 생활극놀이와 다른 사람의 입장이나 역할을 모방해 보는 역할극놀이, 동화 속의 주인공이 되어 동화내용을 전개해 나가는 동화극놀이, 소리를 내지 않고 하거나 의성어나 의태어 소리만 내어 표현하는 무언극 놀이 등이 있다.

이때 극놀이의 주제는 유아들이 생활하면서 경험하는 모든 것과 유아들이 흥미를 갖는 이야기의 내용, 유아들이 관심 갖는 인물들의 행동 등 모두 극놀이의 주제가 될 수 있다.

극놀이는 유아의 추상적 사고의 발달을 도울 뿐만 아니라 유아의 언어발달을 도와주며 문제해결력을 증가시켜 주고 유아의 사회적 기술을 발달시킨다. 교사는 유아가 자발적으로 극놀이를 선택하여 즐겁게 놀이할 수 있는 환경을 제공해 주어야 하며, 극놀이가 확장되고 창의적으로 진행되기 위해서는 극놀이를 위해 다양한 의상과 소품을 준비해 주는 것이 좋다.

유아의 놀이가 심화되고 확장될 수 있도록 적절히 질문을 하거나 제안을 해주어야 한다. 때로는 유아의 놀이에 직접 참여하여 행동의 모델을 보임으로 인하여 유아의 놀이에 흥미를 더해준다. 그러나 교사가 유아들의 놀이에 오랜 시간 머물 경우 유아의 극놀이에 방해가 될 수 있으므로 유아들의 놀이가 진행되는 상황을 파악하여 서서히 교사의 참여 수준을 줄이도록 한다.

(2) 견학

견학은 유아가 자신을 둘러싼 세계에서 일어나는 다양한 현상들에 직접 참여하여 경험하는 능동적인 학습 활동이다. 견학을 통해 유아들은 자신이 속한 사회에 관심을 가질 수 있으며, 사회에서 일어나는 다양한 현상들에 대한 정보를 수집하여 사회적 질문에 대한 해답을 발견할 수 있다.

유아들은 견학을 통해 지역사회의 다양한 기능과 생활양식, 사람들의 상호작용과 관계, 생산과 소비의 개념, 직업의 중요성 등 사회과학의 기본 개념들을 이해할 수 있다.

견학의 교육적 가치는 다음과 같다.

- 직접 경험을 통해 주변 환경에 대한 지식을 확장시킬 수 있다.
- 견학을 통해 지역사회에 대한 친근감을 갖게 된다.
- 다양한 직업에 대한 이해를 넓히며 성인 모델과 접촉할 수 있는 기회를 갖는다(Seefeldt, 2001).
- 주변 환경을 관찰하여 정보를 수집하고 종합하여 결론으로 이끄는 사회과학적 탐구 태도를 갖는다(Seefeldt, 2001).
- 또한 지역사회 내 다양한 기관과 장소에서 이루어지는 직접적이고 구체적인 체험들을 통해 유아는 사회과학적 지식뿐 아니라 사회적 기술과 태도를 습득할 수 있다.
- 유아교육기관 주변을 산책하면서 동네에 있는 가게와 기관들에 대해 관심을 갖고, 거리의 이름 찾기나 지도 그리기 활동 과정에서 방향 및 공간 개념, 지도 사용 기술 등을 익힐 수 있는 기회를 갖게 된다.

견학은 유아들이 속한 지역사회와 연관된 직접적이고 구체적 경험으로 유아교육기관 주변 돌아보기와 같이 유아와 가까이 있는 환경에 대한 탐색으로부터 시작할 수 있다. 그 외에도 유아들의 사회 학습을 위한 견학장소로 도서관, 박물관, 소방서, 경찰서, 우체국, 방송국. 동물원, 식물원, 시장, 노인정, 학교, 목욕탕 등이 있다.

유아 주변의 모든 곳이 견학 장소가 될 수 있으며 각각의 장소마다 유아들에게 특별한 경험을 제공해 준다. 의미 있는 견학 경험이 되기 위해서는 장소 선정 시 고려해야 할 점이 있다.

- 지역사회에서 견학할 수 있는 장소들에 대하여 사전 조사를 한다.
- 유아의 흥미와 발달 수준에 적합한 경험을 할 수 있는 곳을 선정한다.

- 견학을 위해 누구와 연락을 해야 하는지 알아본다.
- 유아들의 견학을 환영하는 곳인가를 알아본다.
- 교육 목표를 달성하기에 적합한 곳인지 판단한다.
- 교실의 경험과 통합되는 경험을 제공할 수 있는 장소인지 판단한다.
- 유아들이 간편하게 갈 수 있는 견학 장소인지를 고려한다.
- 계절이나 절기 등을 고려하여 장소를 선정한다.
- 유아교육기관에서의 견학활동 이후 부모들과도 재방문이 가능한 장소인지 알아본다.

견학이 보다 효과적인 교수–학습 방법이 되기 위해서는 사전에 계획을 잘 세워야 한다. 교사는 견학을 통해 유아들이 의미 있는 경험을 할 수 있도록 목표를 분명히 하고, 유아들이 견학을 통해 배울 수 있는 실질적이고 체계적인 계획을 세워야 한다. 또한 유아들의 안전을 위해 유의해야 할 점 등을 고려하여 일정을 계획하고 준비해야 한다.

견학이 일회성의 행사가 아닌 교육적 활동이 되기 위해서는 사전 활동, 본 활동, 사후 활동이 체계적으로 계획되어야 한다.

① 사전 활동

사전 활동은 유아들이 견학의 목표를 인식하고 견학할 내용과 그 이유를 이해하며 견학에 대한 흥미와 관심을 갖도록 돕는 과정이다.

- 견학할 장소를 방문한 적이 있는지 유아의 경험을 이야기 나눈다.
- 견학 장소를 소개하는 그림, 사진, 브로슈어 등을 통하여 유아가 견학 장소에 대한 흥미와 새로운 경험에 대한 기초지식을 갖도록 한다.
- 견학 장소에서 알아보고 싶은 것에 대한 질문을 기록한다.
- 안전한 견학을 위해 지켜야 할 규칙들을 정하고 기록해 둔다.

② 본 활동

본 활동은 견학활동을 하는 것으로 유아의 흥미가 견학의 목적에 집중될 수 있도록 지원한다.

- 견학 장소에 도착하여 안내도를 보면서 견학의 전반적인 과정과 활동 순서를 알아본다.
- 유아들이 흥미를 보이는 부분을 충분히 관찰하고 조사하도록 한다.

- 유아들이 기록한 질문의 내용을 알아보기 위해 관찰하고, 탐색하며, 발견하고, 질문할 수 있는 충분한 시간을 준다.
- 사후 활동 시 활용할 수 있도록 유아들은 관찰한 내용을 그릴 수 있으며, 교사는 사진을 찍어두거나 녹음을 한다.
- 현장의 사람들을 만났을 때 유아들이 궁금한 내용을 질문할 수 있는 시간을 갖는다.
- 견학 평가 또는 사후 활동을 위해 현장의 물품들을 수집할 수 있는 시간을 갖는다.

③ 사후활동

사후 활동은 견학에서 유아들이 체험한 내용을 회상하고, 다른 활동으로 확장하는 것이다. 사후 활동으로는 의문점에 대해 이야기하기, 견학한 곳을 재현하는 놀이하기, 책, 영화 를 보고 추가적 경험하기, 블록, 그림 등으로 창작활동을 하거나 음률활동을 통한 창의적 표현 활동을 해볼 수 있다.

사후 활동을 통하여 유아는 자신의 경험을 재구성할 수 있고, 창의적인 표현을 할 수 있으며, 극놀이로도 확장할 수 있다.

(3) 자원인사 초청

지역사회는 일정한 범위 안에 살면서 공동의 규칙과 관습, 공동체 의식, 공통 관심사 등을 갖는 집단이다. 지역사회는 유아와 유아의 가족이 거주하는 곳으로서 지역사회의 규범과 가치를 학습할 수 있으며, 그 지역에서 이루어지는 생산과 분배, 소비에 대해 직접 경험을 제공한다. 이와 같이 유아들은 유아교육기관 주변의 환경을 탐색하고, 지역사회의 행사에 직접 참여하여 공동체 의식과 나눔의 정신, 경제 인구로서의 활동할 수 있다. 또한 유아들의 호기심을 확장하기 위해서 지역사회의 학습 자원을 활용할 수 있다. 예를 들어, 자동차에 대한 유아의 놀이와 관심을 지역사회와 연계를 한다면 세차장이나 주유소, 카센터 등의 견학 활동을 통해 자동차에 대한 이해를 확장할 수 있다.

지역사회의 어른들을 교실로 초청하여 지역사회의 역사나 풍습에 관한 이야기를 듣기도 하고 직업에 관한 것을 듣거나 보는 것도 유아사회교육의 유용한 방법이다. 특히 예술가, 공예가, 군인, 지역사회 봉사자, 기자, 서비스업 종사자, 여행가, 작가, 의사 등 각기 다양한 분야에서 일하고 있는 지역사회 인사들을 방문하거나 직접 기관에 초청하여 그들의 경험을 나누어 봄으로써 유아들의 경험과 흥미를 확장할 수 있다.

다만 사회교육의 목적을 위해 자원인사를 초청하거나 지역사회 행사에 참여할 때는 초대되어 온 자원인사들이 자신의 방문 목적을 분명히 알고 있어야 하며 유아들에게 줄 영향력을 예측할 수 있어야 한다. 또한 방문자나 유아 모두에게 즐거운 경험이 되어야 한다.

(4) 게임

게임은 일정한 규칙과 특별한 형태의 전략이 있다. 게임은 혼자서 하기보다는 여러 친구들과 함께 하기 때문에 게임을 통하여 규칙을 이해하고 게임을 진행하기 위해서는 친구들과 협조해야만 하며, 경쟁을 하게 되고 경쟁 속에서 자신을 통제하는 것을 배우게 된다. 이때 교사는 경쟁심보다는 유아들이 협력의 기쁨을 경험하도록 한다.

게임은 유아들이 자율적으로 규칙을 만들어가는 과정에서 긍정적인 자아개념을 발달시킬 수 있으며, 성공했을 때 만족감과 성취감을 갖게한다. 또한 게임에는 승패가 뒤따르기 때문에 긴장하게 되고 스릴을 느낀다. 이겼을 경우에는 만족감을 맛볼 수 있지만 졌을 경우에는 실패의 감정을 느끼게 된다. 유아는 게임에서 이긴 팀을 축하해 주고, 이기기 위해 팀 구성원과 협력하는 경험도 할 수 있다. 그리고 상대방의 관점을 고려하는 기회를 가짐으로써 자기중심적 사고에서 벗어나는 탈중심화가 이루어지게 된다.

이와 같이 게임은 사회, 언어, 인지, 정서, 신체 발달 등 유아의 발달에 긍정적인 영향을 미친다. 유아의 발달을 지원하는 게임이 되기 위해서 교사는 다음의 사항을 고려하도록 한다.

- 유아들이 게임에 자발적으로 참여하도록 한다.
- 활동할 게임의 규칙을 유아들이 결정하도록 한다.
- 유아들의 발달수준에 적합한 게임을 선택한다.
- 교사는 유아가 게임을 통하여 전인 발달이 이루어질 수 있도록 체계적인 활동계획을 세운다.
- 편 가르기를 할 때 성 유형의 고착화나 자존감을 손상시키는 방식으로 하지 않도록 한다.
- 사회적 · 언어적 · 인지적 운동기술 및 일상생활에 필요한 기술을 다룰 수 있는 다양한 게임을 제공한다.
- 게임의 결과보다 정해진 규칙과 약속을 지키도록 강조한다.
- 게임의 결과가 아닌 과정이나 규칙의 측면에 초점을 맞추어 평가한다.

4. 학습 자원

1) 또래

또래는 연령, 성 등이 동등한 지위에 있는 동년배를 의미함과 동시에 정신 · 신체적 발달과 행동이 유사하고 사회적으로 동일시되는 대상을 말한다(Shaffer, 2000).

또래 집단은 성인과 유아와의 관계와는 달리 대등한 관계를 맺는 사회적 관계로 유아들은 또래 집단의 친구들에게 인정과 수용을 받기 위해 노력한다. 유아들은 또래와의 사회적 관계를 통해 동조성과 상호 호혜성을 발달시킨다.

동조성은 또래 집단의 가치나 태도에 적응하려는 경향으로 유아는 또래 집단에서 수용되기 위해 자신의 행동을 조절한다. 또래 친구들이 칭찬하고 인정해 준다면 나누기, 차례 지키기, 동정심 등 타인을 배려하는 행동들도 더 자주 시도할 것이다(구수연, 2008). 이러한 과정에서 유아는 사회적으로 인정받을 수 있는 긍정적인 행동을 발달시킨다.

때로 유아는 부정적인 행동일지라도 또래 집단에서 인정받을 수만 있다면 이를 따르려고 한다. 수업 방해하기, 교실에서 뛰기, 우스운 말과 행동을 교사가 제지해도 또래집단에서 관심을 받는다면 유아는 그 행동을 선택할 것이다.

이와 같이 유아는 또래와의 관계를 통해 모방과 갈등, 화합을 반복하면서 사회적 성장을 하게 된다. 유아의 또래관계 경험과 사회적 성장과의 관계를 살펴보면 다음과 같다.

- 유아는 또래 집단을 통해 사회적 결속을 경험한다.
- 유아는 또래 집단 활동에 참여하여 우정 만들기, 유지하기, 깨뜨리기를 학습한다.
- 자기중심적인 영유아가 또래와의 관계를 유지하기 위해 자신의 요구를 조절하고 또래의 요구를 존중해야 할 필요성을 인식한다.
- 유아는 또래에 대한 강화와 모방을 통해 폭넓은 관계를 형성한다.
- 유아는 또래와의 상호작용 유지를 위해 자신의 생각과 느낌을 적합한 방식으로 표현하는 것을 배운다.
- 유아는 또래와의 갈등을 효과적으로 해결하는 기술을 발달시키면서 사회 · 인지적 성장을 한다.

2) 가족

가족은 유아가 태어나 최초로 접하는 사회적 집단으로 사회교육에서 다루는 가치와 태도, 기술, 사회과학적 지식을 가르칠 수 있는 중요한 학습 자원이다. 가족들의 생일이나 기념일, 부모들의 어린 시절에 대한 이야기 등은 유아들이 역사를 인식하는 계기가 될 수 있으며, 부모들의 직업, 가족의 생활비, 가족들의 역할 분담 등의 내용이 유아들의 경험과 관련될 때 의미 있는 경제 교육의 기회가 될 것이다. 그러나 무엇보다도 가족들은 유아의 성격과 태도 발달에 중요한 영향을 미치는 자원으로 유아는 부모의 행동을 모델링하여 중요한 가치와 태도를 학습하게 된다. 또한 형제, 자매는 부모, 또래 집단과는 또 다른 차원에서의 사회적 경험을 제공한다.

(1) 부모

가족의 영향 중 부모의 양육 형태는 유아의 사회성 발달과 관련이 있다. 부모의 민주적인 양육태도는 유아에게 온화하고 따뜻한 행동의 모델이 되며, 부모가 유아의 행동에 대해 귀납적인 방법을 사용하여 설명할 때 유아의 친사회적 행동도 기대할 수 있다.

부모는 사회학습의 중요한 인적 자원으로 유아교육기관의 활동에 적극적으로 참여시킬 수 있다. 부모의 유아교육기관 참여는 공식적 참여와 비공식적 참여로 나눌 수 있다(박찬옥 외, 2005).

① 비공식적 참여

첫째, 학년 초에 가정으로 설문지를 보내 사회교육에서 유아들이 배우기를 바라는 내용에 표시를 하도록 한다. 견학이나 학급에 초청할 수 있는 사람에 대한 제안도 요청한다.

둘째, 진행하는 주제의 내용을 간략하게 정리하여 가정으로 보낸다. 간단한 설명으로 유아의 활동을 부모들에게 알려 주는 것이다.

셋째, 유아들이 발표했던 이야기를 이용하여 학급신문을 만든다.

넷째, 유아들이 새로운 지식이나 기술을 사용하는 등 발달의 진전을 보이는 내용을 작성하여 가정으로 보낸다.

② 공식적 참여

첫째, 유아들이 사회교육 활동에 참여하는 모습을 찍은 사진과 비디오를 부모들에게 보여주며 유아들의 기술과 태도, 지식의 성장을 확인시킨다.

둘째, 부모들은 유아들과 함께 작업을 할 수 있고, 프로젝트를 수행할 때 보조를 할 수도 있다. 어떤 부모들은 자원인사가 될 수 있다.

셋째, 부모들은 유아사회교육의 방향을 결정할 때 의사 결정자가 될 수 있다.

(2) 형제

형제는 유아들이 만나는 첫 번째 또래 집단이면서 다른 인간관계와는 다른 정서적 경험을 제공한다. 유아들은 형제와의 관계를 통해서 그리고 형제에 대한 부모의 행동을 관찰하면서 사회적 가치와 태도를 배우게 된다.

유아는 형제와의 놀이 경험을 통해 기쁨을 발견하기도 하지만 동생의 출현으로 부모의 관심을 빼앗길 것에 대한 불안과 질투의 감정을 경험한다.

형제는 경쟁과 갈등의 대상이지만 때로는 친구 같은 관계를 유지하면서 부모가 금기시하는 행동과 말을 공유하는 은밀한 공감대를 형성하게 된다.

3) 지역사회

지역사회는 천연 자원, 인적 자원들을 가지고 있으며 그 지역사회 고유한 특성을 가지고 있다. 유아들이 그 지역사회에서 학습할 수 있는 지식, 사회적 기술, 가치 및 태도를 이해하기 위해서 교사는 그 지역사회를 먼저 살펴보아야 한다. 유아교육기관 혹은 유아들이 속해 있는 지역사회를 한 번 돌아보면, 그 사회의 사회경제적 · 문화적인 요소들을 알게 된다. 또한 사회교육의 학습자원들을 발견하게 된다. 지역사회 환경을 활용하기 위해 교사가 알아두어야 할 부분들은 다음과 같다(이혜경, 2007).

- 지역사회 내에 존재하는 인적 · 물리적 · 문화적 · 역사적 자원들을 조사한다.
- 지역사회의 여러 자원들과 관계 맺기를 시도한다.
- 주제를 진행할 때 연계 가능한 다양한 자원들은 고려해 보고, 자원들로부터 얻을 수 있는 교육적 효과에 대해서도 평가해 본다.
- 유아교육기관은 지역사회의 교육과 복지를 위해 열린 공간으로 기여해야 한다.

- 지역사회 자원과의 지속적인 협력관계를 통해 교육공동체가 더불어 사는 지역사회가 되도록 한다.
- 지역사회 내에서 연계를 시도하지 않았던 곳에 대한 정보를 수집하고 활동에 참여, 기여토록 함으로써 활동이 활발하게 진행될 수 있도록 한다.
- 연계를 통해 얻은 경험들은 다른 교사에게 도움이 되도록 정리해 둔다.

이와 같이 유아를 둘러싸고 있는 지역사회는 유아의 사회화에 도움을 주기 위한 풍부한 자원이다. 이러한 자원을 교사는 적극적으로 활용할 수 있어야 한다. 우리 동네의 기관들에 대해 유아가 알고 있다 하더라도 지역사회의 현장에 유아들이 직접 방문함으로써 그곳에서 하는 일과 방문 시 주의해야 할 점, 우리에게 도움을 주는 분들과 그들을 위해 우리가 할 수 있는 일 등에 대한 구체적인 이해를 가질 수 있다.

따라서 교사는 유아의 다양하고 풍부한 사회적 경험을 위해 유아를 둘러싸고 있는 자원들에 대하여 사전에 미리 정보를 수집해 두고 필요할 때 효과적으로 활용할 수 있어야 할 것이다.

[병원 견학]

4) 유아교육기관

유아교육기관의 건물과 실외 유원장이 사회 학습의 자원이 될 수 있다. 특히 교실은 유아들이 학습 활동이 통합적으로 이루어지는 생활의 장으로서 교사와의 관계, 또래와의 관계 등이 역동적으로 일어나는 사회학습의 장이라고 할 수 있다.

교사는 주의 깊은 계획과 준비를 통하여 사회교육 학습을 위한 하나의 세계를 창조하게 된다.

(1) 유아교육기관의 환경

유아교육기관의 환경은 인간에 대한 가치, 자유와 책임감, 민주적인 의사 결정의 중요성, 협동심, 타인에 대한 존중감 등에 영향을 미칠 수 있다. 교실 환경이 반응적으로 구성되어 있을 때 유아는 또래 유아, 교사와 역동적인 상호작용을 통해 사람들과의 관계 및 역할을 배울 수 있다. 또한 반응적으로 구성된 교실 환경은 누군가에 의해 통제받는다는 느낌 없이 유아가 자신의 요구와 흥미에 따라 놀이를 선택하여 참여한다(Walsh, 1780). 유아들의 자발적인 선택과 능동적인 놀이를 존중하는 반응적인 환경은 교수의 개별화가 가능하며, 유아들이 의미 있는 학습에 능동적으로 참여할 수 있다. 또한 흥미 영역에서의 활동을 통하여 협력하고 서로 나누는 사회적 기술을 학습할 수 있으며, 다른 사람의 생각이나 태도 및 가치도 알 수 있게 된다.

질적으로 우수한 환경에서 교사들은 유아들에게 더 친절하고 민감하게 반응하였으며, 유아들이 스스로 선택할 수 있도록 격려하였다. 그러나 환경의 질이 낮은 교실에서는 유아들의 놀이 참여 및 관심이 낮았으며, 교사들이 아동에게 민감하게 반응하지도 않고, 많은 지시와 행동제지를 사용하였으며, 교사 중심의 규칙을 많이 제시하는 것을 알 수 있었다(이경영, 2000에서 재인용). 로저스(Rogers)는 놀이 공간 배치와 유아의 상호작용을 관찰한 결과, 유아가 흥미 영역으로 자유롭게 이동할 수 있도록 이동 통로가 충분한 교실에서 유아들은 신체적 상호작용에 비해 언어적 상호작용을 더 많이 하였다(이경영, 2000에서 재인용). 이러한 환경에서 교사는 유아들의 활동에 불필요한 간섭을 하지 않는다. 교사는 유아들의 활동 과정을 관찰하고 있다가 또래 관계 형성 및 의사소통 기술, 사회적 기술 등 필요로 되는 부분에 개별적인 지원을 한다.

(2) 교사

유아는 교사의 행동을 모방하면서 사회적 가치와 행동을 학습한다. 특히 교사가 매력이적이거나 교사의 행동을 모방했을 때 긍정적인 보상이 뒤따르면 유아들의 모방은 더 활발해진다. 유아들은 친절하고 매력적인 교사를 존경하고 따르면서 강한 정서적 애착을 보인다. 또한 유아들은 교사의 관심과 사랑을 받기 위해 교사의 행동을 모방하기도 하고 자신의 옳지 못한 행동을 수정하기도 하며 친사회적 행동을 통해 교사의 칭찬을 얻으려고 노력한다.

때로 교사가 자신의 여행 경험이나 친구 관계의 어려움과 해결 방법, 물건 구입 방법 등을 유아들에게 들려줄 경우 유아들은 교사를 통해 이 부분의 경험을 확장할 수 있다. 또한 직업으로서의 기술, 지식, 정보 등도 유아의 학습을 위한 잠재적인 요인이 된다.

무엇보다도 교사의 창의성은 학급의 가장 중요한 학습 자원이 된다. 따라서 교사의 지식과 기술, 다양한 수업방식이나 수업태도, 교사의 창의성은 유아사회교육의 훌륭한 교수–학습 자원이 될 수 있다.

유아의 사회학습을 지원하는 교사의 역할을 제시하면 다음과 같다(이영자, 유효순, 이정욱, 2001).

- 교사가 유아를 독립적이고 자율적인 존재로 인정한다면 유아는 자신의 일을 선택하고 스스로 수행할 수 있으며, 주변 환경에 호기심을 가지고 탐색하면서 자신의 능력에 긍정적인 확신을 가지게 된다.
- 유아는 자기 활동을 스스로 계획하고 수행하는 과정에서 책임감을 발달시킬 수 있다. 또한 유아는 자신이 선택한 과제를 끝까지 수행할 수 있는 기회를 제공함으로써 유아는 책임감과 자기 통제력을 가지게 될 것이다.
- 교사의 비지시적인 상호작용은 유아가 스스로 생각할 기회를 주고 스스로 자신의 행동을 조절할 수 있도록 돕기 때문에 유아의 사고와 학습 수준을 향상시켜 준다.
- 유아는 주변 환경을 직접 탐색하고 조작하면서 새로운 개념을 학습한다. 사회과학적 지식이나 가치를 습득하도록 돕기 위해 교사는 유아들이 주변 환경을 직접 경험할 수 있는 기회를 제공한다.
- 교사는 유아의 감정에 대한 존중감 표현하기, 유아의 성격을 긍정적으로 표현하기, 충동을 조절하도록 돕기, 친사회적 성향 강화하기, 사건에 대처하도록 돕기, 기본규칙 상기시키기 등의 방법으로 유아의 사회성 발달을 도울 수 있다.
- 교사는 상황에 따라 유아의 행동을 조정 · 관리할 학급 운영 기술(허용, 인내, 간섭)을 적절히 사용한다.

(3) 유아교육기관의 직원

유아교육기관에서 일하는 사람들도 사회 학습의 자원이 될 수 있다. 유아교육기관에 일하는 사람들은 유아들에게 보여줄 수 있는 특별한 기술을 가지고 있다(예 : 운전기사, 주방의 조리사, 사무원 등). 유아들은 그들의 일하는 모습을 관찰함으로써 실제 세계를 학습할 수 있다.

5) 미디어

미디어는 정보를 시 · 공간적으로 이동시켜 주는 매개물 또는 매체로 텔레비전, 컴퓨터, 라디오, 비디오, 신문, 잡지, 동화책 등의 전자미디어와 활자미디어를 포함한다(국가청 소년위원회, 2007). 우리는 미디어 없이 생활할 수 없을 정도로 미디어를 삶의 일부로 받아들이고 있으며 유아들도 아주 이른 시기부터 미디어의 영향을 받고 있다. 미디어는 직 · 간접적으로 유아에게 영향을 끼치는 중요한 사회화 요인이므로 유아사회교육의 중요한 교수-학습 자원이 될 수 있다.

유아들은 미디어를 통해 감정이입과 공감, 배려심을 기르게 된다. 또한 직접 가보지 못한 곳을 간접적으로 여행하기도 하고, 정치 · 경제 · 문화를 접하게 되면서 사회적 지식을 획득하기도 하며, 다양한 모델을 자연스럽게 접하기도 한다.

미디어는 새롭고 신비한 세상에 대해 유아들이 관심과 흥미를 가질 수 있도록 안내하기 때문에 교육적으로 적절히 활용할 수 있다는 장점을 가지고 있다.

그러나 유아의 사회교육에 미디어를 활용할 때에는 유아들이 상상적이고 가상의 내용들을 사실적인 것으로 잘못 받아들여 그대로 흉내를 내다가 다치거나 상처를 입는 경우도 종종 있기 때문에 프로그램의 신중한 선택과 주의를 기울일 필요가 있다.

(1) 도서

유아는 도서를 통해서 간접적으로나마 경험의 폭을 넓힐 수 있으며, 사회교육의 기본 개념이나 사회적 기술, 가치와 태도 등을 습득할 수 있다. 또한 유아들은 책의 주인공이 경험하는 문제 상황에 대해 생각하면서 문제해결의 기회를 가질 수도 있고, 주인공이 느끼는 감정에 공감하면서 타인의 입장을 고려할 수도 있다. 유아들이 위인전을 읽는다면 주인공의 살아온 과정을 통해 바람직한 삶의 가치를 발견하고 긍정적인 자아상을 발달시킬 수도 있다.

동화를 활용한 유아사회교육의 가치를 제시하면 다음과 같다.

- 주인공의 행동을 모델삼아 친사회적 행동을 발달시킨다.
- 타인의 감정을 이해하고 수용하는 경험을 한다.
- 주인공의 행동을 유추하는 기회를 통해 추론 능력을 발달시킨다.
- 유아들이 좋아하는 이야기는 반복하여 듣거나 읽으면서 동화의 내용이 자연스럽게 내면화된다.

- 이야기를 통해 유아 주변 환경이나 세상에 대한 이해를 확장할 수 있다.
- 유아들이 경험하지 못했던 새로운 사실을 학습할 수 있는 기회가 된다.
- 옳고 그른 것을 판단할 수 있는 기회를 제공한다.

유아사회교육을 위한 도서를 선정하기 위해 고려해야 할 조건은 다음과 같다(조순옥 외, 2008).

- 문학성이 있어야 한다.
- 유아의 발달에 적합해야 한다.
- 주인공의 감정과 갈등이 명확하고 분명하게 드러나 감정이입이 잘 되어야 한다.
- 이야기의 갈등 해결은 타인의 감정을 고려하는 가운데 상위 추론 수준에서 성공적으로 해결된 내용이어야 한다.
- 유아의 생활경험, 놀이 경험이 반영된 도서를 선정한다.

(2) 영상 자료(영화, 비디오, TV)

영화, 비디오, TV 등의 영상 자료는 유아들이 직접 체험하거나 다른 방법으로는 배우기 어려운 사회적 개념을 학습할 수 있도록 돕는다. 영상 자료를 통하여 유아는 직접 경험하기 어려운 장소나 물건을 볼 수 있고, 경험할 수 없는 낯선 문화를 알아볼 수도 있다.

영상 자료는 수동적인 학습을 조장하는 단점도 있다. 즉 유아들이 영상을 통해 보고 듣기는 하지만 영상 자료의 수동적 속성으로 인해 창조적이고 지적인 사고과정이 자극되지 않은 채 지나치기 쉽다. 교사는 영상 자료를 활용하여 수업을 할 때 유아들과 사전에 관련되는 이야기를 나누고, 보고 난 후에도 토의를 하는 것이 바람직하다.

영상 자료를 활용 시 고려할 점을 알아보면 다음과 같다.

- 유아들의 주의집중 시간을 고려하여 영상 자료를 선택한다.
- 유아들에게 보여주기 전에 교사가 먼저 자료를 보고, 학습 내용과 관련하여 유아들이 주의깊게 보아야 할 부분을 확인한다.
- 목표로 하는 개념의 이해를 돕기 위한 질문거리를 계획한다.
- 영상 자료를 시청할 때의 바른 자세에 대해 유아들과 이야기를 나눈다.
- 영상 자료를 보기 전에 제목을 보고, 유아들이 시청할 내용을 예측해 보도록 한다.

- 영상 자료를 시청하는 중에 교사는 유아들이 집중할 수 있도록 질문을 하며, 주제와 관련되는 경험을 유아들이 자유롭게 이야기할 수 있는 허용적인 분위기를 제공한다.
- 영상 자료에서 소개되는 어려운 어휘의 의미를 소개해 준다.
- 영상 자료를 시청한 이후에 유아들이 본 내용을 회상하여 말할 수 있는 기회를 제공하고, 내용과 관련된 자신의 생각을 표현할 수 있도록 격려한다.
- 영상 자료의 내용을 확장할 수 있는 활동을 연계하여 계획할 수도 있다. 영상 자료와 관련된 도서나 역할극을 위한 소품을 제시할 수도 있으며, 관련되는 미술활동이나 음악활동을 소개할 수 있다.

(3) 사진, 그림, 신문

사진과 그림, 신문은 유아와 떨어져 있는 사람이나 장소, 물건에 대한 사실적인 정보를 제공할 때 사용된다. 진행되는 학습 주제나 시사 문제와 관련된 사진, 그림, 신문 자료는 유아들의 현재 경험을 확장시키고 사고의 폭을 넓게 해준다는 이점을 가지고 있다. 교사는 사진, 그림, 신문의 내용을 이해하고 기억하도록 요구하기 보다는 관련된 실제 사물이나 사건에 대한 경험을 제공한다. 사진과 그림에서 볼 수 있는 사물에 명칭을 붙이고 이야기를 나눈 후에 이 사물을 묘사하는 능력이 숙달되어졌을 때 유아는 그림에서 무슨 일이 일어났는지에 대해 해석할 수 있고 토론할 수 있게 된다. 그러고 난 후 무슨 일이 일어났는지에 대해 예측을 할 수 있다.

사진과 그림, 신문 자료 활용 과정을 정리하면 다음과 같다(이경우, 서영숙, 1995).

- 사진과 그림, 신문에서 볼 수 있는 사물의 이름을 말한다.
- 사진과 그림, 신문을 세밀하게 관찰하고, 발견한 내용을 이야기한다.
- 사진과 그림, 신문에서 본 내용과 자신의 경험을 관련지어 이야기한다.
- 사진과 그림, 신문에서 유추할 수 있는 내용을 찾아서 말한다.
- 자료에서 발견한 사실을 넘어선 상상적이고 창조적인 내용을 말한다.
- 사진과 그림, 신문에서 본 내용을 확장할 수 있는 다른 정보를 찾는다.

[명화를 이용한 가족의 이야기 짓기]

(4) 게시판과 전시물

게시판과 전시물은 사회교육내용을 학습할 수 있는 환경 조성에 도움이 된다. 또 유아들이 활동에 참여하고자 하는 동기를 부여해 주고, 활동 주제나 개념에 관한 이해에 도움을 준다. 전시나 게시판을 구성하는 데 유아를 참여시킴으로써 유아들은 정보를 분류할 수 있고 생각과 경험을 기록할 수 있는 방법을 찾을 수 있다.

(5) 컴퓨터

유아들은 컴퓨터를 통해 유용한 사회과학적 지식을 얻을 수 있으며, 또래 유아들과 컴퓨터 활동을 하면서 도와주기, 협력하기, 차례 기다리기 등의 사회성을 배울 수 있다.

일부 교육자들은 컴퓨터 프로그램이 유아들의 공격성을 증가시키므로 컴퓨터 사용을 자제하도록 지도해야 한다고 주장하고 있다. 최근에는 컴퓨터와 TV의 순기능적인 측면을 고려하여 폭력적이거나 성차별적, 문화적 차이를 강조하는 프로그램을 제외하고 활동 주제와 관련된 유익한 프로그램을 선택하여 유아의 개념이 확장될 수 있도록 할 것을 권장하고 있다(국가청소년위원회, 2007).

Chapter 15

유아사회교육의 평가

<table>
<tr><td>학습목표</td><td colspan="3">• 유아사회교육의 목표와 교육내용, 효과적인 교수–학습방법, 평가의 순환적 관계를 이해한다.
• 유아사회교육의 다양한 평가방법의 특징을 이해하고 활용할 수 있다.</td></tr>
<tr><td rowspan="2">학습내용
학습내용</td><td>지식</td><td>기술</td><td>태도</td></tr>
<tr><td>• 평가의 목적
• 다양한 평가의 유형과 특징</td><td>• 효율적인 평가 방법을 선정하는 능력
• 평가의 목적과 방법에 맞게 수행하는 기술</td><td>• 평가의 교육적 가치를 이해하고 반영하려는 태도
• 객관적으로 유아를 관찰하려는 태도
• 관찰 규칙 및 관찰 윤리를 준수하는 태도</td></tr>
<tr><td>주요용어</td><td colspan="3">평가, 관찰법, 일화기록법, 시간표집법, 사건표집법, 평정척도법, 행동목록법, 면담, 작품을 통한 평가</td></tr>
</table>

평가는 유아의 현재의 발달 상태와 교육을 통해 교육기관이 추구하고 있는 교육의 목적과 목표를 어느 정도 달성했는지를 알아보고자 하는 것이다. 따라서 그 자체가 목적이라기보다는 유아에게 질적으로 우수한 교육 경험을 제공하기 위한 수단이라고 할 수 있다.

전통적인 관점에서 평가는 유아가 무엇을 할 수 있는가 또는 할 수 없는가에 관심을 갖고 유아 간의 상대적 비교를 하였다. 이를 위해 학교는 보다 객관적인 평가 방법을 모색하고자 하였으며 그러한 결과 표준화된 검사 도구가 개발 · 실시되었다.

최근에는 유아의 행동 변화 과정을 관찰하여 유의미한 학습이 일어나도록 하는 데 평가의 목적을 두고 있다. 새로운 관점의 평가는 유아의 전반적인 생활세계를 통해 정보를 수집하여 다양한 관점에서 유아의 실제적인 능력을 파악하는 것을 목적으로 하고 있다.

본 장에서는 유아의 사회적 가치와 태도, 기술, 사회과학적 지식 습득에 대한 유아의 수준과 변화과정에 대한 자료를 수집하고 분석하여 민주 시민으로서의 유아의 능력을 평가하기 위한 평가 목적과 평가의 다양한 방법들을 살펴보고자 한다.

1. 평가의 목적

유아사회교육은 유능한 민주 시민으로 성장하기 위해 사회과학적 지식과 기술, 가치 및 태도를 습득하는 것을 목표로 한다. 이에 따라 평가는 유아교육기관에서의 경험이 유아의 사회과학적 지식 습득과 기술, 가치 및 태도가 긍정적으로 형성되었는지를 전체적으로 파악하는 것을 목적으로 한다.

평가를 통해 교사는 유아의 사회과학적 지식, 기술, 가치 및 태도 형성에 대한 유아의 현재 발달 수준과 발달과정, 활동 후 교육적 경험의 효과성을 파악할 수 있다(조순옥 외, 2001). 또한 교사는 평가 결과를 부모와 상담 시 유아의 현재 발달 수준과 변화를 알려 주는 자료로 활용한다.

2. 평가의 방법

유아의 실제적인 능력과 잠재적 가능성을 평가하기 위해 교사는 유아의 성장과 발달, 학습에 관하여 체계적이고 규칙적으로 정보를 수집해야 하는데, 이때 일화기록, 체크리스트, 평정척도법을 이용한 관찰법, 표준화검사, 교사가 제작한 도구를 사용하는 검사법, 포트폴리오 평가를 통합적으로 사용할 수 있다.

1) 관찰법

관찰은 자연스럽고 다양한 상황에서 유아들의 사회적 기술, 태도, 가치 등을 파악하고 사회학습이 목표를 성취했는가를 보는 방법이다. 관찰법은 평가의 대상을 주의깊게 지각하고 기록하는 것으로 다른 방법에서는 얻기 어려운 실질적인 정보를 수집할 수 있으며 다른 방법으로 수집된 정보를 보완하는 기능을 한다. 관찰할 때는 무엇을 왜 관찰하는지 목표를 분명하게 설정하고 관찰한 내용을 객관적으로 기록하며, 기록된 것을 추론과 평가의 과정을 거쳐서 편집하고 기록물에 대한 반성적 사고를 하여 교수–학습 활동에 반영하는 단계를 거친다.

유아를 관찰하는 방법에는 일화기록, 시간표집법, 사건표집법, 평정척도법, 행동목록법 등이 있다.

(1) 일화기록법

일화기록법은 유아의 일상에서 일어난 일에 대해 사건이나 행동을 중심으로 사실적으로 기록하는 방법이다. 일화기록법은 특정한 시간이나 사건에 제한 없이 언제, 어디서나 기록할 수 있다는 점에서 유아교육 현장에서 가장 많이 사용하는 관찰의 한 형태이다.

관찰자는 행동의 패턴이나 변화, 특기할 만한 사건을 미리 정해진 범주에 따라 관찰하며, 관찰자의 목적에 따라 기록의 범주들이 달라질 수 있다. 유아의 사회적 행동이나 발달에 관심을 두고 관찰하고자 할 때 교사는 유아의 사회적 능력이 표현된 놀이나 행동을 관찰하여 기록할 수 있다. 일화기록을 작성할 때 유의해야 할 사항을 제시하면 다음과 같다(Jonnson, Christie & Yawkey, 1999; 박찬옥 외, 2005에서 재인용).

- 관찰일자, 시간, 장면 및 기본적인 활동에 대한 정보를 기록한다.

- 대상 유아의 초점 행동(예: 인사하기, 친구와 사귀기 등의 사회적 행동)을 따라 기록한다.
- 사건이 일어난 순서대로 기록한다.
- 대상 유아가 한 말을 그대로 기록하며 그 장면에 있었던 상대방의 반응도 자세히 기록한다.
- 기록은 객관적이고 정확해야 한다.
- 기록된 정보를 읽고 교사는 유아의 사회적 행동을 해석하고 평가한다.

일 화 기 록 예 시

관찰유아	김가은	생년월일	2014.03.30.(5년3개월)	성별	여
관찰자	꽃님반 - 김수정	관찰일시	2019.06.30(AM 10:30~10:45)		
관찰 장면	꽃님반 교실(이야기 나누기 활동 중)				

관찰 내용

이야기 나누기 활동에서, 교사가 로봇을 유아들이 볼 수 있도록 왼쪽에서 오른쪽으로 천천히 보여준다.

민영 : 안 보여요.
교사 : 앞에 친구들은 아빠 다리하고 바르게 앉도록 해요. 뒤에 친구들이 볼 수가 없대요.
민영 : 그래도 안 보여요. 가까이서 보고 싶은데….

뒷줄에 앉아 있던 민영이가 로봇이 보이지 않는다고 말하고 교사의 앞으로 나온다. 교사 손에 있는 로봇을 보고는 뒤로 돌아서 제자리도 돌아가다가 의자에 앉아 있는 가은이의 어깨를 잡고 있다.

가은 : 야~!! (얼굴을 찌푸리고 팔로 민영이의 팔를 뿌리친다)
선생님! 민영이가 밀었어요!
교사 : 가은아, 그렇게 소리를 지르면 친구들이 놀라잖아요, 민영이가 일부로 밀친 게 아니라 자리로 돌아가다가 그런 거야, 그러니까 마음 풀어요.
민영 : (큰소리로 얼굴을 찌푸리고 가은이를 보고 화를 낸다.) 야! 네가 비켜야지! 내가 일부로 밀었냐?!
교사 : 민영아, 민영이가 일부로 민 게 아닌 걸 가은이도 알았는데, 그렇게 소리 지르면 어떻게 해요. 모르고 밀쳐서 가은이 기분이 안 좋다는데, 어떻게 해야 할까?
민영 : (입을 삐죽인다.) 미안해.
교사 : 민영아, 입을 그렇게 하면 예쁜 사람이 아니라고 했죠? 민영이가 잘못한 거니까 민영이가 사과를 먼저 하는 게 맞는 거죠? 이제 민영이도 마음 풀고 자리도 돌아가세요.

자리로 돌아가 앉는 민영이는 가은이를 향해 때리는 듯이 손을 들어서 흔든다. 가은이는 앞에 있는 로봇을 보고 앉아 있다.

관찰자의 개인적 견해	가은이와 민영이는 자신이 불쾌한 감정을 적합한 말로 표현하기보다는 짜증내기나 화내기와 같은 감정 표출을 많이 한다. 가은이는 방해받았을 때 불쾌한 감정을 말로 표현하는 것을 배울 필요가 있다.

(2) 시간표집법

특정 행동을 특정 시점에서 관찰하는 방법이다. 정해진 관찰 기간 동안 계속 관찰하는 것이 아니라 일정한 시간 간격으로 여러 번 반복하여 행동을 관찰하고 그 결과를 기록한다. 관찰을 기록하는 방법은 행동 출현 유무를 체크(√)하는 방식, 행동 출현의 빈도수를 표시하는 방식이 주로 사용된다. 다음은 교사가 욕하기와 친구들의 놀잇감을 빼앗은 유아의 행동을 파악하기 위한 목적으로 관찰한 시간표집법의 예이다.

공격적 행동 시간표집법 예시

관찰유아	최민형	생년월일	2014.04.26(5년5개월)	성별	남
관찰자	바다반 - 이정희	관찰일시	2019.09.31. (AM 10:00~10:10)		
관찰 장면	바다반 교실(실내자유놀이)				

시간	공격적 행동		친사회적 행동		관찰 내용
	욕하기	놀잇감 뺏기	양보하기	말로 표현하기	
10:00~10:01	√				정현이가 블록을 주지 않겠다고 하자 큰 소리로 욕을 한다. 정현이는 민형이를 쳐다보다가 다시 놀이한다.
~10:02					
~10:03					
~10:04	√	√			정현이를 보고 있던 민형이가 정현이가 쥐고 있던 블록을 빼앗으며 욕을 한다.
~10:05		√			정현이가 가지고 있는 블록을 빼앗으려 한다.
~10:06		√			
~10:07					
~10:08					
~10:09					
~10:10			√		정현이가 "같이 놀자."라고 말하자 쥐고 있던 블록을 돌려주고, 벽돌 블록을 가져다가 "너 필요해?" 하고 묻는다.
~10:11					
견해	민형이는 친구들과 놀이를 할 때 놀잇감을 달라는 말을 하기보다는 상대방의 놀잇감을 빼앗는 행동을 하여 또래로부터 거부된다. 또래 친구들이 민형이가 원하는 대로 해주지 않을 때 큰소리로 욕을 한다. 그러나 상대방이 호의를 베풀 경우, 놀잇감을 양보하는 행동이 나타난다.				

(3) 사건표집법

관찰자가 관심을 가지고 있는 어떤 행동이나 사건이 나타나면 그때마다 일정한 형식에 따라 기록하는 방법이다. 어떤 행동이 일어난 원인이 무엇인지를 알아내는 데 관찰의 목적이 있다. 어떤 사건이나 행동이 일어나기 전의 상황(Antecedent event : A), 사건이나 행동(Behavior : B), 사건이나 행동의 일어난 후의 결과(Consequence : C)의 반응을 순서대로 기록한다.

ABC 사건표집 예시

관찰유아	김민용	생년월일	2014.08.26(4년5개월)	성별	남
관찰자	바다반 - 이정희	관찰일시	2019.04.10 ~ 2019.04.12		
관찰 장면	바다반 교실(모이기 활동)				

시간	사건 전	사건(갈등상황)	사건 후
4월 10일 (11:00~11:10) 간식 후 동화 듣는 시간	간식을 먹은 후 교사가 카펫에 모이자는 말을 하자, 쌓기놀이 영역에서 대집단 영역으로 걸어옴.	형진이와 민용이가 교사 앞에 앉겠다고 말다툼함. 교사는 둘 다 뒤쪽에 가서 앉으라고 이야기하였으나 서로 가지 않겠다고 이야기함. 교사가 일어서서 두 유아의 자리를 카펫의 뒤쪽으로 옮김.	카펫 뒤쪽에 앉은 형진이와 민용이는 서로 눈을 흘기며 쳐다보다가 동화를 들음. 동화 듣기 이후 바깥놀이 나갈 때 민용이와 형진이가 늦게 나가게 된 것을 불평함.
4월 11일 (9:30~9:50) 이야기 나누기 시간	교사가 '나무야' 노래 부르면서 유아들의 주의를 집중 시킴. 수영이와 민용이, 상은이가 교사 앞쪽으로 다가와 앉음.	민용이와 수영이가 교사의 무릎을 잡고 서로 먼저 왔다고 이야기함. 민용이가 수영이의 어깨를 밀치며 교사 가까이 앉자, 수영이는 교사에게 민용이가 밀었다고 말함. 교사는 민용이에게 사과하도록 지도 하고, 누가 먼저 왔는지를 물음. 둘 다 먼저 왔다고 이야기하자, 두 유아를 뒤로 가서 앉도록 함.	이야기 나누기 활동에 누가 먼저 왔는지에 대해 말다툼을 함. 이야기 나누기에 집중하지 못하여 교사로부터 지적을 받음. 체육실로 이동할 때 다른 유아들을 밀고 먼저 나가려다 교사에게 줄 설 것을 지시받음.
4월 12일 (12:30`12:40)	교사가 피아노를 치면서 모이라고 이야기하자, 민용이, 하정이, 가영이가 카펫으로 걸어옴.	민용이는 카펫에서 두 번째 줄에 앉아서 노래 부름. 앞줄에 앉은 수연이의 등을 침. 수연이가 뒤돌아보자 "안 보여"라고 말함.	노래 부르기가 끝나고 게임에 대한 설명을 들음.
관찰내용 요약	민용이는 집단 활동 시간에 교사 앞에 앉기 위해 다른 유아와 말다툼을 하거나, 신체적인 공격적 행동(밀기, 때리기)을 한다. 마당이나 체육실로 이동하기 위해 줄을 서야 할 경우에는 교사 앞에 서기 위해 경쟁을 하지만 이후 활동이 교실 활동일 경우에는 교사 앞자리에 앉으려는 욕심을 부리지 않았다.		
관찰자 해석	유아들은 교사가 앞자리에 앉은 유아를 먼저 이름 불러 준다고 생각하여 교사 앞자리에 앉으려고 하는 것 같다. 교사가 줄을 세울 때 어떤 유아 먼저 불러 주는지 관찰할 필요가 있다. 만약 교사가 교사 앞에 앉은 유아부터 이름을 부르기 때문에 유아들이 자리다툼을 한다면, 모든 유아가 공평하게 먼저 줄을 설 수 있는 방법을 알아봐야 한다고 생각한다.		

(4) 평정척도법

평정척도법은 특정 행동이 나타나고 있는지의 여부에 대한 것뿐만 아니라 행동의 특성을 1~5 또는 1~3으로 수량화하여 점수를 부과한다.

평청척도는 관찰과 동시에 평가하기는 어렵기 때문에 목표로 한 유아의 행동을 충분히 관찰한 후 결과를 요약하는 수단으로 사용한다(이은해, 1995). 평정척도법은 빠른 시간 안에 유아의 행동을 평가할 수 있다는 장점이 있으나 관찰자의 편견이나 오류가 있을 수 있다.

때로 교사들은 한 유아의 일반적인 행동경향성을 평가하기보다는 최근 있었던 인상적인 행동을 이 유아의 일반적인 행동으로 평가하는 오류를 범할 수 있다. 어윈과 부쉬넬(Irwin & Bushnel, 1980)은 평정척도법을 사용할 때 세 가지 오류가 나타날 수 있다고 하였다(박찬옥 외, 2001).

- 관용의 오류 : 유아들의 행동을 거의 모두 높게 평가하는 경향
- 중앙집중의 오류 : 평정척도의 양극단 점수를 피하고 대체로 중앙 점수를 중심으로 평정하는 경향
- 후광효과 : 유아에 대한 선입견이나 인상이 판단에 영향을 주는 경향

교사는 이러한 편견이나 오류 없이 유아의 행동을 평가하기 위해 객관적인 시각을 유지하도록 노력해야 한다. 다음은 평정척도법에 의한 유아의 또래 상호작용 평가의 예이다.

평 정 척 도 예 시

유아	이윤철	생년월일	2014.08.26(4년5개월)	성별	남
평가자	하늘반 - 서연수	평가일	2019.04.09		

유아의 또래와의 상호작용과 관련된 다음의 내용에 해당하는 영역에 O 표 하시오.

번호	내용	전혀 그렇지 않다 (1)	거의 그렇지 않다 (2)	조금 그렇다 (3)	대체로 그런 편이다 (4)	매우 그렇다 (5)
1	또래에게 우호적으로 제안하고 요구한다.				O	
2	자신의 생각과 감정을 분명한 말로 표현한다.					O
3	또래 간 대화에 적극적으로 참여한다.				O	

번호	내용	전혀 그렇지 않다 (1)	거의 그렇지 않다 (2)	조금 그렇다 (3)	대체로 그런 편이다 (4)	매우 그렇다 (5)
4	친밀감 있는 목소리로 또래의 이름을 부른다.					○
5	미안함 또는 고마운 마음을 알맞게 표현한다.				○	
6	또래와 갈등이 있을 때 협상을 시도한다.		○			
7	또래의 말에 관심을 기울이며 주의 깊게 듣는다.			○		
8	또래의 말을 듣고 관련된 내용으로 반응한다.				○	
9	또래의 성취나 좋은 행동을 칭찬해 준다.				○	
10	슬퍼하거나 화난 또래의 의견을 거절한다.		○			
11	이유나 대안 제시 없이 또래의 의견을 거절한다.		○			
⋮	⋮					
해석	윤철이는 상황에 적합하게 자신의 감정을 표현하고, 친구들에게도 친근하게 행동하기 때문에 또래와 우호적인 관계를 형성한다. 또래와 갈등이 생겼을 때 협상하는 기술을 발달시킨다면 더 높은 사회성을 가질 것이다.					

(5) 행동목록법

행동목록법은 관찰자가 유아의 사회적 행동 목록을 사전에 준비하고 목록에 있는 행동이 나타나는지를 관찰하여 체크하는 방법이다. 일반적으로 행동목록은 주로 유아의 현재 상태에 관심을 가지고 사용되며, 시간에 따른 발달의 변화를 알고자 할 때도 사용한다. 이를 위해 관찰 행동목록들은 명료해야 하며 관찰자는 이 목록들을 잘 이해하고 있어야 한다.

행동목록법의 장점은 여러 가지 행동에 관한 자료가 빠르고 효율적으로 기록된다는 것이다. 반면에 관찰된 행동의 출현 빈도나 질적 수준에 대한 정보를 제공하지 못한다는 단점이 있다. 따라서 행동목록법의 장점을 최대한 살리기 위해서는 다음과 같은 점들에 유의해야 한다(박찬옥 외, 2001).

- 행동 목록은 가능한 한 관찰 가능한 구체적 행동을 나타내고 있어야 한다.
- 관찰하려는 특정 영역에 관해서 가능한 한 포괄적이고 대표적인 목록으로 구성되어야 한다.
- 행동의 목록을 배열함에 있어 일정한 논리적 체계를 가져야 한다.

유아의 사회성 발달을 알아보기 위한 행동목록법의 예를 제시하면 다음과 같다(조순옥 외, 2002).

행동목록법 예시

유아	박수진	생년월일	2015.08.26(3년6개월)	성별	여
평가자	산반 - 이정윤	평가일	2019.05.10		

다음의 행동이 나타나면 √로 표시한다.

번호	내용	예	아니오
1	친구들과 함께 놀이한다.	√	
2	다양한 놀이에 참여한다.	√	
3	친하게 지내는 친구가 많다.	√	
4	친구에게 놀이를 하자고 제안한다.	√	
5	새로운 교구에 흥미를 보인다.		√
6	새로운 환경에 적응을 한다.		√
7	이미 진행되고 있는 놀이에 자연스럽게 끼어든다.		√
8	친구의 놀이나 행동을 방해하지 않는다.	√	
9	문제 상황이 생기면 말로 해결한다.	√	
10	다른 친구의 물건을 사용할 때 허락을 구한다.	√	
11	자기보다 약한 친구를 도와준다.	√	
12	친구가 도와주면 고맙다는 인사말을 한다.	√	
13	집단 활동에서 여러 친구들과 협동한다.	√	
14	친구와 약속을 지킨다.	√	
15	친구들이 좋아한다.	√	
16	집단생활에서 규칙을 지킨다.	√	
17	새로운 활동에 적극적으로 참여한다.		√
18	차례를 잘 지키고 자기 순서를 기다릴 수 있다.	√	
19	내 물건과 다른 사람의 물건을 구별하여 사용한다.	√	
20	활동에 자신감을 갖고 참여한다.	√	
21	교사와의 상호작용을 잘한다.	√	
22	친구들의 이름을 알고 가끔 친구에 대해 이야기한다.	√	
23	다른 유아와의 문제 해결을 위해 교사나 다른 성인들의 도움을 요청한다.		√

2) 면담

면담은 교사가 개별 유아 혹은 소집단의 유아들과 대화를 나누면서 자료를 수집하는 방법이다. 교사는 유아의 관심과 사고과정, 가치 및 태도를 파악하기 위한 목적을 가지고 면담을 할 수도 있고, 자연스러운 상황의 대화를 통해 유아의 사회과학적 지식과 사회적 기술을 평가할 수 있다.

면담은 관찰만으로 얻기 어려운 구체적인 정보를 파악할 수 있다는 장점이 있으나, 유아의 언어적 · 인지적 능력에 따라 질문을 이해하는 정도가 다를 수 있으므로 이를 유의해야 한다. 또한 교사는 유아의 말이 유아의 사고 전체를 나타낸다고 평가해서는 안 된다. 유아의 개념과 사고 과정을 보다 정확하게 파악하기 위해서 교사는 유아의 생각을 알아보기 위한 질문을 하거나, 애매한 유아의 대답에 대해 "조금 더 말해 줄 수 있니?", "네 말은 ~ 뜻이니?"와 같이 질문을 하여 유아의 사고를 종합적으로 판단하려는 노력을 해야 한다.

교사가 유아의 사회적 기술을 알아보기 위한 면담의 예는 다음과 같다.

면담 예시

유아	강태희	생년월일	2014.08.26(4년8개월)	성별	여
평가자	구소영	평가일	2019.07.10		
면담 장면	놀이시간				
면담 내용	교사 : 누군가에게 도움을 청하고 싶을 때 뭐라고 말하면 좋을까? 태희 : 도와달라고 말해요. 교사 : 그냥 도와줘 하고 말하면 친구가 도와줄까? 태희 : 안 도와주고 그냥 가요. 교사 : 그럼 친구에게 어떻게 말하면 도와줄 것 같으니? 태희 : 필요하니까 도와달라고 해요 교사 : 조금만 더 자세히 이야기해 볼래? 태희 : 내가 혼자 퍼즐을 못 맞추니까 도와줘. 교사 : 네가 혼자 어려운 것을 말하고 도움이 필요하다고 말하겠다는 것이니?				

3) 놀이 관찰과 의미 읽기를 통한 평가 방법

유아의 삶은 놀이로 이루어진다. 놀이는 유아가 즐겁게 몰입하면서 자연스럽게 다양한 정서를 표출하기도 하고, 교사 및 또래와의 다양한 관계를 형성할 수 있는 기회도 제공한다. 유아의 놀이를 관찰하여 유아의 말과 행동의 의미를 해석하는 것은 놀이 과정에서 나타나는 유아의 다양한 정서와 사회적 문제해결 전략을 이해할 수 있는 기회가 된다.

교사는 유아의 자발적 놀이과정과 일상생활 경험, 활동과정에서 보이는 유아의 말과 행동을 관찰하고 의미를 해석하여 사회적 기술과 가치 및 태도, 지식수준 및 활용 정도에 대한 분석을 할 수 있다. 유아들의 쌓기놀이, 역할놀이 상황에서 발생하는 문제해결과정 관찰, 놀이

과정 사진과 놀이 결과물을 수집, 분석함으로써 유아의 행동 특성과 발달 수준에 대해 실제적인 정보를 얻을 수 있다. 놀이과정과 유아의 놀이결과물에 의미 해석의 방법은 유아의 잠재적 능력이나 내면의 세계, 유아가 다른 사람을 보는 방법을 이해하는 데 효과적인 방법이다.

유아의 놀이결과물 또는 작품 분석 방법을 유익하게 활용하려면 다양한 유아의 작품을 정기적으로 수집해야 하며, 수집된 작품에는 날짜와 그 작품에 대한 유아의 설명이나 작품에 대한 유아의 태도 등을 기록해 놓는다. 수집될 수 있는 유아의 작품에는 유아의 말을 받아 적거나 녹음한 자료, 유아의 그림 자료, 유아의 작품 사진, 노래나 언어 녹음 자료, 기타 유아의 작품 표본 등을 포함한다.

작품 분석법은 그 작품을 통해 교사가 목표로 한 영역뿐 아니라 다른 측면들도 파악할 수 있다는 장점이 있다. 예를 들어, 유아가 또래 간의 갈등을 담은 동화를 듣고 이를 해결할 수 있는 방법을 그림으로 그린 것과 극놀이하는 과정 등의 자료를 분석하면서 유아의 사회적 문제 해결 능력뿐 아니라 생각을 그림과 극으로 표현하는 방식의 변화, 생각을 논리적으로 표현할 수 있는 언어적 표현력의 변화 등도 함께 평가할 수 있다.

유 아 작 품 분 석 예 시

<table>
<tr><td>유아</td><td>강태희</td><td>생년월일</td><td>2014.08.26(4년8개월)</td><td>성별</td><td>여</td></tr>
<tr><td>평가자</td><td>구소영</td><td>평가일</td><td colspan="3">2019.07.10</td></tr>
<tr><td>면담 장면</td><td colspan="5">내가 화가 날 때 이야기 나누기 후 그림으로 표현하기</td></tr>
<tr><td>유아의 그림과 말</td><td colspan="3"></td><td colspan="2">엄마가 공부하러 나갈 때 나는 꾀를 내려고 했어요. 엄마가 그냥 나가서 속상했어요. 엄마랑 같이 놀고 싶어요.</td></tr>
<tr><td>분석</td><td colspan="5">태희는 등원 시 엄마와 헤어지는 것을 두려워한다. 태희가 가장 화나는 상황도 엄마와 헤어지는 것이라고 말하였다. 태희 어머니는 학교에서 근무하시는데 태희는 엄마와 집에서 함께 있기를 바라는 것 같다.</td></tr>
</table>

Part

04

유아사회교육의 실제

Chapter 16 놀이와 연계한 사회적 가치 및 태도 증진 활동

Chapter 17 놀이와 연계한 사회적 기술 증진 활동

Chapter 18 놀이와 연계한 사회과학적 지식 증진 활동

유아사회교육은 유아의 일상생활 및 놀이과정에서 자연스럽게 이루어질 수 있다. 교사는 평소 유아의 일상생활과 놀이를 가까이에서 관찰하고 유아의 말과 행동에 담겨진 의미를 해석하기 위해 노력해야 한다. 유아의 놀이 의미에 대한 해석을 통해 교사는 유아의 놀이를 지원하고 놀이가 배움으로 확장되도록 도울 수 있으며, 이러한 과정에서 유아는 사회과학적 지식, 기술, 가치 및 태도를 자연스럽게 형성하게 되기 때문이다. 유아의 일상생활과 놀이 및 활동을 관찰하고 지원하는 과정은 다음과 같다.

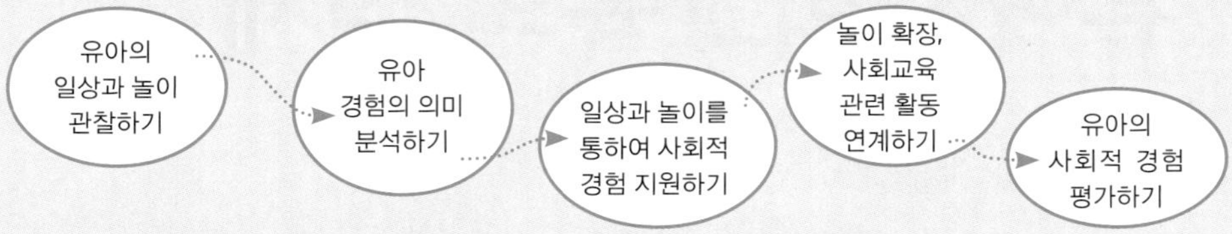

- 유아의 일상생활과 놀이를 주의 깊게 들여다보고 관찰한다.
- 유아의 일상생활과 놀이 과정에서 보이는 유아의 말과 행동의 의미를 해석하여 유아의 사회적 경험을 분석한다.
- 유아는 이미 놀이와 일상생활 경험 안에서 다양한 사회교육의 내용을 경험하고 있으므로 놀이를 통해 사회교육의 내용을 확장할 수도 있다.
- 교사는 유아의 일상생활과 놀이 상황에서 자연스럽게 사회교육의 내용을 안내할 수 있다. 예를 들면, 유아가 또래와 함께 놀이할 때 자료를 공유하면서 협력하여 놀이할 수 있는 방법을 생각해보도록 지원할 수 있다.
- 사회교육내용과 관련된 유아의 경험을 확장하기 위하여 자료를 지원하거나 새로운 놀이와 활동을 제안할 수도 있다. 이때 부모, 가족, 지역사회가 유아의 사회적 탐구과정에 함께 참여할 수 있는 방안을 고민한다.
- 교사는 유아의 놀이와 활동에 대한 실행 평가를 하여 유아가 사회과학적 지식, 기술, 가치 및 태도를 균형 있게 경험하는지를 평가한다,
- 유아의 일상생활 경험, 놀이와 활동 과정에서의 유아의 말과 행동, 유아의 놀이 결과물 등의 자료를 수집하여 유아의 사회적 경험의 진보과정을 추적한다.

Chapter 16

놀이와 연계한 사회적 가치 및 태도 증진 활동

학습목표	유아 놀이의 의미에 대한 해석을 바탕으로 유아의 사회적 가치와 태도 증진을 위한 활동을 계획하여 지원할 수 있다.		
학습내용	지식	기술	태도 및 가치
	1. 보편적 가치와 태도 관련 교육 내용 이해 ① 자신에 대한 긍정적인 태도 및 가치 ② 지식, 학습에 대한 긍정적인 태도 ③ 민주적 가치 및 태도 2. 개별적 가치와 태도 관련 교육 내용 이해 3. 2019 개정 누리과정의 사회관계 영역의 교육 내용 이해	1. 유아의 일상과 놀이에 대한 관찰 및 의미 분석 능력 2. 유아의 사회적 가치와 태도 증진을 위한 놀이 및 활동 계획 능력 3. 놀이와 활동의 자연스러운 연계 지원 능력 4. 유아의 학습동기 유지 및 사회적 가치와 태도 지원을 위한 효과적인 상호작용 기술	1. 바람직한 사회적 가치와 태도의 모델링 제공을 위한 노력 2. 유아의 발달과 개별적 흥미를 존중하여 상호작용하는 태도 3. 개별 유아의 사회적 태도와 가치 향상을 돕기 위해 꾸준히 관찰하고 기록하는 태도 4. 이루어진 활동에 대해서 반성적으로 평가하는 태도

사회적 가치와 태도 학습을 위한 활동 범위

- 보편적 가치와 태도
  - 자신에 대한 긍정적인 태도 및 가치
  - 지식 학습에 대한 긍정적인 태도
  - 민주적 가치와 태도
- 개별적 가치와 태도

나는 할 수 있어요

자신에 대한 긍정적 태도와 가치

유아의 경험 들여다보기

세호: (평균대 위에서 좀처럼 발을 떼지 못하고 있다.)
지훈: 야, 빨리 가. 빨리 가라고!

세호가 불안한 자세로 서서 움직이지 않자 지훈이가 평균대를 발로 찬다. 세호가 깜짝 놀라 평균대 옆 매트로 떨어지고 큰 소리로 운다.

교사: (세호를 일으켜세우며) 세호야, 무슨 일이니?
유아들: 지훈이가 평균대 발로 찼어요.
교사: 지훈아, 정말 네가 평균대를 발로 찬 거야?
지훈: (긴장된 표정으로 말 없이 고개를 끄덕인다.)
교사: 그렇게 한 이유가 있을 것 같아, 왜 평균대를 발로 찼니?
지훈: 나도 평균대 하고 싶은데 세호가 안가잖아요.
교사: 아~ 지훈이도 평균대 위에서 걷기를 빨리 하고 싶었구나. 그럼 왜 세호가 빨리 가지 않았을까? 세호도 이유가 있었을 것 같아. 우리 세호에게 한번 물어보자. (세호를 보면서) 세호야, 평균대 위에서 왜 걸어가지 않고 서 있었던 거야?
세호: (작은 목소리로) 무서워서요. 자꾸 흔들리고...
교사: 아~ 그랬구나. 지훈아, 세호는 지훈이를 불편하게 하려고 한 게 아니라 평균대 위에서 걷는 것이 무서웠대. 그래서 빨리 못 간 거구나. 그럼 어떻게 하면 세호도 지훈이도 평균대 걷기 놀이를 재미있게 할 수 있을까? 친구끼리 서로 돕는 방법도 있을까?
지훈: 내가 잡아줄게요. 세호 넘어지지 않게...
교사: 아! 지훈이가 도와주면 세호도 평균대 걷기를 잘할 수 있겠구나. 그 다음에 지훈이도 할 수 있고....

중략....

경험의 의미 해석하기

세호는 자신의 신체를 조절하는데 미숙하여 신체활동을 할 때마다 자주 겁을 내고 활동 수행에 어려움을 표현한다. 그에 반해 지훈이는 신체 움직임이 민첩하며 다양한 신체활동에 즐겁게 함여한다. 지훈이는 평균대 위에서 걷는 활동에 매우 큰 흥미를 가지고 있으며, 유능함을 보인다. 세호는 매사 약간의 불안만 감지되어도 두려워하며, 신체 활동 전반에 대한 자신감이 낮은 상태이다. 사례 속에서 나타난 갈등은 신체활동에 대해서 세호가 가지고 있는 두려움과 자신감 부족, 다른 사람의 생각이나 느낌을 존중하지 못하는 지훈이의 태도 등이 작용한 결과로 볼 수 있다.

누리과정 관련 주요 내용 분석하기	• 사회관계: 나를 알고 존중하기 〉 나를 알고 소중히 여긴다. • 의사소통: 듣기와 말하기 〉 자신의 경험, 느낌, 생각을 말한다. • 신체운동 · 건강: 신체활동 즐기기 〉 신체 움직임을 조절한다. 신체활동 즐기기 〉 기초적인 이동운동, 제자리 운동, 도구를 이용한 운동을 한다.
유아의 놀이와 배움 지원하기	• 유아들 간의 능력의 편차가 있는 활동을 진행함에 있어 잘하는 유아가 잘 못하는 유아를 배려하고 도울 수 있는 기회 제공하기 • 개별 유아의 수준을 고려하여 난위도가 다른 몇 개의 활동을 동시에 제공하여 능력이 낮은 유아들도 성취감을 느낄 수 있도록 돕기 • 평소 개별유아의 장점을 찾아주고 표현해주기

놀이와 활동의 연계

활동명	나는 내가 좋아요
활동목표	• 자신에 대한 긍정적인 마음을 갖는다. • 친구의 장점을 칭찬하는 말을 할 수 있다.
누리과정 관련 내용	• 사회관계: 나를 알고 존중하기 〉 나를 알고 소중히 여긴다. • 의사소통: 듣기와 말하기 〉 자신의 경험, 느낌, 생각을 말한다. • 신체운동 · 건강: 신체활동 즐기기 〉 신체 움직임을 조절한다. 기초적인 이동운동, 제자리 운동, 도구를 이용한 운동을 한다.
활동자료	공(소프트 스펀지 공 또는 리듬체조용 공)
활동과정	1. 모든 유아들이 큰 동그라미 모양으로 모여 앉는다. 2. 놀이 자료(공)를 보면서 어떤 놀이를 할 수 있을지 생각해보고 말한다. -이 공을 가지고 무슨 놀이를 할 수 있을 것 같나요? -또 어떤 놀이를 할 수 있을까요? -공을 가지고 할 수 있는 여러 가지 놀이 중에서 한 가지 놀이를 해보기로 해요. 3. '나는 내가 좋아요' 놀이 방법을 알아본다. 1. 동그란 모양으로 모여 앉는다. 2. 공을 가지고 있는 사람이 먼저 자신의 장점(자랑, 잘하는 것)을 한 가지 말한다. 3. 공을 다른 친구 앞으로 굴려 보낸다. 4. 공을 잡은 사람은 자신의 장점을 말한 후 다른 친구 앞으로 공을 굴려 보내며, 같은 방식으로 놀이를 진행한다. <참고> 교사가 먼저 시범을 보여주어 유아들의 이해를 돕는다. 4. 놀이 방법에 따라 놀이를 진행한다. 5. 놀이를 하면서 느낀 점이나 생각에 대해서 이야기한다.
확장활동	• 친구의 좋은 점을 칭찬해주는 활동으로 내용을 바꾸어 진행할 수 있다.

친구와 함께 문제를 해결할 수 있어요

민주적 가치와 태도

유아의 경험 들여다보기

만 4세반의 자유놀이 시간, 시원이는 블록으로 자동차를 만든 후 옆에 내려놓고 또 다른 자동차를 만든다. 시원이의 옆에서 놀이하고 있던 호준이가 남은 블록을 찾다가 시원이가 내려놓은 자동차를 손으로 집어 필요한 블록을 해체한다. 시원이가 그 장면을 발견하고 소리친다.

시원: 야, 그거 내 거잖아!

시원이가 호준이의 몸을 세게 밀친다. 호준이가 뒤로 넘어진다.

호준: (울먹이는 소리로) 야~ 왜 미는데?
(교사에게로 가서) 선생님, 시원이가 저 밀었어요.
교사: (시원이를 보며) 호준이 왜 밀었어요?
시원: (눈썹을 찌푸리며 화난 표정으로) 쟤가 내 자동차 부쉈다고요.

경험의 의미 해석하기

시원이는 자신의 작품을 부수는 호준이를 밀치는 공격적인 행동을 하였다. 호준이는 남아있는 블록을 발견하여 사용하려고 하다가 시원이로부터 밀침을 당하자, 교사에게 상황을 알렸다. 두 유아 모두 의도적이지는 않았으나 상대방이 안전하고 기분 좋게 놀이할 권리를 침해하는 행동을 하였다. 특히 시원이는 친구를 존중하고 친절하게 대하기로 한 놀이약속을 지키지 않았다.

누리과정 관련 주요 내용 분석하기	• 사회관계: 나를 알고 존중하기 〉 나의 감정을 알고 상황에 맞게 표현한다. 더불어 생활하기 〉 서로 다른 감정, 생각, 행동을 존중한다. 약속과 규칙의 필요성을 알고 지킨다. • 의사소통: 듣기와 말하기 〉 자신의 경험, 느낌, 생각을 말한다.
유아의 놀이와 배움 지원하기	• 어떤 일이 있었는지 두 유아의 이야기를 차례대로 들어주고 공감해주기 • 상대방의 행동에 대해 어떻게 느꼈는지 이야기 나눠 보도록 안내하기 -네가 만든 자동차를 호준이가 부수었을 때 마음이 어땠는지 이야기해 보자. -갑자기 시원이가 호준이를 밀었을 때 마음이 어땠니? • 놀이할 때 서로서로를 존중하고 배려하는 행동을 알고 실천하도록 돕기 -놀잇감을 가져갈 때는 혹시 친구가 사용하는 것은 아닌지 잘 살펴보고 가져가기 -친구에게 화가 났을 때 밀거나 때리지 않고 말로 이야기하기 • 유아들과 함께 갈등 예방을 위한 약속을 합의해서 실천하기 -만들기를 한 후 원하는 유아는 일정 시간 동안 전시해 놓기 -전시되어 있는 작품은 주인의 허락 없이 만지지 않기

놀이와 활동의 연계

활동명	놀이약속을 지켜요
활동목표	• 친구와 사이좋게 놀이하기 위해서 지켜야 할 약속이 있음을 안다. • 친구들과 합의하여 놀이 약속을 만들고 지킨다.
누리과정 관련 내용	• 사회관계: 더불어 생활하기 〉 친구와 서로 도우며 사이좋게 지낸다. 약속과 규칙의 필요성을 알고 지킨다. • 의사소통: 듣기와 말하기 〉 고운 말을 사용한다.
활동자료	그림자료 
활동과정	1. 그림을 차례대로 보면서 그림 속 행동의 결과를 예상해보고 이야기 한다. -그림 속에 누가 있나요? -지금 어떤 일이 일어난 것 같나요? -장난감을 던지면 어떻게 될 것 같나요? -장난감을 던지면 안 되는 이유가 또 있을까요? -두 친구가 서로 먼저 놀겠다고 계속 장난감을 잡아당기면 어떤 일이 일어날까요? 2. 그림의 상황과 유사한 유아들의 경험을 이야기 한다. -그림에서처럼 혼자 장난감을 모두 차지하고 안 나눠주는 친구 때문에 불편했던 적이 있나요? -그때 어떤 마음이 들었나요? -그래서 어떻게 했나요? 3. 어떻게 하면 좋을 지 문제 해결 방법에 대해 생각하여 말한다. -만약에 또 그런 일이 일어난다면 어떻게 하면 좋을까요? 4. 놀이 시간에 지켜야 할 약속이 있는지 생각해보고 이야기 한다. -친구들과 함께 기분 좋게 놀이하기 위해서 어떤 약속을 지키면 좋을까요? (유아들이 이야기하는 내용을 기록한다.) 5. 우리 반 친구들 모두가 놀이할 때 꼭 지키기를 바라는 약속 한 두 가지를 선정한다

길이를 재어보아요	지식 · 학습에 대한 긍정적 태도

유아의 경험 들여다보기	경험의 의미 해석하기
자유놀이 시간, 준석이와 민식이는 과학 활동 교구장에서 여러 가지 모양의 자를 발견한다. 준석이는 대나무로 만들어진 긴 자(1m)를 꺼낸다. 민식이는 동그란 케이스에 들어있는 줄자를 꺼내어 손에 들고 이리저리 살펴본다. 준석: 이것 좀 봐. 이거 엄청 길다. 긴 칼 같아.(자를 한 손으로 잡고 이리저리 휘둘러본다) 민식: 이건 뭐지? 아! 이거 그거다. 줄자, 우리 엄마랑 아빠가 식탁 살 때 이거 이렇게 했거든. (교구장 가장자리에 줄자를 대면서) 봐봐. 엄청 길지? 준석: (대나무 자에 있는 숫자를 가리키며) 여기 숫자 있다. 10, 20, 30, ... 우와! 조그만 숫자도 많네. 민식이와 준석이는 각자의 자를 들고 교실 곳곳을 다니면서 물건의 길이를 재는 시늉을 한다. 다른 유아들도 놀이에 관심을 보이며 두 유아를 도와 각종 물건의 길이를 재어본다. 교사: 너희들이 아주 재미있는 놀이를 하고 있는 것 같구나. 유아들: 네. 우리 책상이랑 그림책이랑 연필이랑 이런 것들 다 재요. 책상이 그림책보다 더 길어요.	사례 속의 두 유아는 자로 물건의 길이를 측정하는 놀이에 자발적으로 참여하였고, 긴 시간 동안 놀이 속에 몰입하고 있다. 자가 물건의 길이를 측정할 때 사용하는 도구라는 개념을 가지고 있으나 길이를 재는 정확한 방법(물건의 끝에 자의 숫자 0이 있는 눈금을 맞추고 자를 평평하게 하여 재기)에 대한 이해 없이 교실에 있는 다양한 물건의 길이를 측정해보는 행동(길이 재는 놀이)을 하는 것에 매우 큰 흥미를 보이고 있는 상황이다.

누리과정 관련 주요 내용 분석하기	• 사회관계: 나를 알고 존중하기 〉 내가 할 수 있는 것을 스스로 한다. 더불어 생활하기 〉 친구와 서로 도우며 사이좋게 지낸다. • 자연탐구: 탐구과정 즐기기 〉 궁금한 것을 탐구하는 과정에 즐겁게 참여한다. 생활 속에서 탐구하기 〉 일상에서 길이, 무게 등의 속성을 비교한다.
유아의 놀이와 배움 지원하기	• 유아들이 다양한 모양과 기능을 가진 자의 이름과 쓰임새, 길이를 재는 방법에 대해서 알아볼 수 있는 기회를 제공하기 • 유아들끼리 서로 협력하여 수행할 수 있는 측정활동 과제를 제안하고 활동이 진행되는 과정을 지원하기 • 유아들이 각각의 물건 길이를 재보고 그 결과를 기록하여 비교할 수 있도록 안내하기

놀이와 활동의 연계

<table>
<tr><td>활동명</td><td>친구와 서로 도우며 물건의 길이를 재어보아요</td></tr>
<tr><td>활동목표</td><td>• 친구들과 협력하여 주어진 과제를 수행한다.
• 자를 사용하여 물건의 길이를 재는 방법을 알고 놀이에 활용한다.</td></tr>
<tr><td>누리과정 관련 내용</td><td>• 사회관계: 더불어 생활하기 〉 친구와 서로 도우며 사이좋게 지낸다.
• 자연탐구: 탐구과정 즐기기 〉 궁금한 것을 탐구하는 과정에 즐겁게 참여한다.
생활 속에서 탐구하기 〉 일상에서 길이, 무게 등의 속성을 비교한다.</td></tr>
<tr><td>활동자료</td><td>• 여러 가지 종류의 자(줄자, 삼각자, 일자 모양 자, T모양 자 등), 물건 사진, 풀, 필기도구
• 측정결과 기록지, 그래프(물건의 길이 측정 결과 비교)

우리교실에서 가장 긴 물건은 무엇일까요?

날짜 | 2019년 ㅇ월 ㅇ일 | 측정한 사람 이름 |

| | 물건 이름(사진) | 자로 재어보기 전에 예상한 길이 | 자로 재어본 길이 |
1			
2			
3			
4			
5			| **〈사전활동〉** 다양한 종류의 자의 이름과 쓰임새에 대해서 알아보기</td></tr>
</table>

활동과정	1. 자유놀이 시간에 자를 가지고 놀았던 경험에 대해서 소개한다. -오늘 자를 가지고 놀았던 친구 중에 어떤 놀이를 했는지 소개해줄 친구가 있나요? -놀이를 하면서 새로 알게 된 점이 있나요? -물건의 길이를 잴 때 어떻게 해야 하는지 방법을 이야기해줄 수 있나요? -길이를 정확히 재기 위해서 조심해야 할 점은 무엇일까요? -길이를 재어보는 놀이를 하면서 궁금한 점이 있었나요? 2. 측정결과 기록지를 살펴보면서 물건의 길이를 재어보고 기록하는 활동의 방법에 대해서 알아본다. -이 종이를 가지고 어떤 놀이를 해볼 수 있을 것 같나요? -무엇을 보고 그렇게 생각했나요? -길이를 알고 싶은 물건이 있다면 그 물건의 이름(또는 사진)을 어디에 적으면(붙이면) 좋을까요? -자로 길이를 재어본 결과는 어디에 적어야 할까요? -(예상한 길이를 적는 칸을 가리키며) 여기에는 무엇을 적으면 될까요? 그래요. 자로 재기 전에 먼저 물건의 길이가 어느 정도일지 예상해보고, 예상한 길이를 숫자로 적어보기로 해요. -숫자를 적는 것이 어려울 때에는 어떻게 하면 좋을까요? 3. 친구와 짝을 지어서 물건의 길이를 재고 기록하는 활동을 한다. (유의점: 평소 짝을 정하는 다양한 방법을 활용하여 누구와 짝이 되어도 자연스럽게 협력할 수 있도록 격려한다.) 4. 활동을 마친 후 함께 모여서 어떤 물건의 길이를 재어보았는지, 길이는 어떠했는지를 기록한 결과 에 대해서 이야기 나눈다.
확장활동	• 우리교실에서 가장 긴 물건은 무엇일까요? 동유아들을 3, 4명 크기의 팀으로 나누고 같은 팀의 친구들과 협의하여 교실에서 가장 긴 물건은 무엇인지 예상해보고 길이를 재어서 알아본 결과를 비교하여 가장 긴 물건을 찾아본다. 가장 길 것으로 예상되는 물건을 선정하여 투표를 하고 그래프 형태로 투표 결과를 정리하여 그 의미를 해석해보는 활동으로 진행할 수도 있다.

내가 좋아하는 것

개별적 가치와 태도

유아의 경험 들여다보기	경험의 의미 해석하기
미술 재료장 앞에서 세 명의 유아들이 그림그릴 종이를 고르고 있다. 정아는 노랑색 네모 모양 종이를, 아영이는 연분홍색 동그란 모양 종이를 선택한 후 색연필과 사인펜을 사용하여 그림을 그리기 시작한다. 재원이는 긴 네모 모양의 검정색 종이를 가지고 정아와 아영이가 있는 책상 앞으로 간다. 아영: 재원아, 여기 자리 있어. 일루 앉아. 재원: 그래. (아영이 옆 의자에 앉는다.) 정아: 근데 왜 까만색 가져왔어? 여기에 그림 그릴 거야? (아영이를 보고 웃으면서) 우리는 예쁜 색깔 종이야... 재원: (아무 말 없이 그림을 그린다).... 중략....... 정아: (재원이의 그림을 보면서) 물고기 그린 거야? 재원: (고개를 끄덕인다.) 정아: 물고기는 바다에 사는데... 아영아, 이것 봐. 바다가 검은색이야. 이상하지? 아영: 우와 이게 바다야? 바다는 파란색으로 칠해야지. 재원: (대꾸 없이 고개를 숙이고 있다.)	아영이와 정아, 재원이는 그림 그릴 종이를 선택하는 과정에서 자신이 원하는 모양과 색깔의 종이를 골랐다. 재원이가 대부분의 유아들이 잘 선택하지 않는 검정색 종이를 선택하자 다른 유아들이 이를 낯설어하고 이상하다며 재원이의 취향을 존중하지 않는 반응을 한다. 재원이는 다른 유아들의 반응에 개의치 않고 자신의 선호에 따른 선택을 하지만 유아들의 계속되는 지적에 대해 자신의 생각을 표현하는데 소극적인 모습이다.

누리과정 관련 주요 내용 분석하기	• 사회관계: 나를 알고 존중하기 〉 나를 알고 소중히 여긴다. 내가 할 수 있는 것을 스스로 한다. 더불어 생활하기 〉 서로 다른 감정, 생각, 행동을 존중한다. • 의사소통: 듣기와 말하기 〉 자신의 경험, 느낌, 생각을 말한다.
유아의 놀이와 배움 지원하기	• 다양한 미술놀이 재료를 제공해주어 유아가 자신의 선호에 따라 스스로 선택할 수 있는 기회를 주기 • 자유놀이 후 유아들이 자신의 작품을 소개하는 시간을 통해 유아의 개인적 선호경향을 이해하고 존중하는 태도를 기르도록 돕기 (상호작용 예: 친구가 그린 그림에 대해 궁금한 점이 있으면 질문해볼까요? 재원이가 검정색 종이에 그림을 그린 이유가 있나요?) • 유아가 나타내는 개인적 선호와 가치에 대해 교사 자신이 중립적인 입장으로 반응하는 모습을 보여주기 • 정답이 없이 개인적 가치에 따라 선택하고 결정할 수 있는 기회를 자주 제공해 주기

놀이와 활동의 연계

활동명	내가 좋아하는 그림은?
활동목표	• 다른 사람의 생각과 느낌, 의견을 존중하고 수용하는 자세를 갖는다. • 자신이 좋아하는 그림에 대해서 왜 그 그림이 좋은지 이유를 말할 수 있다.
누리과정 관련 내용	• 사회관계: 더불어 생활하기 〉 서로 다른 감정, 생각, 행동을 존중한다. • 의사소통: 듣기와 말하기 〉 자신의 경험, 느낌, 생각을 말한다. • 예술경험: 아름다움 찾아보기 〉 예술적 요소에 관심을 갖고 찾아본다.
활동자료	명화 자료(느낌이 다른 민화 '까치와 호랑이')  
활동과정	1. 두 편의 그림을 차례대로 감상한다. 먼저 1번 그림에서 보이는 것에 대해 이야기한다. -이 그림을 보니까 어떤 느낌이 드나요? 무엇 때문에 그런 느낌이 들었을까요? -그림 속에 무엇이 보이나요? -가장 먼저 눈에 띈 것은 무엇인가요? 왜 그것이 가장 먼저 보였을까요? 2. 작품의 미술적 요소를 살펴보고 이야기한다. -가장 긴 선을 찾아서 가리켜볼 수 있나요? -그림에 어떤 색깔이 보이나요? 어떤 색깔이 가장 많이 보이나요? 그 색깔의 느낌은 어떤가요? -그림에 있는 모양들을 다 찾아볼까요? 어떤 모양들이 보이나요? 가장 많이 보이는 모양은? 3. 그림 속 이야기를 상상하여 말한다. -그림 속 호랑이는 지금 무엇을 하고 있는 것 같나요? -까치와 어떤 이야기를 나누고 있는 것 같나요? 4. 그림에 대한 개인적인 의견을 말한다. -이 그림에서 마음에 드는 점이 있나요? 어떤 점이 마음에 드나요? -내가 만약 화가라면 바꾸고 싶은 부분도 있나요? 어떤 부분을 어떻게 바꾸고 싶나요? 5. 그림 1을 감상한 것과 같은 방법대로 그림 2를 감상한다.
확장활동	• 호랑이가 그려진 두 작품 중 마음에 드는 한 작품을 선택하고 그 이유를 말하기 • '우리 반 친구들이 좋아하는 그림'에 투표하고 예상한 결과와 실제 결과를 비교해 보기

Chapter 17

놀이와 연계한 사회적 기술 증진 활동

학습목표	유아의 일상경험과 놀이에 대한 관찰 및 의미 해석을 바탕으로 유아의 사회적 기술을 증진할 수 있는 활동을 계획하여 지원할 수 있다.		
학습내용	지식	기술	태도 및 가치
	1. 사회적 기술 교육 내용 이해 ① 자기조절 ② 친구사귀기 ③ 공유하기 ④ 협력하기 ⑤ 의사소통하기 ⑥ 갈등해결하기 ⑦ 사회학습 기술 2. 2019 개정 누리과정 사회관계 영역의 교육 내용 이해	1. 유아의 일상과 놀이를 관찰하고 의미를 분석하는 능력 2. 유아의 사회적 기술 증진을 돕는 놀이 및 활동 계획 능력 3. 놀이와 활동의 자연스러운 연계 지원 능력 4. 유아의 학습동기 유지 및 사회적 기술 증진을 위한 효과적인 상호작용 기술	1. 바람직한 사회적 기술의 모델링을 제공하고자 하는 노력 2. 유아의 발달과 개별적 흥미를 존중하여 상호작용하는 태도 3. 개별 유아의 사회적 기술 향상을 돕기 위한 꾸준한 관찰과 기록 등 필요한 지원을 제공하기 위한 노력 4. 수행된 활동에 대해서 반성적으로 평가하는 태도

사회적 기술 증진을 위한 활동 범위

- 자기 조절
- 친구 사귀기
- 공유하기
- 협력하기
- 의사소통과 학습
- 갈등해결하기
- 사회학습 기술

화가 나면 어떻게 할까요? | 자기조절

유아의 경험 들여다보기

만 4세반의 급식시간, 정현이는 식판을 보고 잠시 찡그린 표정을 짓다가 밥에 국과 김치를 모두 넣어 섞는다.

정현: 선생님, 나 이거 다 넣었어요.
교사: 정현이는 그렇게 먹으면 더 맛있을 것 같니?
정현: (교사에게 김치를 내밀면서) 잘라주세요.

식사를 마쳐야 할 시간이 다 되어가도록 정현이는 밥을 거의 먹지 않고 있다. 다 먹은 유아들이 바깥놀이를 나간다.

교사: 정현아, 부지런히 먹어야겠네.
정현: (갑자기 숟가락을 바닥에 던진다.)
교사: 정현아, 떨어진 숟가락을 누가 주워야 하지?
정현: (화난 표정으로) 엄마가요.
교사: 유치원에는 엄마가 안 계신데?
정현: 그럼, 선생님이 주워요.
교사: 정현이가 던진 것은 정현이가 주워야 해.
정현: (한참 후에 숟가락을 줍는다. 이 때 밥을 먹고 바깥놀이를 나갔었던 상우가 들어오자 일어나서 상우를 민다.)
교사: (굳은 표정으로) 정현아, 왜 상우를 밀었니?
정현: 화나서요. 선생님도 밀 거예요.
교사: 화가 나면 친구나 선생님을 밀어도 될까?
정현: (문 쪽으로 뛰어가 버린다. 교사가 이름을 불러도 돌아오지 않는다.)

경험의 의미 해석하기

정현이는 좋아하는 음식과 좋아하지 않는 음식에 대한 선호가 분명하다. 오늘 급식에서 좋아하지 않는 음식들을 먹어야 하는 것으로 인해 즐겁게 식사를 할 수 없다. 다른 친구들은 빨리 식사를 마치고 바깥놀이를 나가는데, 자신은 식사를 할 수도, 바깥놀이를 나갈 수도 없는 상황이 정현이로 하여금 더욱 좌절감을 느끼게 한다. 식사를 재촉하는 교사의 말에 숟가락을 던지는 행동으로 부정적인 감정을 표현하고, 교사의 질문에 계속 엇나가는 반응으로 대응한다. 또한 거친 말과 행동으로 교사나 또래친구를 대하고 있어 화가 나는 감정을 조절하는 것에 어려움을 보이고 있다.

누리과정 관련 주요 내용 분석하기	• 사회관계: 나를 알고 존중하기 〉 나의 감정을 알고 상황에 맞게 표현한다. 더불어 생활하기 〉 친구와 어른께 예의바르게 행동한다. • 의사소통: 듣기와 말하기 〉 자신의 경험, 느낌, 생각을 말한다.
유아의 놀이와 배움 지원하기	• 유아의 마음이 어떤지, 왜 그런 마음이 드는 지에 대한 이야기를 충분히 들어주고 공감해주기(상호작용 예: 좋아하는 음식이 없어서 다 먹는 것이 어렵구나.) • 유아의 마음은 무조건 수용하되, 안 되는 행동에 대해서는 제한하기 (상호작용 예: 맛있게 먹지 못해서 속상하구나. 그런데 숟가락을 던지는 것은 안 돼. 왜냐하면 숟가락을 던지면..... 하기 때문이야.) • 정현이의 음식에 대한 개인적 선호 경향성에 대한 정보를 미리 숙지하여 개별적인 지원에 활용하기 -급식 시간 전 그 날 제공되는 음식에 대한 정보를 알려주면서 유아와 개별적으로 기분좋은 상호작용하기(상호작용 예: 오늘 점심 반찬에 새콤달콤 맛있게 익은 깍두기가 나온단다. 정현이가 지난번에는 깍두기를 두 개나 먹었는데 오늘은 몇 개 쯤 먹어볼 수 있을 것 같니?)

놀이와 활동의 연계

활동명	화나는 마음을 가라앉히는 좋은 방법이 있어요
활동목표	• 화가 나는 상황에서 자신이 무엇 때문에 화가 났는지를 이해한다. • 화나는 마음을 적절한 방법으로 표현할 수 있다.
누리과정 관련 내용	• 사회관계: 나를 알고 존중하기 〉 나의 감정을 알고 상황에 맞게 표현한다. • 의사소통: 듣기와 말하기 〉 자신의 경험, 느낌, 생각을 말한다.
활동자료	그림자료 동화 '쏘피가 화난면 정말 화나면'(몰리 뱅 지음, 이은화 옮김/ 케이유니버스), 상황그림(한 유아가 다른 유아를 미는 모습, 한 유아가 지나가다가 다른 유아가 만든 블록집을 차서 무너진 모습 등)
활동과정	1. '쏘피가 화나면 정말 화나면' 동화를 듣고 내용을 회상한다. -쏘피는 화가 났을 때 어떻게 화나는 마음을 가라앉힐 수 있었나요? -화가 났을 때 화난 마음을 가라앉히는 것이 좋을까요? 어떤 점이 좋다고 생각하나요? 2. 화가 났었던 경험에 대해 이야기 한다.   -지금 이 두 친구의 기분은 어떤 것 같나요? -성진이는 왜 화가 났을까요? 지은이는 왜 또 화가 났을 것이라고 생각하나요? -성진이나 지은이처럼 화가 난 적이 있었나요?

3. 화난 마음을 상대방에게 알릴 수 있는 좋은 방법에 대해 생각하여 이야기해 본다.
  -성진이는 지은이의 기분이 어떤지 알고 있는 것 같나요?
  -무엇을 보고 지은이의 기분을 알 수 있을까요?
  -그럼 왜 화가 났는지도 알고 있을까요?
  -성진이는 지은이가 왜 화가 났는지 모를 수도 있어요.
  지은이가 화났다는 걸 성진이가 알 수 있도록 하는 방법이 있을까요?
  -만약 지은이가 화가 났다고 쏘피처럼 소리를 지른다면 성진이는 어떤 생각을 할까요?
  -화가 났다고 지은이가 물건을 던진다면 성진이는 무슨 생각을 할까요?
  -소리 지르고 물건을 던지는 것은 화난 마음을 표현하는 좋은 방법일까요?
  -어떻게 하는 것이 화난 마음을 표현하는 좋은 방법일까요?

4. (상황 그림을 보면서) 화난 감정을 적절한 언어로 표현해본다.
  -준서는 뒷걸음질을 치다가 모르고 해진이를 밀었어요. 해진이는 깜짝 놀랐고 기분이 좋지 않았대요.
  -내가 만약 해진이라면 준서에게 어떻게 마음을 표현하면 좋을까요?
  -민성이는 지나가다가 모르고 진영이가 블록으로 만든 집을 발로 찼어요. 진영이는 열심히 만든 블록 집이 망가져서 너무 속상하고 슬펐대요. 만약에 내가 진영이라면 민성이에게 뭐라고 말을 하면 좋을까요? 어떻게 말하면 화난 마음을 가라앉히고 기분이 나아질 수 있을까요?

5. 유아들이 상황에 적합한 언어로 부정적인 감정을 표현해보는 역할극을 한다.

친구들과 함께 놀아요	친구사귀기

유아의 경험 들여다보기	경험의 의미 해석하기
만 4세반 자유놀이시간, 5~6명의 유아들이 모여 가족놀이를 하고 있다. 건우는 놀이에 끼어들지 못하고, 잠시 서성이다가 쌓기 놀이로 간다. 얼마 후 건우가 가족놀이를 하는 유아들이 있는 곳으로 간다. 건우: 야, 나도 시켜줘. 나 아빠 현빈: 야! 안 돼. 우리 아빠 있어. 건우: 아~~ 나 아빠하고 싶은데, 그럼 나 큰 아빠 현빈, 승주: 안 돼! 우리 큰 아빠 있어. 안 시켜. 건우: 너네 나빠. 왜 나만 안 시켜? 선생님한테 다 말할 거야. 유아들: (건우를 잠시 바라보더니 놀이를 계속한다.) 건우: (교사에게 가서 울먹이는 목소리로) 선생님, 나 아빠하고 싶은데 걔네가 나만 안시켜준대요.	건우는 친구들과 함께 놀고 싶은 강한 욕구를 가지고 있다. 그래서 놀이에 끼어줄 것을 계속 요구하지만 또래들의 선호를 일으키는 친사회적인 교류를 하는데 실패하고 있다. 특히 또래들의 동의 없이 원하는 역할을 주장하거나 이미 놀이 속에 있는 '아빠' 역할을 하겠다고 고집하는 것이 친구들을 불편하게 한다는 사실을 이해하지 못하고 있다.

누리과정 관련 주요 내용 분석하기	• 사회관계: 더불어 생활하기 〉 친구와 서로 도우며 사이좋게 지낸다. • 의사소통: 듣기와 말하기 〉 자신의 경험, 느낌, 생각을 말한다.
유아의 놀이와 배움 지원하기	• 건우와 함께 진행되고 있는 친구들의 놀이를 관찰하기 -어떤 놀이가 이루어지고 있는가? -놀이하는 유아들이 각자 맡고 있는 역할은 무엇인가? -놀이에 필요한 역할이 무엇인가? -놀이가 더 즐겁고 활기차게 유지되도록 돕는 방법이 있는가? • 건우가 놀이에서 필요한 역할이나 놀이를 돕는 행동을 제안하면서 자연스럽게 놀이에 들어가도록 지원하기 (역할 예: 친척, 손님 등 / 놀이를 돕는 행동의 예: 가족놀이를 더 재미있게 유지하기 위한 공간 구성이나 소품에 대한 아이디어 제공) • 놀이를 더 재미있고 풍성하게 확장시켜가는데 필요한 자료 제공해 주기 유아 또는 교사가 제안하거나 유아와 교사가 함께 놀이에 필요한 자료를 생각해보고 결정된 내용에 따라 자료를 제공해 줄 수 있다.

놀이와 활동의 연계

활동명	아기 곰을 도와주세요
활동목표	• 놀이에 자연스럽게 끼어 들어가는 방법을 알고 말이나 행동으로 표현할 수 있다. • 친구의 기분을 좋게 하거나 상하게 하는 말과 행동이 있음을 안다.
누리과정 관련 내용	• 사회관계: 더불어 생활하기 〉 친구와 서로 도우며 사이좋게 지낸다. • 의사소통: 듣기와 말하기 〉 상대방이 하는 이야기를 듣고 관련해서 말한다. 책과 이야기 즐기기 〉 책에 관심을 가지고 상상하기를 즐긴다.
활동자료	동화 '욕심꾸러기 아기 곰'(혼마 마사키 지음, 김활란 옮김/ 은하수 미디어)
활동과정	1. 동화를 감상한다. 2. 아기곰의 행동에 대해 동물 친구들이 어떤 기분을 느꼈을 지를 생각해보고 이야기한다. -아기 곰은 그네를 타고 싶어서 어떻게 했나요? -아기 곰이 무조건 그네에서 내리라고 했을 때 토끼들은 어떤 기분이었을 것 같나요? -모래성을 만들고 있는 친구들에게 가서 터널을 만들어줄 거라고 주먹으로 모래성을 쳤을 때 어떤 생각이 들었나요? 친구들의 마음은 어땠을까요? -사과가 먹고 싶다고 나무를 쿵쿵 치니까 어떤 일이 일어났나요? -"모두 내려와. 이번에는 내가 먹을 거야."라고 말했을 때 사과나무 위에 있던 원숭이 친구들의 기분은 어땠을까요? 3. 친구들이 기분 좋게 아기 곰과 함께 놀고 싶도록 하는 바람직한 언어와 행동에 대해서 생각해보고 동화 내용을 다시 꾸며본다. -아기 곰이 친구들과 사이좋게 놀이할 수 있게 우리가 도울 수 있을까요? -그네를 타는 토끼 친구에게 비키라고 말하는 대신 어떻게 말하면 좋을까요? -친구가 만든 모래성이 더욱더 멋진 성이 될 수 있게 도움을 주고 싶을 때는 어떻게 하면 좋을까요? 어떻게 말하면 친구가 기분 좋게 같이 만들자고 말해줄 것 같나요? -어떻게 하면 원숭이 친구들이 아기 곰과 맛있는 사과를 나눠먹고 싶은 마음이 들까요? 4. 재구성한 동화의 내용을 감상한 후 느낌을 이야기한다. -다시 만든 동화를 들어보니 기분이 어떤가요? -원래 동화 이야기와 어떤 점이 달라진 것 같나요? -아기 곰에게 이야기해주고 싶은 더 좋은 방법이 있나요?

활동명	내가 만약 동화 속의 리키라면?
활동목표	• 다른 사람의 마음에 관심을 가진다. • 다른 사람의 마음에 공감하고 위로할 수 있다.
누리과정 관련 내용	• 사회관계: 더불어 생활하기 〉 친구와 서로 도우며 사이좋게 지낸다. • 의사소통: 듣기와 말하기 〉 고운 말을 사용한다. 책과 이야기 즐기기 〉 책에 관심을 가지고 상상하기를 즐긴다.
활동자료	동화 '내 귀는 짝짝이(웅진닷컴 / 히도 반 헤네흐텐글)', 동화 속 장면 그림 6장   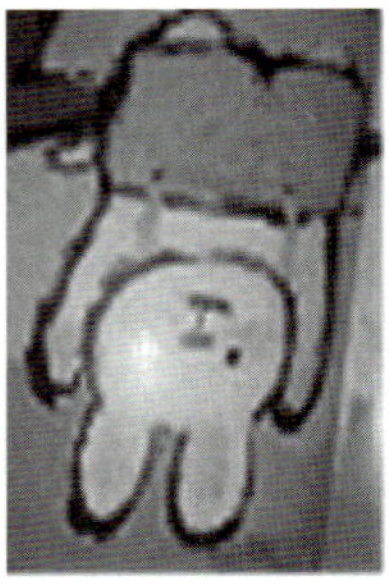 
활동과정	1. 동화 '내 귀는 짝짝이'의 내용을 중간부분(친구들이 리키를 놀리는 장면)까지 듣는다. 2. 동화의 내용을 회상한다. -친구들은 왜 리키를 놀렸을까요? -친구들은 리키를 어떤 말로 놀렸나요? 3. 6장의 그림 카드를 보면서 친구들이 리키를 놀리는 내용을 역할극으로 한다. -누가 리키가 되어볼까요? -다른 친구들은 동화속 친구들이 되어 돌아가면서 리키를 놀리는 말을 해보기로 해요. 4. 역할극을 해본 소감을 말해 본다. -리키가 되어보니까 어떤 느낌이 드나요? -친구들이 놀릴 때 리키의 마음은 어땠을까요? -리키가 되어서 놀리는 말을 들었을 때 친구들에게 뭐라고 말하고 싶었나요? -리키를 놀리는 친구 역할을 맡아보니 기분이 어땠나요? -왜 그런 느낌이 들었을까요? 5. 유아 자신이 놀림을 당해 경험을 이야기 한다(교사는 유아의 기분을 읽는 말을 들려준다). -그렇지요. 친구들에게 놀림을 당하면, 마음이 아프고 그 친구와 놀고 싶지 않겠네요. 6. 친구의 경험을 듣고, 그 친구의 기분을 위로하는 말을 들려준다. -ㅇㅇ는 어떤 친구가 바보라고 놀렸대요. 어떻게 하면 ㅇㅇ의 속상한 마음이 풀릴까요? 어떻게 위로해 주면 좋을까요?

함께 사용하는 물건이에요	공유하기
유아의 경험 들여다보기	**경험의 의미 해석하기**
희철: 내가 먼저 왔었어. 저리 비켜! 경훈: 지금 내가 앉았잖아. 먼저 앉은 사람이 주인이야. 희철: 내가 먼저 왔다고! 비키라고!(경훈이를 밀침) 경훈: (발로 희철이를 차면서) 왜 밀어? 선생님~ 내 자린데 얘가 막 뺏으려고 했어요(울먹인다) 교사: 울지 말고 이야기하세요. 둘이서 왜 싸웠어요? 희철: (작은 목소리로) 내 자린데 쟤가 와서 뺏었어요. 경훈: (말을 가로막으며) 내가 앉아있었잖아. 교사: (경훈이를 노려보며) 경훈아, 희철이가 이야기하고 있지요? 경훈: (시무룩해져서 고개를 떨군다.) 교사: 지금 두 사람은 서로 먼저 왔다고 자리를 가지고 싸운 거죠? 카드 활동을 할 수 있는 자리가 몇 개인가 보세요. 경훈: (테이블을 돌아보고 자리를 확인한 후) 두 개요. 교사: 맞아요. 두 개죠? 희철이랑 경훈이도 두 사람이에요. 두 사람 모두 활동을 할 수 있는데 싸울 이유가 있어요?	희철이와 경훈이는 자신이 먼저 앉은 의자임을 주장하며 소유권 다툼을 벌이고 있다. 교실에 있는 의자는 그 반의 모든 유아들이 함께 사용하는 물건이다. 공동의 물건일 때에는 먼저 앉은 사람이 우선해서 사용할 수 있다는 기본적인 규칙을 따르게 된다. 희철이가 앉아 있다가 잠시 자리를 떠난 사이에 경훈이가 앉았고, 두 유아 모두 분쟁이 일어난 상황에서 문제를 긍정적으로 해결하지 못하고 공격적인 행동을 하였다.

누리과정 관련 주요 내용 분석하기	• 사회관계: 나를 알고 존중하기 〉 나의 감정을 알고 상황에 맞게 표현한다. 더불어 생활하기 〉 서로 다른 감정, 생각, 행동을 존중한다. 친구와의 갈등을 긍정적인 방법으로 해결한다. 약속과 규칙의 필요성을 알고 지킨다.
유아의 놀이와 배움 지원하기	• 의자는 학급 구성원 모두가 사용한 공동의 물건이라는 점을 유아들이 충분히 이해할 수 있도록 설명해주기 • 유아들과 협의하여 학급 공동의 물건을 사용할 때의 규칙과 약속을 정하고 지키기 (예: 한 유아가 교실 공동의 물건을 사용하다가 다른 장소에 잠시 다녀와야 할 경우 소유권이 누구에게 있는지를 분명히 이해하고 지키도록 돕기) • 자신의 소유권을 말로 주장하는 것은 허락하되, 공격행동은 허용하지 않을 것이라는 것을 유아들이 이해하도록 충분히 설명하기 • 놀이시간 후에 친구들과 놀이공간이나 놀잇감을 나눠서 사이좋게 사용한 경험에 대해서 소개하고 느낌이나 생각을 나누는 시간을 가지기

놀이와 활동의 연계

활동명	함께 나누면 기분이 좋아요
활동목표	• 자발적으로 나누는 일에 기쁨을 느낀다. • 친구와 나눌 수 있는 것을 찾아보고 함께 나누는 행동을 실천한다.
누리과정 관련 내용	• 회관계: 더불어 생활하기 〉 친구와 서로 도우며 사이좋게 지낸다. • 의사소통: 듣기와 말하기 〉 자신의 경험, 느낌, 생각을 말한다.
활동자료	유아가 집에서 가져온 개인 물건(장난감, 동화책 등)
활동과정	1. 비밀상자 속에 무엇이 있는지 알아본다. 물건의 주인인 유아가 수수께끼로 문제를 내면 다른 유아들이 무엇인지 알아맞혀본다. -궁금이 상자 속에 들어 있는 것이 무엇인지에 대해서 친구가 수수께끼를 낼 거예요. -무엇을 할 때 사용하는 물건인지 말해줄 수 있나요? -어떤 색깔(모양)인가요? 2. 궁금한 것을 다른 유아들이 질문한다. -물건의 이름을 말하기 전에 친구의 이야기를 잘 듣고 궁금한 것을 물어보기로 해요. -이것에 대해 더 궁금한 점이 있나요? 3. 친구와 함께 나누어 사용해도 괜찮은 물건이 있는지 생각해보고 이야기한다. 4. 물건의 주인 유아가 물건을 사용(놀이)하는 방법과 주의해야 할 점에 대해서 다른 유아들에게 알려준다. 5. 짝 또는 그룹을 지어 물건 주인의 허락을 받은 물건들을 탐색(놀이)한다. 6. 친구와 개인물건을 나누어 놀이해본 경험에 대한 느낌을 이야기한다. -나의 물건(놀잇감, 그림책 등)을 친구와 함께 사용해보니까 어떤 느낌이 들었나요? -함께 사용해보니까 좋은 점이 있었나요? 혹시 불편한 점도 있었나요? -친구와 나누어 놀이하고 싶은 물건이 또 있나요? -친구의 물건을 가지고 놀고싶을 때는 어떻게 부탁하면 좋을까요? -어떤 말로 부탁하면 친구가 기분좋게 들어줄 수 있을까요? -자기 물건을 함께 사용하도록 허락해준 친구에게 어떤 마음이 들었나요? -친구에게 고마운 마음을 어떻게 전하면 좋을까요?

친구와 서로 도와요 | 협력하기

유아의 경험 들여다보기	경험의 의미 해석하기
만 5세반 자유놀이 시간, 도현이는 8절 크기의 종이 위에 그림을 그리고 숫자나 글자도 쓰면서 게임판을 만드는 놀이에 열중하고 있다. 성진이는 도현이와 게임판의 내용이나 형태에 대한 의견을 나누면서 도현이의 게임판 만들기 작업을 돕고 있다 성진: (웃는 표정으로 도현이를 보면서) 주사위가 필요한데, (교사를 향해) 선생님, 주사위 하나만 주세요. 도현: (교사를 보며 들뜬 목소리로) 선생님, 나 성진이랑 지금 게임판 만들고 있거든요. 게임할 때 주사위 필요해요..... 중략......... 도현: 아싸~ 이제 여기 색칠만 좀 더 하면 되겠다. 성진: 그거 내가 해줄게. 성진이가 갑자기 게임판이 그려진 종이를 휙 잡아당기자 도현이가 팔꿈치로 누르고 있던 종이의 한쪽 윗부분이 쭈욱 찢어진다. 두 유아 모두 깜짝 놀라서 표정이 굳어진다. 도현: (점점 더 빨개진 얼굴로 울먹이며) 이거 내가 진짜 열심히 만든 건데.. 어떡해. 어떡해~ 도현이는 얼굴을 두 팔에 묻고 한동안 엎드려 있다. 교사가 이야기나누기를 시도하였으나 도현이는 좀처럼 대화에 응하지 않는다. 성진이는 긴장된 표정으로 '미안하다'는 말만 되풀이하고 있다.	도현이와 성진이는 평소 놀이에 대한 선호나 의견이 잘 맞는 단짝친구이다. 게임판을 만드는 과정에서도 필요한 아이디어를 나누고 작업을 도우면서 즐겁게 놀이에 몰입하는 모습을 보였다. 도현이는 자신이 원하는 게임판이 완성되어가는 것에 대해 매우 큰 만족감을 나타냈으며, 성진이도 도현이를 돕는 것에 대해 즐거움을 표현하였다. 하지만 성진이의 실수로 게임판이 그려진 종이가 찢어지자 도현이와 성진이 모두 당혹감과 실망감을 느끼고 있다.

누리과정 관련 주요 내용 분석하기	• 사회관계: 나를 알고 존중하기 〉 나의 감정을 알고 상황에 맞게 표현한다. 더불어 생활하기 〉 친구와 서로 도우며 사이좋게 지낸다. • 의사소통: 듣기와 말하기 〉 자신의 경험, 느낌, 생각을 말한다.
유아의 놀이와 배움 지원하기	• 두 유아의 이야기를 들어주고 실망한 마음에 공감 표현하기 • 유아들과 어떻게 하면 게임판을 원래 모양으로 회복시킬 수 있을지 방법을 찾아보기 • 망가진 게임판을 복구하는 과정에서 도현이와 성진이가 서로 협력할 수 있도록 안내하기 (상호작용 예: 도현아, 성진이는 너의 게임판 수리하는 작업을 돕고 싶어 해.) • 평소 친구와 함께 협력하여 놀이하는 모습을 격려하고 필요한 것을 지원하기

놀이와 활동의 연계

활동명	친구들과 서로 도와 두꺼비 집 짓기
활동목표	• 또래와 협력하여 놀이하는 것에 즐거움을 느낀다. • 전래동요를 부르면서 모래놀이를 즐긴다. • 모래의 특성과 변화를 탐색한다.
누리과정 관련 내용	• 사회관계: 더불어 생활하기 〉 친구와 서로 도우며 사이좋게 지낸다. • 자연탐구: 생활 속에서 탐구하기 〉 물체의 특성과 변화를 여러 가지 방법으로 탐색한다.
활동자료	전래동요 노랫말 자료, 모래 두꺼비 풀잎 동요마을 전래동요 
활동과정	1. 전래동요 '두껍아 두껍아'를 감상한다. 2. 다양한 방법으로 불러보면서 노래를 익힌다. -한 소절씩 나누어 부르기 -손가마 놀이하며 부르기 -어깨동무 하고 리듬을 타며 부르기

3. 전래동요를 부르면서 두꺼비집을 짓는 모래놀이 방법에 대해 알아본다.

> 모래를 알맞게 파고 그 안에 손을 동그랗게 말아 넣는다.
> 모래를 덮으면서 가볍게 두드리며 다져준다.
> 노래를 부르면서 튼튼하게 모래를 쌓은 후 살며시 손을 뺀다.
> 입구를 정리하고 안쪽의 흙을 좀 더 파내서 집들 조금 더 크게 키운다.
> 두꺼비 집끼리 서로 연결하여 터널도 뚫어보고 마을도 만들어본다.

4. 친구들과 함께 서로 도와가면서 두꺼비집 짓기 놀이를 한다.

5. 친구들과 서로 도우며 놀이한 경험에 대한 느낌과 생각을 이야기한다.
   -어떤 친구와 함께 두꺼비집 짓기 놀이를 했나요?
   -두 친구가 앞에 나와서 어떻게 놀이했는지 이야기해줄 수 있나요?
   -친구와 어떤 것을 서로 도왔나요?
   -혼자 놀이할 때보다 좋은 점이 있었나요? 어떤 점이 좋았나요?
   -함께 놀이한 친구에게 어떤 마음이 드나요?
   -친구에게 고마운 마음을 어떤 방법으로 전할 수 있을까요?
   -그래요. 안아줄 수도 있겠네요. 그리고 말로 마음을 전할 수도 있을 것 같네요.
   -함께 놀이한 친구에게 해주고 싶은 말이 있나요?
   -내일은 또 어떤 친구와 서로 도우며 놀이하고 싶나요?

기분 좋은 말로 부탁해요

의사소통하기

유아의 경험 들여다보기

만 4세반의 자유놀이시간, 민규는 만들기 재료들로 무엇인가를 만들고 꾸미는 작업에 집중하고 있다. 얼마간의 시간이 흐른 후 민규는 자신이 완성한 작품(고깔모자)을 들고 이리저리 살펴보더니 흡족한 듯 미소를 짓는다

혜림: (민규를 보면서) 우와 멋진 모자다. 니가 만든 거야?
민규: 응, 내가 다 만들었어. 멋있지?(모자를 써 보이며)
혜림: 그래. 진짜 멋있어. 나도 써보고 싶다. (민규를 바라보며) 나도 한번 써 봐도 돼?

민규는 혜림이에게 모자를 건네고, 혜림이는 머리에 모자를 써 보이며 즐거운 표정을 짓는다. 쌓기놀이를 하고 있던 승원이가 그 모습을 보더니 빠른 걸음으로 민규 옆으로 다가온다.

승원: (혜림이가 가지고 있던 고깔모자 쪽으로 손을 뻗으며) 나도 좀 써보자.
민규: (깜짝 놀란 표정으로 언성을 높이며 고깔모자를 꼭 쥐고) 아우야! 이거 내 거야. 만지지 마!
승원: 치사해. 왜 나만 안주냐? 나도 좀 써볼래.
민규: (고깔모자를 등 뒤로 감추며 굳은 표정으로) 안 돼, 이거 내 거라고, 니 것도 아니면서....
승원: (속상한 표정을 지으며) 나도 써보고 싶다고~ 응? 응?

민규가 모자를 가지고 다른 곳으로 이동한다.

승원: (화난 표정으로) 욕심쟁이... 너랑 안 놀아!

경험의 의미 해석하기

민규는 다양한 재료들을 활용한 창의적 표현 놀이에 즐겁게 몰입하였다. 제법 긴 시간 동안 집중하여 만족스러운 작품을 완성하였으며, 결과를 자랑스러워하였다. 혜림이는 민규의 만들기 결과물을 멋있다고 칭찬해주고 자신도 고깔모자를 써보고 싶은 바람을 조심스럽게 표현하여 민규로부터 호의적인 반응을 얻어내고 있다. 반면 승원이는 모자의 주인인 민규에게 충분히 부탁하거나 허락을 구하지 않은 상태에서 고깔모자를 마음대로 가져가려는 행동을 하여 민규로부터 강하게 거절당하는 결과를 경험하고 있다. 또한 자신의 요구가 관철되지 않자 친구를 비난하는 말로 속상한 마음을 표현하고 있다.

누리과정 관련 주요 내용 분석하기	• 사회관계: 나를 알고 존중하기 〉 나를 알고 소중히 여긴다. 더불어 생활하기 〉 서로 다른 감정, 생각, 행동을 존중한다. • 의사소통: 듣기와 말하기 〉 자신의 경험, 느낌, 생각을 말한다. • 예술경험: 창의적으로 표현하기 〉 다양한 미술재료와 도구로 자신의 생각과 느낌을 표현한다.
유아의 놀이와 배움 지원하기	• 승원이가 효과적인 부탁하기 언어를 배워서 친구들 사이에서 사용하도록 지원하기 친구의 물건을 만지거나 놀이하고 싶을 때에는 먼저 친구에게 허락을 바라는 부탁하기의 말을 해볼 수 있도록 안내한다. (상호작용 예: 나도 한 번 써보고 싶다. 나도 한번만 써 봐도 되니?) • 놀이에 필요한 자료 제공해 주기 민규의 고깔모자 만들기 놀이에 다른 유아들이 흥미를 표현할 경우, 모자 만들기를 위한 다양한 만들기(꾸미기) 재료들을 제공해줄 수 있다. • 모자 만들기로 시작된 놀이가 다른 놀이로 확장될 수 있도록 지원하기 (놀이 확장 예: 모자가게놀이, 모자장수아저씨 동극, 모자 전시회 등)

놀이와 활동의 연계

활동명	부탁하는 말, 거절하는 말
활동목표	• 부탁과 거절을 효과적으로 할 수 있는 어휘를 알고 익힌다. • 자신의 상황이나 이유를 설명하며 부탁과 거절을 한다.
누리과정 관련 내용	• 사회관계: 더불어 생활하기 〉 친구와 서로 도우며 사이좋게 지낸다. • 의사소통: 듣기와 말하기 〉 상대방이 하는 이야기를 듣고 관련해서 말한다. 책과 이야기 즐기기 〉 책에 관심을 가지고 상상하기를 즐긴다.
활동자료	동화 '무지개물고기'  출처: 마르쿠스피티스 지음, 시공주니어 출판
활동과정	1. 동화 '무지개 물고기'를 감상한다. 2. 동화 내용을 회상한다. "무지개 물고기는 자기 몸에 반짝이 비늘이 있다고 어떤 생각을 하였나요?" "무지개 물고기의 반짝이 비늘을 보고 다른 친구 물고기들은 어떤 생각을 하였나요?" 3. 다른 사람의 물건이나 권리를 나눠 달라고 부탁할 때의 효과적인 언어에 대해 알아본다. "다른 물고기들은 왜 반짝이 비늘이 갖고 싶었을까요?" "물고기들은 무지개 물고기에게 어떤 말로 부탁했나요?" "무지개물고기는 무엇이라고 대답했나요?" "어떤 말로 부탁하면 무지개 물고기가 부탁을 들어줄 것 같나요?" "만약 무지개 비늘을 갖고 싶은 물고기라면 어떻게 부탁하면 좋을까요?" (교사는 유아들의 말을 종이에 적는다.) 4. 종이에 적혀있는 부탁하는 말들을 하나씩 보면서 그렇게 말했을 때 어떤 결과가 있을 것인지를 예상해보고 효과적인 부탁의 말을 뽑아본다. 5. 거절을 할 때 적합한 이유나 대안을 제시하여 표현하는 방법에 대해 알아본다. "무지개 물고기가 '싫어'라고 말했을 때 다른 물고기들의 마음은 어떠했을까요?" "무지개 물고기가 비늘을 나누어 주지 않은 이유는 무엇인 것 같나요?" "만약 너무 소중한 것이라서 나누어 줄 수 없을 때, 다른 물고기들이 기분 나쁘지 않게 거절하는 방법이 있을까요?" "내가 만약 무지개 물고기라면 친구들이 기분 나쁘지 않게 듣도록 어떤 말로 거절하면 좋을까요?"(교사는 유아들이 한 말을 적는다) 6. 유아들이 한 거절의 말들을 하나씩 보면서 각각의 결과를 예측하여 가장 효과적인 거절의 말을 뽑아본다.

〈확장 활동〉

활동명	부탁해. 미안해. 안 돼
활동자료	물건을 빌리는 상황 그림이나 사진   
활동방법	1. 장면그림을 차례대로 보면서 어떤 상황인지에 대해 이야기 한다. 2. 말풍선에 부탁(거절)을 효과적으로 하는 말을 적어본다. 3. 거절의 이유와 함께 부드럽게 거절하는 말을 적는다. 4. 두 명의 유아가 나와 그림을 보고, 역할극을 한다.

친구와 함께 문제를 해결할 수 있어요	갈등해결하기
유아의 경험 들여다보기	**경험의 의미 해석하기**
만 5세반 교실, 귀가 전 동화를 듣기 위해 유아들이 모임 자리에 모여 앉는다. 승원이의 앞줄에 있는 민규가 무릎다리를 한 상태로 동화를 듣고 있다. 승원이는 앞이 잘 안 보이는 듯 몸을 위로 들썩인다. 승원: (민규를 향해 조금 짜증난 목소리로) 장민규, 안 보여. 민규: (뒤를 돌아 승원이를 한번 쳐다보고는 자세를 그대로 하여 동화를 듣는다.) 승원: 야~ 안 보인다고! (민규의 후드티셔츠에 달려있는 모자를 거칠게 잡아당긴다.) 민규: (후드티셔츠의 목 부분에 매어놓은 줄이 목 부분을 자극했는지 '켁켁' 소리를 내며 잠시 기침을 하더니 뒤를 돌아 승원이의 어깨를 주먹으로 때린다.) 승원: (큰 소리로) 선생님, 장민규가 때렸어요. 민규: (승원이를 노려보며 씩씩거린다.)	승원이는 시야를 가리는 민규의 앉는 자세로 인해 불편함을 느꼈으며, 민규에게 의사 표현을 하였으나 정확한 내용으로 자신의 요구를 표현하지 못했다. 오히려 친구의 옷을 거칠게 잡아당기는 행동이 민규를 당황하게 하여 공격행동을 촉발시켰다. 민규는 승원이의 갑작스러운 행동으로 인해 많이 놀랐으며, 당황한 마음을 공격적인 행동으로 표현함으로써 갈등을 심화시키고 있다

누리과정 관련 주요 내용 분석하기	• 사회관계: 나를 알고 존중하기 〉 나의 감정을 알고 상황에 맞게 표현한다. 더불어 생활하기 〉 서로 다른 감정, 생각, 행동을 존중한다. • 의사소통: 듣기와 말하기 〉 자신의 경험, 느낌, 생각을 말한다.
유아의 놀이와 배움 지원하기	• 사회적 갈등상황에 있는 두 유아의 이야기를 들어주고 공감해주기 • 승원이가 친구에게 긍정적인 방법으로 부탁하는 언어를 배워서 사용하도록 지원하기 (상호작용 예: 승원아, 옷을 잡아당기면 민규가 불편하고 기분이 좋지 않대. 민규에게 '민규야, 무릎다리를 하니까 앞이 잘 안보여서 불편해. 아빠다리하고 앉아줄래?' 라고 말하자.) • 민규가 부정적인 마음(감정)을 공격적인 행동이 아닌 긍정적인 언어로 표현하는 법을 배우고 사용하도록 지원하기 (상호작용 예: 민규야, 네가 갑자기 승원이를 때려서 깜짝 놀라고 아팠대. 그러니까 친구를 때리는 것은 안 돼. 때리지 말고 "내 옷을 잡아당기면 목도 불편하고 속상해. 어떻게 하면 좋은지 말로 해줘." 라고 말하자

놀이와 활동의 연계

활동명	문제를 해결해요
활동목표	• 다른 사람의 의견을 존중하고 수용하는 자세로 경청한다. • 갈등상황에서 또래와 협력하여 효과적으로 문제를 해결하는 대안을 찾고 실행한다.
누리과정 관련 내용	• 사회관계: 더불어 생활하기 〉 친구와 서로 도우며 사이좋게 지낸다. 서로 다른 감정, 생각, 행동을 존중한다. • 의사소통: 듣기와 말하기 〉 자신의 경험, 느낌, 생각을 말한다. 상대방이 하는 이야기를 듣고 관련해서 말한다.
활동자료	그림자료 
확장과정	1. 그림(두 유아가 장난감 카메라를 가지고 다투는 상황)을 보면서 어떤 일이 일어났는지에 대해 생각해 보고 이야기한다. -미연이는 왜 카메라가 필요하다고 했나요? 그러면 정수는 왜 카메라가 필요하다고 했나요? -두 사람 모두에게 카메라가 필요한데 교실에는 카메라가 한 대 뿐이네요. 2. 문제해결을 위한 다양한 방안들을 생각해보고 이야기한다. -어떻게 하면 두 친구 모두가 카메라놀이를 할 수 있을까요? (교사는 유아들이 제안하는 다양한 아이디어들을 칠판에 적는다.) 3. 유아들이 제안한 문제해결 대안 하나 하나에 대해 검토한다. -가위바위보를 해서 이긴 사람이 사용하는 방법의 좋은 점은 무엇인가요? -가위바위보 방법의 안 좋은 점도 있을까요? 4. 많은 수의 유아들이 동의하는 해결방안이 무엇인지를 알아본다. -우리가 생각한 많은 방법들 중에서 가장 좋은 방법이 무엇인지를 찾아보기로 해요.

꽃가게 놀이를 해요	사회학습 기술

유아의 경험 들여다보기	경험의 의미 해석하기
유아들(4명)이 색종이로 꽃봉오리 모양을 접고 빨대를 붙여서 꽃을 완성한다. 색종이 꽃이 많이 쌓인 모습을 보더니 채림이가 다른 유아들에게 꽃가게 놀이를 제안한다. 채림: 얘들아 우리 꽃가게 놀이할까? 여기가 꽃가게라고 하자. 난 꽃가게 주인이야. 준서: 난 손님, 꽃 사러 왔대. 라희: (조그만 목소리로) 나도 꽃 사러 갈래. 수영: (채림이를 보면서) 그럼 나는? 나는? 채림: (수영이를 잡아끌며) 너도 꽃 파는 사람이야. 둘이서 주인이야. 손님들 꽃 사러 오세요.~~ 예쁜 꽃 있어요. 준서: 어 그래요? 꽃 주세요. 예쁜 꽃 채림: 어떤 꽃 줄까요? 준서: 음.... 이거 이 빨간 꽃 주세요. 두 개.. 채림: 네~ 알겠어요. 여기요(빨간색 꽃을 두 송이 집어서 준서에게 건넨다. 라희와 수영이는 놀이 상호작용을 시도하지 않고 옆에 서서 채림이와 준서가 놀이하는 모습을 바라보고 있다.	유아들의 꽃 만들기 놀이가 자연스럽게 꽃가게 놀이로 연결되었다. 채림이와 준서가 놀이를 주도하고 있으며, 수영이와 라희는 놀이에 흥미를 보이고 있으나 소극적인 모습으로 놀이를 지켜보는 중이다. 채림이와 준서는 분명한 역할을 맡아서 놀이에 참여하고 있으나 수영이와 라희는 적당한 역할을 찾지 못하여 놀이에 자연스럽게 끼어들지 못하고 있는 모습이다. 또한 꽃가게에 대한 지식의 한계로 인해 손님 역할 유아가 꽃을 달라고 하면 그 꽃을 내어주는 식으로 단순한 내용의 놀이상호작용이 반복되고 있다.

누리과정 관련 주요 내용 분석하기	• 사회관계: 사회에 관심가지기 〉 내가 살고 있는 곳에 대해 궁금한 것을 알아본다. • 의사소통: 듣기와 말하기 〉 상대방이 하는 이야기를 듣고 관련해서 말 한다. • 예술경험: 창의적으로 표현하기 〉 다양한 미술 재료와 도구로 자신의 생각과 느낌을 표현한다.
유아의 놀이와 배움 지원하기	• 꽃가게 놀이에 필요한 공간 및 놀이자료 지원해주기 -놀이공간의 넓이를 적합한 크기로 확보해주기 -꽃가게 놀이를 하는데 필요한 자료가 더 있는지를 유아들과 협의하여 제공해주기 • 놀이 속에서 각각의 유아들이 필요한 역할을 맡아서 놀이할 수 있도록 돕기 -이 꽃가게에서 꽃을 포장해주는 사람은 누구인가요? • 놀이 스토리가 보다 구체적이고 풍성하게 이어지도록 필요한 질문하기 -누구에게 꽃을 선물하려고 하나요? -이 꽃은 한 송이에 얼마인가요? • 꽃가게 놀이가 지속적으로 발전하고 확장되어갈 수 있도록 꽃가게 견학을 통해 필요한 지식(정보) 습득 돕기

놀이와 활동의 연계

활동명	꽃가게 견학
활동목표	• 꽃가게에서 일하는 사람들이 하는 일에 대해서 궁금한 점을 알아본다. • 견학을 할 때 지켜야 할 약속이 무엇인지 알고 실천한다.
누리과정 관련 내용	• 사회관계: 사회에 관심 가지기 〉 내가 살고 있는 곳에 대해 궁금한 것을 알아본다. • 의사소통: 듣기와 말하기 〉 말이나 이야기를 관심 있게 듣는다. • 자연탐구: 생명과 자연환경을 소중히 여긴다.
활동자료	유아들이 각자 만든 질문 기록지, 견학장소 사진
활동과정	<사전활동> 꽃가게 견학을 가서 질문하고 싶은 내용을 기록하기 1. 모임자리에 모여 앉아서 견학가기 전 준비사항을 확인한다. -오늘 어디로 견학을 가기로 했었는지 기억하고 있나요? (견학장소 사진을 보면서) 오늘 우리는 ○○화원으로 견학을 가기로 했지요. -꽃가게에서 일하시는 분에게 궁금한 것을 여쭤보기로 했었지요? -어떤 질문을 할지 기억해서 말해줄 수 있나요? 2. 견학을 즐겁고 안전하게 잘 다녀오기 위해서 지켜야 할 약속을 생각하여 말한다. • 교실에서 버스 타는 곳까지 이동할 때: 앞을 잘 보고 걸어서 이동하기 • 버스에 승하차할 때, 버스에 타고 있는 동안 -앞쪽과 발밑을 보면서 천천히 오르내리기 -안전벨트 꼭 하기 -창문 밖으로 몸 내밀지 않기 • 견학장소에서 지켜야 할 약속 -꽃에 몸이 닿지 않도록 조심해서 이동하기 -꽃가게에 있는 꽃이나 물건들은 눈으로만 보기 -조용히 말하고, 친구와 장난치지 않기 4. 꽃가게로 이동한다. 5. 꽃가게에 도착하면 꽃가게에서 일하시는 분들과 인사를 나눈다. 6. 안내에 따라서 꽃가게 돌아보기를 한다.

7. 꽃가게에 대해 궁금한 것에 대해 알아본다.

질문 목록 예	
• 꽃가게의 이름은 무엇인가요? • '화원'이란 말은 무슨 뜻이에요? • 어떤 꽃들이 있나요? • 사람들이 가장 많이 사가는 꽃은 어떤 꽃인가요? • 꽃가게에서는 어떤 일들을 하나요? • 몇 시에 문을 여나요? 밤에도 일을 하나요? • 이 꽃의 이름은 무엇인가요? • 꽃이 시들지 않게 하려면 어떻게 해야 하나요? • 꽃가게 안은 왜 이렇게 더운 건가요?	• 어떤 때 기분이 좋은가요? • 가장 어려운 일은 무엇인가요? • 어떤 꽃이 가장 비싼가요? • 이 많은 꽃들을 어디에서 가져오나요? • 어떤 꽃을 가장 좋아하나요? • 팔고 남은 꽃은 어떻게 하나요? • 아이들도 꽃을 사러 오나요? • 왜 꽃가게를 하는 건가요? • 어떤 꽃이 가장 좋은 향기가 좋나요?

8. 견학을 마치면 관계자들과 인사를 나눈 후 기관으로 돌아온다.
9. 모임자리에 앉아 꽃가게에서 경험한 것들을 회상하여 이야기 한다.

확장활동

- 꽃가게 놀이: 견학을 통해 새로 알게 된 지식을 반영하기
- 꽃 만들기: 다양한 종류의 꽃을 만들어 놀이에 활용하기
- 꽃 가게 사람들에게 편지쓰기

Chapter 18

놀이와 연계한 사회과학적 지식 증진 활동

구분	지식	기술	태도 및 가치
학습목표	유아의 일상경험과 놀이를 관찰하고 유아의 사회과학적 지식을 증진할 수 있는 활동을 계획하여 지원할 수 있다.		
학습내용	1. 사회과학적 지식 이해 ① 역사 ② 지리 ③ 경제 ④ 사회학 ⑤ 전통문화 이해 ⑥ 다문화 이해 2. 2019 개정 누리과정 사회관계 영역의 교육내용 이해	1. 유아의 일상과 놀이를 관찰하고 의미를 분석하는 능력 2. 유아의 사회과학적 지식 증진을 위한 놀이와 활동을 계획하고 지원하는 능력 3. 유아의 사회과학적 지식 이해를 돕는 효과적인 상호작용 기술	1. 유아와 함께 사회과학적 지식에 관한 탐구과정에 적극적으로 참여하는 태도 2. 유아의 발달과 개별적 흥미를 존중하여 상호작용하는 태도 3. 개별 유아의 사회과학적 지식 관련 경험을 지원하기 위하여 꾸준히 관찰하고 기록하는 태도 4. 수행된 활동에 대해서 반성적으로 평가하는 태도

사회과학적 지식 학습을 위한 활동 범위

- 역사 : 시간, 변화, 과거
- 지리 : 방향과 위치, 장소, 지구환경, 지역, 공간과의 상호작용
- 경제 : 자원의 부족, 생산과 소비, 직업
- 다문화 : 상호의존, 문화적 차이와 유사, 국가 이해
- 사회학 : 가족의 소중함
- 전통문화 이해

내가 태어났어요	역사

유아의 경험 들여다보기	경험의 의미 해석하기
유아들이 교실 벽면에 부착된 아기 사진을 보며 이야기한다. 경민: 이거 나야. 아기 때 찍은 사진 수정: 우와! 정말 작은 아기네. 귀엽다. 아기는 다 작아. (자신의 몸을 가리키며) 지금은 이렇게 큰데. 혜정: 엄마 뱃속에 있을 땐 더 작아. (엄지손가락과 검지손가락을 약간 구부린 듯 펴 보이며) 이만할 걸. 경민: (몸을 작게 웅크리며) 이렇게 조그맣지? 나는 아기야. 아기는 엄마 뱃속에 있어. 아주 캄캄해. 이제 점점 커질 거야. (몸을 천천히 일으켜 세우며) 이제 다 컸다. 제일 커졌어. 수정: 아기는 말을 못해. (몸을 움직이며) 몸으로 말하는 거야. 혜정: 나는 이렇게(두 팔을 들어서 머리의 귀 옆에 붙이고는 껑충 뛰듯이 움직인다.) 경민: (몸을 웅크리고) 나는 아직 안 태어났어. 시작! 이제 밖으로 나가자.	탄생과 성장은 나의 역사를 의미한다. 유아는 시간의 흐름에 따른 자신의 성장과정에 관심을 가진다. 나의 성장은 사회과학적 지식 중 시간의 변화라는 역사의 개념이다. 특히 유아기는 자신의 탄생에 대한 호기심이 높으며 아기였던 자신이 몸과 능력이 자란 것에 대해 뿌듯함을 갖는다. 사회관계 영역의 '나를 알고 소중히 여기기'의 경험이라고 볼 수 있다. 사례의 유아들은 아기 사진을 보고 몸의 크기가 작았는데 현재 얼마나 성장했는지를 비교하는 대화를 나누며 자신의 신체 일부분으로 아기 몸의 크기를 표현하고 있다. 이는 길이에 대한 비교 과정으로 수학적 탐구의 경험을 반영하고 있음을 알 수 있다. 유아들의 대화는 일정한 방향으로 지속되기도 하지만 다양한 관심을 반영하기도 한다. 엄마 뱃속에서의 아기모습과 탄생의 과정을 신체적으로 표현하기도 한다.

누리과정 관련 주요 내용 분석하기	• 사회관계: 나를 알고 존중하기 〉 나를 알고 소중히 여긴다. • 자연탐구: 생활 속에서 탐구하기 〉 일상에서 길이, 무게 등의 속성을 비교한다. • 의사소통: 듣기와 말하기 〉 자신의 경험, 느낌, 생각을 말한다. • 예술경험: 창의적으로 표현하기 〉 신체나 도구를 활용하여 움직임과 춤으로 자유롭게 표현한다.
유아의 놀이와 배움 지원하기	• 유아들이 자신의 성장과정에 관심을 가질 수 있도록 0세부터 현재까지의 사진을 교실의 벽면 또는 책으로 제시하기 • 발달시기에 따른 유아의 놀이와 생활이 잘 드러나 있는 사진을 제시하고 유아들이 자신의 의견을 말할 수 있는 기회를 제공하기 • 유아가 자신의 과거 모습을 회상할 수 있는 의상, 놀잇감 등을 지원하고 유아의 흥미를 관찰하기

놀이와 활동의 연계

활동명	내가 태어났어요
활동목표	• 아기의 탄생과 성장과정에 대한 자신의 생각을 말한다. • 아기의 탄생과 성장과정을 몸으로 표현한다. • 아기의 탄생과 성장과정에 호기심을 가지며 생명의 소중함을 느낀다.
누리과정 관련 내용	• 의사소통: 듣기와 말하기 〉 자신의 경험, 느낌, 생각을 말한다. • 예술경험: 창의적으로 표현하기 〉 신체나 도구를 활용하여 움직임과 춤으로 자유롭게 표현한다. • 신체운동·건강: 신체활동 즐기기 〉 기초적인 이동 운동, 제자리 운동, 도구를 이용한 운동을 한다. • 자연탐구: 자연과 더불어 살기 〉 생명과 자연환경을 소중히 여긴다. • 사회관계: 나를 알고 존중하기 〉 나를 알고 소중히 여긴다.
활동자료	그림책(엄마가 알을 낳았대, 베빗 콜 지음/고정아 옮김. 보림출판), 유아의 성장과정 사진
활동과정	1. 동화의 내용을 회상하여 말한다. - 책에서 엄마와 아빠는 아기가 어떻게 태어난다고 하였지요? - 여러분은 아기가 어떻게 태어났다고 생각하나요? 2. 엄마 배속의 아기의 모습과 태어나는 과정을 상상하여 말한다. - 엄마 배 속의 아기는 어떤 모습을 하고 있을 것이라 생각하나요? - 누가 몸으로 표현해 볼 수 있을까요? - 아기가 태어나는 모습을 함께 표현해볼까요? 3. 아기가 태어나서 점점 성장하는 과정을 몸으로 표현한다. - (아기의 기기 사진을 보고) 아기는 지금 무엇을 하고 있을까요? 어떻게 움직일 수 있을까요? - (돌 사진을 보고) 조금 전의 사진과 무엇이 달라졌을까요? 어떻게 움직여볼까요? - 이 사진 중의 어떤 모습을 표현해보고 싶나요? - 아기가 태어나서 점점 자라서 몇 살까지 자랐을까요? 아기가 자라면 움직임도 달라질까요? - 아기가 점점 자라는 모습을 표현해볼까요? 4. 활동의 과정을 평가한다.

놀이 지원 시 유의점	• 웅크리기, 기기, 걷기, 달리기 등의 다양한 움직임을 표현해보도록 격려한다. • 유아마다 서로 다른 표현을 존중한다.
놀이 연결 및 확장	• 나의 아기적의 몸무게와 키를 소개해요. → 유아들이 아기 적에 입었던 옷과 지금 입고 있는 옷을 제시하여 유아의 성장과 옷의 크기 비교에 관심을 갖는지를 관찰한다. → 전자저울과 키재기 그림을 교실에 비치하여 유아들이 측정도구를 활용하는 방법을 관찰하고 측정 경험을 지원한다. • 나의 태몽을 소개해요. → 가정과 연계하여 유아의 태몽이나 어렸을 적의 경험을 이야기할 수 있는 기회를 제공한다. • 나의 사진을 관찰해요. → 유아의 성장과정 사진을 시간에 대한 개념과 유아 자신의 성장의 역사를 이해할 수 있는 기회를 제공한다. 

보물 찾기	지리

유아의 경험 들여다보기	경험의 의미 해석하기
유아들이 현관의 선물상자를 보고 선물상자가 더 있을 것이라고 말하며 보물에 대한 관심을 보인다. 유경: 선생님, 보물을 어디에 감췄어요? 보물지도가 있으면 당연히 찾을 수 있을 텐데. 민수: 마법사가 보물지도를 줬을지도 몰라. 교사: 왜 보물지도가 있을 거라고 생각했어요? 정훈: 마법사가 어딘가에 뒀을 거예요. 몇몇 유아들은 보물지도를 찾기 위해서 교실을 돌아다닌다. 정훈: (미술영역의 도화지를 가져와서 네모 모양이나 일자의 선을 그린다.) 내 말을 들어봐. 여기는 창문이거든 여기에 보물을 감출 수는 없어. 숨길 데가 없거든, 여기는 책상이니까, 책상 밑에 가 보자. 민수: 내가 만든 지도야. 이 지도를 보고 찾아보자.	 보물은 유아들에게 상상력과 호기심을 주는 소재이다. 보물지도 그리기와 지도 보고 보물찾기는 사회과학적 지식의 지리 관련 경험이다. 사례 속 유아는 스스로 교실의 교구장과 사물들의 위치를 그림으로 표현하여 지도를 만들었다. 공간과 방향에 대한 수학적 경험을 그림으로 표상하는 놀이로 연결되고 있음을 볼 수 있다. 유아들은 상대방의 말을 잘 들어야 보물의 위치를 찾을 수 있으며 서로 협력해야 빨리 찾을 수 있다는 경험을 하고 있다.

누리과정 관련 주요 내용 분석하기	• 자연탐구: 생활 속에서 탐구하기 〉 물체의 위치와 방향, 모양을 알고 구별한다. • 사회관계: 더불어 생활하기 〉 친구와 서로 도우며 사이좋게 지낸다. • 의사소통: 듣기와 말하기 〉 상대방이 하는 이야기 듣고 관련해서 말한다. • 예술경험: 창의적으로 표현하기 〉 다양한 미술재료와 도구로 자신의 생각과 느낌을 표현한다.
유아의 놀이와 배움 지원하기	• 유아들의 선물에 대한 기대와 선물이 숨겨진 위치를 알려주는 보물지도에 대한 관심을 관찰하기 • 선물 찾기에 열중하는 모습을 발견하고 이를 보물찾기 놀이로 지원하기 • 유아 스스로 보물지도를 그리고 숨기는 놀이 활동을 지원하기 • 또는 교사가 보물지도를 제시하고 유아들이 보물을 찾도록 격려하기

놀이와 활동의 연계

활동명	보물을 찾아라
활동목표	• 지도를 보고 숨겨진 보물의 위치를 찾는다. • 다른 유아와 협력하여 보물찾기 놀이에 참여한다. • 보물지도를 찾는 사람을 상상하여 극놀이로 표현하는 과정을 즐긴다.
누리과정 관련 내용	• 자연탐구: 생활 속에서 탐구하기 〉 물체의 위치와 방향, 모양을 알고 구별한다. • 사회관계: 더불어 생활하기 〉 친구와 서로 도우며 사이좋게 지낸다. • 예술경험: 창의적으로 표현하기 〉 극놀이로 경험이나 이야기를 표현한다.
활동자료	선물상자(교실의 구석진 공간이나 교구장 하단 등에 숨긴다.), 보물지도
활동과정	1. 마법사의 보물지도를 관찰한다. - 마법사가 여러분에게 선물을 준다고 했는데, 어디에 있을 것 같아요? - 여기 마법사의 편지를 친구들에게 읽어 줄 수 있나요? - 마법사가 무엇을 주고 갔을까요?(지도) - 지도에서 무엇을 볼 수 있나요? 2. 보물지도를 보고 선물의 위치를 예측하여 말한다. - 지도를 보고 선물이 있는 곳을 찾을 수 있을까요? - 어디에 있을까요? 왜 그렇게 생각했나요? 3. 보물찾기 놀이를 할 때 지켜야 할 약속을 생각하여 말한다. - 친구와 함께 지도를 보고 보물찾기를 할 때 지켜야 할 약속은 무엇일까요? - 보물찾기는 어디에서 할까요? - 보물을 찾은 사람들은 어떻게 할까요? 4. 지도를 보고 보물찾기를 한다. - 이 표시는 무엇을 말하는 것 같아요?(나무) - 나무가 있는 곳은 어디일까요?

5. 보물찾기에 대한 경험을 회상한다.
- 어떻게 빨리 찾을 수 있었나요?
- 무엇을 보고 보물을 찾으러 갔나요?

놀이 지원 시 유의점	• 지도 읽기를 어려워하는 유아의 경우, 교사가 개별적으로 지도의 그림과 글자읽기를 돕는다. • 자유롭게 교실과 유아교육기관의 다양한 공간을 탐색하도록 허용하지만 다른 반의 유아들에게 방해가 되지 않도록 공간과 모이는 시간에 대한 일정한 제한을 정하여 지키도록 한다.
놀이 연계 및 확장	• 보물지도 만들기, 유치원(우리동네) 지도 만들기 → 유아가 선물을 감추고 직접 보물지도를 만들어 볼 수 있다. → 산책을 갔던 우리동네의 공간을 회상하며 지도를 표상할 수 있는 기회를 제공한다. • 우리동네(우리나라, 세계여러나라) 지도 관찰하기 → 지도에 대한 유아들의 흥미를 관찰하고, 여행 경험이 있는 유아들은 지도 위에 여행했던 공간을 표시해보도록 한다. • 마법사와 보물찾기 극놀이 하기 → 보물찾기 놀이가 지속될 경우, 놀이를 위한 소품과 공간을 함께 구성하고 놀이한다. • 마법사의 보물 이야기 짓기 → 유아들의 극놀이 과정을 사진이나 영상을 찍어서 함께 감상하고 새로운 이야기를 짓는다.

시장을 견학해요	경제
유아의 경험 들여다보기	**경험의 의미 해석하기**
언어영역의 그림카드를 책상위에 나열하고 유아들이 놀이한다. 우현: 사과 하나 주세요. 정현: 여기 있습니다. 우현: 감도 주세요. 정현: 여기 있어요. 수영: 돈도 내야지. 우현: 아, 돈은 (빈손을 내밀며)만원이요. 현정: 귤도 주세요. 많이 주세요. 수영: 몇 개 줄까요? 현정: 다섯 개 주세요. 교사: 빵도 좀 주세요. 수영: 빵은 안 팔아요. 여기는 과일가게라 과일만 팔아요. 다음 날 교사는 역할놀이 영역에 가게놀이를 할 수 있는 소품(바구니, 과일모형, 돈)을 준비하고 유아들의 놀이를 관찰하였다. 진영: 과일을 팝니다. 과일 사러 오세요. 현수: 얘들아! 돈도 있어.	유아들은 역할놀이 영역이 아닌 언어영역에서도 가작화 놀이를 할 수 있다. 과일 그림카드를 보고 과일의 이름을 읽는 경험보다는 상상적 놀이 경험을 더 선호할 수 있다. 사례의 유아들도 언어영역의 과일카드를 보고 가게놀이를 하고 있으며 이러한 경험에 경제 관련 개념을 활용하고 있음을 해석할 수 있다. 유아들은 물건을 사려면 돈이 있어야 하며 가게마다 파는 물건이 다르다는 것도 이해하며 놀이에 반영하고 있음을 관찰할 수 있다. 언어영역에서 진행되는 가게놀이에서 유아들은 그림카드 또는 글자를 읽어서 과일의 이름을 말하고 있다. 유아들의 가게놀이에서 언어 경험을 발견할 수 있다. 이 놀이가 잘 지속되기 위해서 유아는 다른 사람과 서로 협력해야 하고 주인과 물건을 사는 사람의 역할에 적합한 말을 할 수 있어야 한다.

누리과정 관련 주요 내용 분석하기	• 사회관계: 사회에 관심 가지기 〉 내가 살고 있는 곳에 대해 궁금한 것을 알아본다. 더불어 생활하기 〉 친구와 서로 도우며 사이좋게 지낸다. • 예술경험: 창의적으로 표현하기 〉 극놀이로 경험이나 이야기를 표현한다. • 의사소통: 듣기와 말하기 〉 상황에 적절한 단어를 사용하여 말한다. • 자연탐구: 생활 속에서 탐구하기 〉 물체를 세어 수량을 알아본다.
유아의 놀이와 배움 지원하기	• 가게 놀이를 할 수 있는 자료(과일모형, 음식모형, 옷, 신발, 쇼핑백, 계산기)를 준비해 주고, 유아들이 어떻게 놀이하는지를 관찰하기 • 놀이참여자가 되어서 돈의 필요성이나 가게마다 파는 물건이 다르다는 것을 생각할 수 있는 기회를 제공하기 • 유아들이 가게 놀이를 더 확장하여 놀이할 수 있도록 하기 위하여 견학활동을 계획하여 지원하기

놀이와 활동의 연계

활동명	시장 견학
활동목표	• 견학을 통하여 가게에서 파는 물건과 일하는 사람에 관심을 갖는다. • 공공장소에서 지켜야 할 예절을 알고 실천한다. • 안전 규칙과 약속을 지켜서 안전하게 견학 활동 과정에 참여한다.
누리과정 관련 내용	• 사회관계: 사회에 관심 가지기 〉 내가 살고 있는 곳에 대해 궁금한 것을 알아본다. • 사회관계: 더불어 생활하기 〉 약속과 규칙의 필요성을 알고 지킨다. • 신체운동·건강: 안전하기 생활하기 〉 안전사고, 화재, 재난, 학대, 유괴 등에 대처하는 방법을 경험한다.
활동자료	견학할 시장(가게)의 지도, 견학 가서 지켜야 할 약속을 적을 종이와 펜, 카메라. 유아들의 명단, 화장지, 비상약, 여분의 옷 등
활동과정	1. 시장견학을 가서 알아 볼 것을 계획한다. - 우리가 왜 시장을 간다고 생각하나요? - 시장견학을 갈 텐데 궁금한 것들을 무엇인가요? - 시장에는 어떤 가게들이 있을까요? 2. 시장의 지도(위치도)를 관찰하고 어떤 순서로 견학할 지 알아본다. 3. 시장 견학을 가서 지켜야 할 약속과 그 이유에 대해 생각해 본다. - 시장에 가서 지켜야 할 약속이 무엇일까요? - 안전하게 견학을 하기 위해 기억해야 할 약속은 무엇일까요? - 시장에서 일하시분과 물건을 사러 온 사람들을 위해 지켜야 할 약속은 무엇일까요? 4. (종이위에) 시장 견학 가서 지킬 일을 말하고 종이에 적어본다. 5. 화장실을 다녀온다. 6. 견학 장소를 간다. 7. 입구에서 다시 한 번 약속을 회상하고 관찰해야 할 사항들을 회상해본다. 8. 시장 안을 둘러본다. - 여기는 무엇을 파는 곳 같아요? - 시장에서 만날 수 있는 사람들은 누구일까요? - 파는 물건 말고도 시장에서 볼 수 있는 것들은 무엇이 있을까요?

	9. (교사가 찍은 사진을 관찰하고)견학에서 본 것을 회상해서 이야기 한다. - 우리가 알고 싶었던 것들은 무엇이었나요? - 시장견학을 통해 알게 된 것이 있나요? 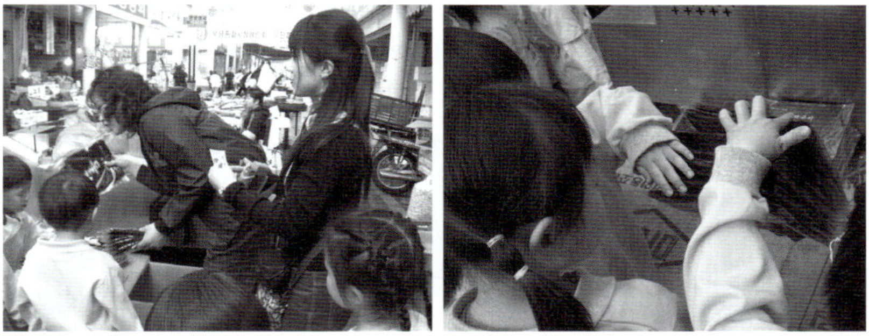 〈유아들의 시장 견학〉
놀이 지원 시 유의점	• 유아들이 견학 가서 알아보고 싶은 내용 중에는 관찰로 해결할 수 있는 것이 있고, 시장에서 일하는 사람들과 인터뷰해야 하는 것이 있다. 유아가 궁금한 것을 직접 질문할 수 있는 기회를 제공한다. • 교사는 교실에서 유아들과 이야기 나누고 싶은 것이 있을 때 사진을 찍어 둘 수 있다.(예: 물건이 진열되어 있는 상태, 판매하는 물건을 알려주는 표지판, 카트를 이용하는 사람들의 모습, 계산대의 바코드 입력하는 기계, 냉장고에 보관된 식품들. 옷걸이에 걸려 있는 상품들 등)
놀이 연계 및 확장	• 블록으로 가게의 상품 진열대, 카트 구성하기 • 가게에서 볼 수 있는 글자와 기호 그리거나 적어보기 • 계산기, 바코드 만들기 • 장보기 계획 세우기

우리 엄마, 우리 아빠	사회학

유아의 경험 들여다보기	경험의 의미 해석하기
유아들이 동화 '우리엄마(앤서니브라운 지음, 그림/웅진주니어 출판)'읽는다. 정민: (그림책을 가리키며) 엄마가 요리사를 하고 싶다고? 수연: 우리 아빠는 요리사 하고 싶었대. 경수: 우리 엄마도 요리사 할 수 있지? 우리 엄마는 우주비행사 하고 싶다고 했어. 하연: 나도 우주비행사 하고 싶다. 경아; 우리 엄마는 슈퍼 엄마야. 하연: 아빠도 슈퍼 아빠지. 그럼, 슈퍼맨처럼 날아다녀야 하지만 걸어 다녀. 수연: 나는 나중에 엄마가 될 거야. 그런데 군인도 될 거야. 우리 엄마는 엄마도 하고, 회사도 다니니까. 교사: 엄마는 언제부터 엄마였을까? (동화책을 펴 보이면서) 여기 봐. 엄마도 꿈이 있었대. 유아들은 교사가 보이는 동화책을 다시 보기 시작한다.	유아들은 그림책을 보다가 자신의 경험이나 생각을 자유롭게 말하고 다른 사람들과 경험을 공유하기도 한다. 유아는 그림책의 이야기를 통하여 부모님도 엄마나 아빠가 되는 것 이외에 다른 꿈을 가질 수 있다는 것에 놀라기도 하고 흥미를 느끼기도 한다. 사회학은 집단 내에서 상호작용하는 사람에 대한 관심으로 유아는 1차적인 사회적 환경인 가족과의 상호작용에 대해서 가장 많은 관심을 가지고 있다. 유아는 자신도 나중에 엄마가 될 수 있고 또 다른 꿈이 있는 것처럼 부모도 그럴 수 있다는 것을 이해하는 기회를 갖게 된다. 또한 이러한 대화의 경험을 통해 유아 주변의 다양한 직업에 대한 이해를 확장하는 기회도 될 수 있다.

누리과정 관련 주요 내용 분석하기	• 사회관계: 더불어 생활하기 〉 가족의 의미를 알고 화목하게 지낸다. • 의사소통: 책과 이야기 즐기기 〉 책에 관심을 가지고 상상하기를 즐긴다. • 의사소통: 듣기와 말하기 〉 상대방이 하는 이야기를 듣고 관련해서 말한다.
유아의 놀이와 배움 지원하기	• 유아들이 동화를 읽고 가족과 부모님의 일에 대해 서로 이야기 할 수 있는 기회를 제공하기 • 유아가 부모의 입장에서 부모가 좋아하는 일, 하고 싶은 일에 대해 생각해 보도록 지원하기 • 부모님의 어린 시절, 부모님의 학창 시절에 대한 사진을 보고 서로 이야기 나누어 보도록 가정과 연계하기

놀이와 활동의 연계

활동명	우리엄마, 아빠가 좋아하는 일
활동목표	• 엄마가, 아빠가 하는 일을 생각하여 말한다. • 엄마와 아빠의 입장에서 엄마와 아빠가 좋아하는 일을 생각해본다. • 자신의 생각을 그림과 몸으로 표현하기를 즐긴다.
누리과정 관련 내용	• 사회관계: 더불어 생활하기 〉 가족의 의미를 알고 화목하게 지낸다. • 예술경험: 창의적으로 표현하기 〉 신체나 도구를 활용하여 움직임과 춤으로 자유롭게 표현한다. 창의적으로 표현하기 〉 다양한 미술재료와 도구로 자신의 생각과 느낌을 표현한다. • 의사소통: 듣기와 말하기 〉 자신의 경험, 느낌, 생각을 말한다.
활동자료	종이
활동과정	1. 엄마, 아빠가 하는 일을 생각하여 이야기 한다. -엄마와 아빠가 어떤 일을 하는지 알고 있나요? 친구들에게 이야기 해 줄 수 있나요? 2. 엄마와 아빠가 좋아하는 일을 생각하여 그린다.  엄마는 그림 그리는 것을 좋아해요.  엄마는 사진찍기를 좋아해요. 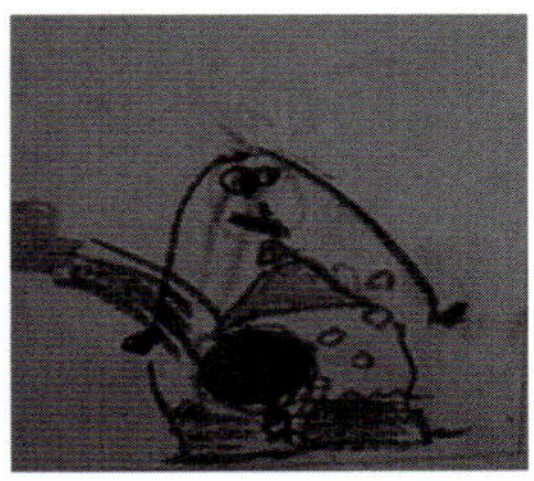 엄마는 운전을 잘해요. 3. 자신의 그림을 친구들에게 소개한다. 4. 그림을 보고 엄마와 아빠가 좋아하는 것을 몸으로 표현한다. 5. 활동 경험을 회상하여 말한다. -엄마, 아빠에 대해 어떤 생각이 드나요?

<table>
<tr><td>놀이 지원 시 유의점</td><td>• 엄마와 아빠의 하는 일이 성의 차이로 인한 고정적 사고를 제시하지는 않는지 검토한다.
• 부모의 현재 하는 일과 부모가 하고 싶었던 일을 상상하여 자유롭게 표현할 수 있는 기회를 제공한다.</td></tr>
<tr><td>놀이 연계 및 확장</td><td>• 가족사진 소개하기
• 가족이 하는 일 그려보기

엄마랑 아빠랑 나랑 어디 여행하는 사진이에요. 누나도 있어요.

아빠는 운동을 잘해서 운동하고 있고, 엄마는 텔레비전 보고 있어요.</td></tr>
</table>

김홍도를 만나요 | 전통문화 이해

유아의 경험 들여다보기	경험의 의미 해석하기
〈일화 1〉 하연이와 경아가 미술영역의 벽면에 붙어있는 김홍도의 '씨름' 그림을 보면서 씨름 흉내를 내고 있다. 하연: 뒷다리 걸기야. 날 잡아 봐. 우리 씨름하자. 경아: (허리는 가리키며) 여기 잡아. 힘 줘! 하연: 애들아, 너희는 구경을 해야 해. 경아: 선생님, (씨름 그림을 가리키면서) 우리 이 그림이랑 똑 같죠. 정민: (서당그림을 보면서) 여기는 공부하고 있으니까, 이제 우리 공부놀이도 하자. 이제 내가 선생님 할까?	하연이와 경아는 김홍도의 작품을 감상하기보다는 그림 속 인물들의 동작을 흉내 내거나 가작화 놀이로 연계하는 것에 더욱 흥미를 가지고 있는 것처럼 보인다. 유아들은 그림을 보고 느낀 점을 말로 표현하기도 하고 몸으로도 재현하면서 자연스럽게 미술의 선과 형태를 탐색한다. 또한 그림을 보고 이야기를 상상하여 가작화 놀이로 재현하기도 한다. 교사는 유아가 성인이 생각하는 미술감상과는 다른 방식으로 그림에 다가가는 것을 이해해야 한다.
〈일화 2〉 하연: ('그림 그리는 아이 김홍도' 책을 가리키며) 여기 봐. 벽에다 그림 그려. 수진: 이름이 김홍도야. 영훈: 옛날 그림 그리는 아인가봐. 정민: 나도 옛날 그림 본 적이 있어. 검은 물감으로만 그리는 거야. 승아: 옛날에는 검은 물감만 있었나보다. 예쁜 색도 없었나봐. 영훈: 옛날에는 원래 검은 물감으로만 그리는 거야. 김홍도처럼 교사는 유아들에게 그림책 '그림 그리는 아이 김홍도(정하섭, 유진희 지음, 보림)'를 읽어준다.	주로 서양화에 대한 경험이 많으며, 서양화의 미술재료를 더 먼저 접해온 유아들에게 화선지, 벼루, 먹은 생소한 미술재료일 수 있다. 유아들은 언어영역의 그림책을 보면서 김홍도라는 화가와 그림에 대한 관심을 보이고 있다. 유아들 간의 대화를 통해 유아들이 옛날 그림에 관심을 가지고 있으며, 서양화와의 차이를 인식하고 있다는 것을 알 수 있다.

누리과정 관련 주요 내용 분석하기	• 사회관계: 사회에 관심 가지기 〉 우리나라에 대해 자부심을 가진다. • 의사소통: 책과 이야기 즐기기 〉 책에 관심을 가지고 상상하기를 즐긴다. • 의사소통: 듣기와 말하기 〉 상대방이 하는 이야기를 듣고 관련해서 말한다. • 신체운동 · 건강: 신체활동 즐기기 〉 신체 움직임을 조절한다.
유아의 놀이와 배움 지원하기	• 미술영역에 서양화와 동양화를 함께 전시하여 비교할 수 있는 기회를 제공하기 • 그림 외에도 전통 가옥, 전통의 의상에서 색과 무늬, 선을 발견할 수 있도록 지원하기 • 옛날 사람들의 생활을 담은 그림을 보고, 옛날 사람들의 의상과 생활에 대한 유아의 경험과 느낌을 자유롭게 표현해 보도록 하기 • 다양한 미술재료를 탐색하고 자유롭게 사용할 수 있도록 미술영역에 준비하기

놀이와 활동의 연계

활동명	김홍도와 만나요
활동목표	• 이야기를 듣고 김홍도에 대해 느낀 점을 이야기 한다. • 김홍도의 생활과 작품에 관심을 갖는다. • 옛날의 그림감상을 즐기는 마음을 가진다.
누리과정 관련 내용	• 사회관계: 사회에 관심 가지기 〉 우리나라에 대해 자부심을 가진다. • 예술경험: 예술 감상하기 〉 우리나라 전통 예술에 관심을 갖고 친숙해진다. • 의사소통: 듣기와 말하기 〉 자신의 경험, 느낌, 생각을 말한다. 듣기와 말하기 〉 상대방이 하는 이야기를 듣고 관련해서 말한다.
활동자료	  • 김홍도의 그림 (안산시청, https://www.iansan.net/ansan/event/DanwonKimHongDo.jsp?menuId=01003038) (국립중앙박물관, http://www.museum.go.kr/site/main/home) • 동화 '그림 그리는 아이 김홍도(정하섭, 유진희 지음, 보림 출판)' 등
활동과정	1. '그림 그리는 것을 좋아하는 아이 김홍도(정하섭, 유진희 지음, 보림 출판)' 이야기를 회상한다. -김홍도는 무엇을 하는 사람인가요? -어린 시절 김홍도가 좋아하는 것은 무엇이었을까요? 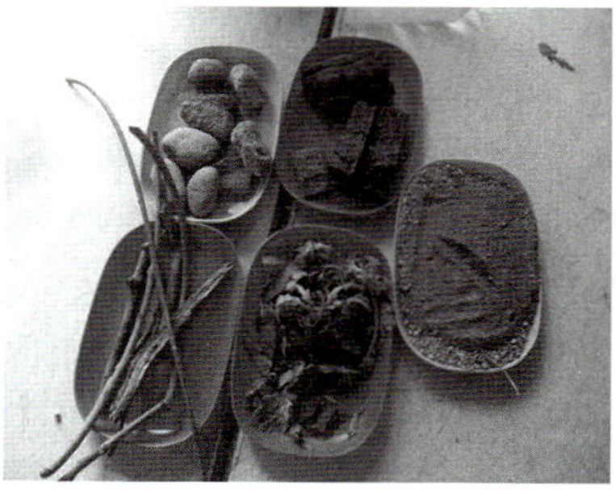 자연물을 관찰해요.  땅 위에 그려봐요.

활동과정

2. 김홍도가 사용한 자료로 그림을 그려본다.
 -종이를 살 수 없었던 김홍도는 주로 어디에다 그림을 그렸나요? 무엇으로 그림을 그렸나요?
 -김홍도가 땅에 무엇으로 그림을 그렸을까요?
 -나뭇가지, 돌, 나뭇잎 중에서 무엇으로 그림을 그려보고 싶어요?
3. 나뭇가지와 돌, 나뭇잎으로 그린 그림을 소개한다.
4. 김홍도의 작품을 감상하고 미술재료를 관찰하여 이야기해본다.
 -그림을 그리고 싶어 하는 김홍도에게 외삼촌은 무엇을 선물로 주나요?
 -외삼촌이 주신 먹으로 그린 그림을 보니 어떤 느낌이 드나요?
 -무엇을 하고 있는 그림인 것 같은가요?
 -우리가 사용하는 미술재료와 어떤 차이가 있을까요?

5. 옛날의 그림자료를 이용하여 그림을 그려본다.
 -김홍도처럼 그림을 그린다면 무엇을 이용해서 그릴 수 있을까요?

화선지위에 그림을 그려요

6. 유아들의 그림을 감상해요

놀이 지원 시 유의점

- 이야기 읽기와 자연물을 이용한 그림그리기, 화선지와 먹을 이용한 그리기를 며칠에 걸쳐 진행할 수도 있다.
- 김홍도 외에도 전통 음악과 그림을 자주 접할 수 있는 기회를 제공하다.

놀이 연계 및 확장

- 김홍도가 사용한 미술 재료와 우리가 사용하는 미술재료 비교하기
- 동양화와 서양화 비교하기

우리 가족의 음식	다문화 이해
유아의 경험 들여다보기	**경험의 의미 해석하기**
〈일화 1〉 지역사회에서 열리는 프리마켓을 다녀온 수연이가 선생님에게 자신의 경험을 이야기한다. 수연: 선생님, 어저께요. 마켓에 갔었어요. 교사: 어느 마켓을 다녀왔어요? 수연: 프리마켓이에요. 교사: 프리마켓에서 무엇을 했어요? 수연: 소시지도 먹고, 케밥 먹었어요. 현민: 개밥이라고? 수연: 케밥. 고기야. 맛있어. 외국 음식이야. 현민: 피자 같은 거? 주영: 햄버거, 쌀국수도 다른 나라 음식이지? 현영: 우리엄마는 베트남 사람이라서 쌀국수 잘 해.	다문화는 외모와 능력, 서로의 믿음과 문화, 계층이 서로 차이가 있음을 이해하는 능력이다. 유아들은 주변의 다양한 사람들과 만나고 가족들과 지역사회의 축제에 참여하여 다문화 경험을 하기도 한다. 또한 나라와 사람에 따라 서로 선호하는 음식이 다름을 이해할 수 있는 다양한 기회를 갖게 된다. '케밥'과 같이 생소한 이름의 다른 나라의 음식을 접하고 직접 먹어보면서 음식의 다양성을 이해하게 된다. 다문화 가정의 유아는 더 많은 다양한 음식을 접할 수 있는 기회를 가질 것이다.
〈일화 2〉 점심을 먹으면서 유아들이 대화를 나눈다. 민영: 나 스파게티 좋아해. 주영: 나는 김밥. 김밥은 우리 음식이지? 현민: 김치도, 우리 몸에 좋은 음식이야. 현영: 쌀국수도 살도 안찌고 건강한 음식이랬어. 수연: 요리사가 되면 건강한 음식을 만들자. 현민: 그럼, 식당을 만들자. 주영: 외국 사람들도 많이 오는 식당을 만들면 돼. 현민: 우리 밥 먹고 어서 음식 파는 가게를 하는 거야. 음식 축제를 하자.	유아들이 점심을 먹으면서 자연스럽게 다양한 종류의 음식이나 음식과 건강의 관계에 대해 대화를 나누고 있다. 유아들은 다른 나라의 사람들이 먹는 음식이 우리나라 사람들이 먹는 음식과 같을 수도 있고, 다를 수도 있다는 것을 이해하고 이를 놀이로 풀어내고자 하는 것을 엿볼 수 있다.

누리과정 관련 주요 내용 분석하기	• 사회관계: 사회에 관심 가지기 〉 다양한 문화에 관심을 가진다. • 신체운동·건강: 건강하게 생활하기 〉 몸에 좋은 음식에 관심을 가지고 바른 태도로 즐겁게 먹는다. • 의사소통: 듣기와 말하기 〉 말이나 이야기를 관심 있게 듣는다.
유아의 놀이와 배움 지원하기	• 지역사회 축제나 다문화 행사 등 가족, 지역사회와 함께 유아들의 경험을 확장하기 • 다문화 가정의 유아가 있을 경우, 자연스럽게 부모의 나라와 음식에 대해 소개해보도록 하기 • 간식 또는 점심 메뉴로 다양한 음식을 먹을 수 있는 기회 제공하기

놀이와 활동의 연계

활동명	우리 가족의 음식
활동목표	• 세계 여러 나라의 음식에 관심을 가진다. • 고무 찰흙을 이용하여 다양한 음식을 만든다. • 세계 여러 나라의 음식을 말로 소개한다.
누리과정 관련 내용	• 사회관계: 사회에 관심 가지기 〉 다양한 문화에 관심을 가진다. • 예술경험: 창의적으로 표현하기 〉 다양한 미술 재료와 도구로 자신의 생각과 느낌을 표현한다. • 의사소통: 듣기와 말하기 〉 말이나 이야기를 관심 있게 듣는다.
활동자료	음식그림 또는 사진(김밥, 쿠키, 꼬치, 피자, 떡 케이크 등), 고무찰흙, 메뉴판, 음식 미니어처, 가족인형(다양한 가족 구조를 반영하는 가족 막대 인형)  음식 미니어처  메뉴판  가족 인형
활동과정	1. (음식그림 또는 사진) 우리 가족이 좋아하는 음식을 소개한다. -음식 그림이나 사진 중에 여러분의 가족이 자주 먹는 음식이 있어요? 2. 다문화가족이 좋아하는 음식에 관심을 갖는다. -(쌀국수 사진을 보고) 이 음식을 먹어 본 적이 있나요? -누가 이 음식을 많이 먹을까요? -(피자 그림 또는 미니어처를 보고) 피자를 자주 먹는 나라의 사람들도 있을까요? 2. 세계 여러 나라의 가족들이 먹을 수 있는 음식 만들기를 한다. -다른 나라의 사람들을 초대하여 밥을 먹는다면 어떤 음식을 만들어야 할까요? -고무찰흙으로 음식을 만들 수 있을까요? 3. 유아들이 만든 세계 여러 나라의 음식을 소개한다. 4. 세계 여러 나라 사람들을 초대할 수 있는 밥상을 차린다.
놀이 지원 시 유의점	• 개인적으로 좋아하는 음식이 다를 수 있으며, 각 나라마다 먹는 음식이 차이가 있다는 것에 관심을 갖도록 한다.
놀이 연계 및 확장	• 여러 나라의 이야기 듣기 • 다른 나라의 노래와 놀이 경험하기

참고문헌

고진영 (2004). 발달단계별 자아개념 측정도구의 개발 및 타당화 연구. 숙명여자대학교 대학원 박사학위 논문.

교육과학기술부 (2008). **유치원 지도서 9**. 우리나라. 서울: 두산동아출판.

교육과학기술부 (2008). **유치원교육과정 해설(1) 총론**. 서울: 교육과학기술부.

교육부 (1992). 3세아 교육활동자료.

교육부 (1998). **유치원교육과정 해설**. 대한교과서 주식회사.

교육부 (2000). **총론, 유치원 교육 활동자료 1**. 대한교과서주식회사.

교육부 (2019). **2019 개정 누리과정 고시문**. 세종: 교육부.

교육부, 보건복지부(2019). **2019 개정 누리과정 해설서**. 세종: 교육부.

교육인적자원부 (2005). 유아를 위한 환경보전 교육활동자료. 서울: 교육인적자원부.

교육인적자원부 (2007). 2007년도 다문화가정 자녀 교육지원 계획.

교육과학기술부, 보건복지부 (2013). 3~5세 누리과정 해설서. 교육과학기술부 · 보건복지부.

구광현, 이희경 (2002). **유아사회교육**. 서울: 동문사.

구미향 (1999). 영아기 애착 관련 변인과 모성 행동 특성 분석. 성균관대학교 대학원 박사학위 논문.

구수연 (2008). 또래관계 형성을 위한 2세아의 사회적 적응. **열린유아교육연구**, 10(3), 27-55.

구재선, 김혜리, 이수미, 고숙남, 최현옥 (2006). 마음이론에 대한 다학문적 연구: 진화적 관점: 6세 이후의 마음상태 읽기 능력 발달. **한국심리학회 연차학술발표대회논문집**, 160-161.

국가청소년위원회 (2007). **미디어와 함께 건강하게 살아요**. 서울: 국가청소년위원회.

김경옥 (2004). 유아의 성역할 사회화에 관한 문화기술적 연구: K어린이집을 중심으로. 창원대학교 대학원 박사학위 논문.

김광웅, 방은령 (1996). **아동발달**. 서울: 형설출판사.

김미숙 (2006). 영아학급에서의 일상적 우정의 형성과정. **열린유아교육연구**, 11(6), 153-175.

김숙령 (2004). 아동의 사회 · 정서적 발달에 대한 애착의 임상적 의미. **한국영유아보육학**, 37, 171-194.

김영숙 (1997). 유아의 자아존중감에 영향을 주는 가정환경의 제 변인. 동국대학교 대학원 박사학위 논문.

김영옥, 엄정애, 최윤정, 박경희 (2003). **유아사회교육의 통합적 운영**. 서울: 창지사.

김영옥, 홍혜경 (1998). 유아의 소비생활 인식과 경제교육을 위한 교육과정 모색. **한국아동학회 춘계학술대회**, 41-63.

김영희 (1998). 유아의 자아개념과 적응과의 관계. **미래유아교육학회지**, 5(1), 215-234.

김용선, 강만철 (1987). 교육과정과 교육평가. 서울: 동문사.

김유미 (2007). 유아의 정서발달에 대한 뇌 과학적 고찰. 열린유아교육연구, 12(1), 167-184.

김윤하 (2006). 유아의 또래인기도에 따른 자아개념 및 사회적 기술에 관한 연구. 인제대학교 교육대학원 석사학위 논문.

김지영 (1994). 유아교육기관에서의 측정 및 평가 도구의 활용 실태와 교직원의 요구조사. 한국어린이육영회.

김지은 (1996). 캐롤 길리건의 배려 윤리의 도덕성 정당성에 대한 연구. 연세대학교 교육대학원 석사학위 논문.

김희태 (2004). 상호적인 친구관계 유아들의 사회적 상호작용에 관한 질적 연구. 미래유아교육학회지, 11(1), 25-48.

나 정, 박찬옥, 정미라 (1996). 유치원 생활기록부 전산화를 위한 기술 양식개발연구. 한국교육개발원.

노서연 (2003). 어머니의 부모역할 만족도 및 아동의 정서조절능력과 사회적 유능성의 관계. 연세대학교 대학원 석사학위 논문.

명승화 (2008). 유아의 배려지향적 도덕성과 성역할 정체감에 관한 연구. 건국대학교 대학원 박사학위 논문.

모경환 (2009). 한국사회와 다문화교육의 현황과 과제, 세계화 · 다문화 사회 그리고 교육. 2009 한국다문화교육학회 국제학술대회 발표집.

문용린 (1990). "민주 시민 생활화를 위한 유아교육방향" 유아기의 민주 시민교육방향세미나 인간발달연구소.

문정화, 나귀옥, 박경빈, 오선영, 김은영 (2008). **아동발달**. 서울: 파란마음.

박낭자, 고진영 (2006). 유아의 자아개념과 사회지능과의 관계 분석. **영유아교육연구**, 9, 193-218.

박병춘 (1995). 도덕교육에서의 도덕성 성숙의 근거 연구: 길리간의 보살핌의 윤리를 중심으로. 서울대학교 대학원 석사학위 논문.

박성연 (2006). **아동발달**. 서울: 교문사.

박성연, 전춘애, 한세영 (1996). 아동과 어머니의 기질 및 어머니의 양육스트레스에 따른 양육 행동에 관한 연구. **대한가정학회지, 34**(4), 203-215.

박응임 (1995). 영아-어머니간의 애착유형과 그 관련 변인. **아동학회지, 16**(1), 113-131.

박찬옥 (1999). 유아교육과정의 구성. **유아교육과정**. 서울: 정민사.

박찬옥, 김영중, 황혜경, 엄정례, 조경서 (2001). **유아사회교육**. 서울: 정민사.

박찬옥, 이경미, 장명림 (2007). 유치원 교육과정 사회생활 영역의 개정방향 탐구. **유아교육연구**, 27(1), 97-122.

박혜란 (2008). 5세 유아의 우정 형성과 유지과정 탐구. 부산대학교 교육대학원 석사학위 논문.

박화윤, 안라리 (2006). 만 3, 4, 5세 유아의 연령별 사회적 능력과 정서조절전략의 관계. **유아교육연구**, 26(4), 351-369.

방인옥 (1992). John Dewey의 교육철학이 한국 유치원 교육과정에 미친 영향. 중앙대학교 대학원 박사학위 논문.

방인자 (2008). 유아기의 도덕교육 함양 방안. **교육연구논총**, 29(2), 87-104.

방희정 (2009). 애착 연구를 통해 본 부모역할에 대한 비판적 고찰. **한국심리학회지: 여성**, 14(1), 67-91.

배호순 (1997). 포트폴리오 평가에 관한 분석적 고찰. **한국교육평가 연구회 학술 세미나 논문집**, 80-125.

백미애 (2002). 부모의 정서표현에 따른 유아의 감정조망수용능력과 감정 조절 능력. 이화여자대학교 대학원 석사학위 논문.

보건복지가족부 (2008). 보육프로그램 총론. 육아정책개발센터.

새세대육영회 (1988). 새세대 어린이를 위한 종일제 프로그램 1. 유치원과 나, 봄.

서동미, 엄은나, 이혜경, 박성희 (2013). 유아교과교육론. 파주: 공동체.

서영숙 (1987). 국민학교 아동의 성역할 고정관념의 발달적 경향과 성평등 역할교육에 따른 변화. 숙명여자대학교 아세아 여성 문제 연구소 논문집. **아세아 여성연구**, 25.

서울특별시교육청 (1991). 유치원 교사용 지도서. 기본생활습관지도.

서은주, 박랑규 (2007). 마음이론과 실행기능 발달과의 관계. **놀이치료연구**, 10(1), 73-87.

서태열 (2002). 지리교과서 내용구성에서 활동중심접근의 의의와 전망. **지리 · 환경 교육**, 10(2), 1-11.

서태열 (2006). 지리교사의 교수행동 및 교수신념에 따른 지리교수유형의 분석. **지리 · 환경교육**, 14(1), 13-30.

서태열 (2007). 영토교육에 대한 이론적 논의 .**대한지리학회 학술대회논문집**, 151-15.

서태열 (2008). **지리교육학의 이해**. 파주: 한울.

성영혜, 윤정희 (2002). 어머니의 양육행동과 아동의 애착 및 사회적 적응과의 관계. **숙명여자대학교 아동연구**, 16(1), 1-31.

손미정 (2007). 아동이 지각한 교사행동과 자아개념 및 학교생활 적응과의 관계. 서강대학교 교육대학원 석사학위 논문.

송명자 (2008). **발달심리학**. 서울: 학지사.

송영주 (2007). 유아의 마음이론과 사회적 능력과의 관계. **한국열린유아교육학회 2007년 추계학술대회 자료집**, 421-435.

송 정, 엄정애 (2008). 만 4세 유아의 사회극놀이에서의 정신상태 용어와 마음이론과의 관계. **유아교육연구**,

28(2), 69-94.

송하나 (2008). 유아의 성과 애착 안정성이 정서 이해에 미치는 영향. **한국심리학회지: 발달, 21**(2), 99-111.

신유림 (2002). 유아의 가작화 놀이에서 정신세계의 표현에 관한 연구. **대한가정학회지, 40**(6), 213-221.

신유림 (2004). 유아의 친구관계 특성에 대한 연구. **유아교육연구, 24**(6), 27-42.

신유림 (2005). 아동의 틀린 믿음 및 정서이해 능력과 인기도 및 친구관계의 관련성. **대한가정학회지, 43**(8), 13-23.

안라리 (2005). 만 5세 유아의 사회적 능력과 정서조절전략. **열린유아교육연구, 10**(2), 61-81.

양옥승, 김영옥, 김현희 ,신화식, 위영희, 이옥, 이정란, 이차숙, 정미라, 지성애, 홍혜경 (1999). **영유아 보육 개론**. 서울: 학지사.

양혜영, 김경미, 정명숙, 차재연, 박은혜 (2007). 마음이해능력이 뛰어난 사람은 사회적 능력도 뛰어난가?: 진화적 관점에서 본 마음이론: 초등학생의 마음읽기 능력과 사회적 능력의 관계. 한국심리 **학회 연차학술발표대회논문집**, 58-59.

오채선, 염지숙 (2004). 유아들의 놀이에 나타나는 우정에 대한 의미 탐색. **열린유아교육연구, 9**(2), 223-247.

오채선, 이석순, 박은미, 이명순, 장혜자, 김영신, 김미애 (2008). **영유아사회교육**. 서울: 파란마음.

유미숙 (1983). 아동의 직업에 대한 성별 고정관념 인식. 경희대학교 대학원 석사학위 논문.

유수경, 정명숙, 송주연 (2008). 그림책 속에 나타난 친구관계 유형과 우정의 의미 탐색. **열린유아교육연구, 13**(3), 39-67.

유은정 (2005). 유아의 우정 개념과 마음의 이론과의 관계에 관한 실험 연구. 성신여자대학교 대학원 박사학위 논문.

유효순 (2007). **아동발달**. 서울: 창지사.

유희정 (2002). 동화를 활용한 갈등해결 교수전략이 3세 유아의 또래 간 갈등양상에 미치는 영향. 덕성여자대학교 대학원 박사학위 논문.

윤기영, 성혜자, 김성민, 이정분, 김현식, 최희숙, 장경숙, 박계도, 김영수, 류문숙, 송배란, 허은주, 송석희, 박민자, 손영빈, 이은희 (2008). **(현장 교사들이 풀어 쓴) 유아사회교육**. 파주: 양서원.

이강이, 최인숙, 성미영 (2007). 부모의 정서사회화와 유아의 정서적 발달의 관계. **아동학회지, 28**(3), 187-199.

이경영 (2000). **유아를 위한 사회교육**. 서울: 교육과학사.

이경화, 고진영 (2003). 유아기에서 성인초기의 자아개념 특성에 관한 탐색 연구. **교육심리연구, 17**(1), 257-279.

이미숙 (2003). 성역할 동화를 통한 극화 활동이 유아의 성역할 이해 및 인지능력에 미치는 효과. 전남대학교 교육대학원 석사학위 논문.

이복규 (2003). **한국전통문화의 이해**. 서울: 민속원.

이세나, 이영석 (1999). 유아를 위한 친사회적 프로그램이 유아의 우정개념과 공감능력에 미치는 영향. **아**

동학회지, 21(2), 147-157.

이숙재, 이봉선, 김종선, 이방실 (2006). **연극놀이를 통한 유아 경제 교육**. 서울: 창지사.

이숙재, 이봉선, 이방실, 박정선, 한상경, 김종선 (2006). **유아경제교육을 위한 새로운 접근**. 서울: 성신여자대학교.

이시자 (2008). 마음이론 관련 연구의 동향 분석: 국내 학술지 논문을 중심으로. **미래유아교육학회지, 15**(4), 87-120.

이안님, 문현상 (2001). 어머니의 성격유형과 유아의 자아개념 및 창의성과의 관계. **조선대 생활지도 연구, 21**, 77-94.

이영자, 유효순, 이정욱 (2001). **주제중심의 통합적 접근방법에 의한 유아사회교육**. 서울: 교문사.

이영자, 이기숙, 이정욱 (2004). **유아교수 · 학습방법**. 서울: 창지사.

이영환 (1993). '낯선 상황에서 영아의 아버지에 대한 애착 유형. 경희대학교 대학원 박사학위 논문.

이원영, 김효숙 (2006). 어머니의 자녀친구관계 관리전략과 유아의 친구관계간의 관계. **유아교육학논집**, 10(1), 79-98.

이원영, 박찬옥, 노영희(1992). 유아의 사회성 발달을 위한 프로그램 개발 연구, 한국어린이육영회연구비지원연구.

이위환, 권용신 (2006). 아동의 자아개념에 관한 연구. **아동교육**, 15(1), 267-278.

이윤옥 (2003). 또래 문제해결 프로그램의 개발 및 효과 연구. **유아교육학논집**, 7(2), 333-357.

이은해 (1985). **아동연구방법**. 파주: 교문사.

이은해 (1995). **아동발달의 평가와 측정**. 파주: 양서원.

이은화, 김영옥 (2008). **유아사회교육**. 파주: 양서원,

이인재 (2005). 사회인지적 영역이론에 근거한 도덕과 교수학습 자료의 개발 방향. **교육과정평가연구, 8**(2), 197-221.

이정환, 박은혜 (1995). 교사들을 위한 유아관찰 워크북. 한국어린이육영회.

이정희 (1993). 취업모와 자녀 간 애착 안정성과 관련 변인간의 관계. 연세대학교 대학원 박사학위 논문.

이주혜 (1981). 유아의 낯가림 및 격리불안과 어머니의 양육태도와의 관계. 성균관대학교 대학원 석사학위 청구논문.

이혜경 (2007). 유아의 포괄적 공간능력 증진 프로그램 구성 및 적용. 중앙대학교 대학원 박사학위 논문.

이혜연 (2004). 창의성과 자아개념 그리고 도덕성의 관계. 성균관대학교 대학원 석사학위 논문.

이희승 (1982). **국어대사전**. 서울: 민중서림.

장미자 (1998). 애착의 세대 간 전이- 어머니의 내적 실행 모델과 영아의 애착유형. 경희대학교 대학원 박사학위 논문.

전선영 외 3인 (2001). **유아교사를 위한 교수매체의 이론과 실제**. 서울: 창지사.

전우경 (2001). 영아의 애착 증진을 위한 부모교육 프로그램의 구성 효과. 중앙대학교 대학원 박사학위 논문.

정대현, 장지영 (2009). 다문화 교육에 대한 유아교사의 신념과 실제. **유아교육학논집, 13**(1), 309-328.

정명숙 (2007). 유아가 지각한 부모와 교사의 기대에 따른 유아의 자아개념의 차이. **유아교육학논집, 11**(2), 47-64.

정옥분 (2004). **발달심리학- 전생애 인간발달**. 서울: 학지사.

정옥분 (2008). **아동발달의 이해**. 서울: 학지사.

정인수 (2005). 우화를 활용한 교육활동이 유아의 우정개념에 미치는 영향. 한국교원대학교 교육대학원 석사학위 논문.

정인숙, 유영금, 강인숙, 정태근 (2008). **아동발달의 이해**. 서울: 태영출판사.

조성연, 이정희, 천희영, 심미경, 황혜정, 나종혜 (2005). **아동발달의 이해**. 서울: 신정.

조순옥, 이경화, 배인자, 이정숙, 김정원, 민혜영 (2002). **유아사회교육**. 서울: 창지사.

조한무 (1999). **수행평가를 위한 포트폴리오 평가**. 서울: 교육과학사.

조희숙 외 9인 (1997). **아동발달심리**. 서울: 학지사.

차경수, 정문성, 구정화 (1997). **유아사회교육**. 파주: 교문사.

최기영, 우수경 (2001). 유치원 교사의 정서표현성에 관한 연구. **유아교육연구**, 21(4), 455-479.

최순영, 김수정 (1997). **인간의 사회적 · 성격적 발달**. 서울: 학지사.

최은숙 (2003). 유아의 정서조절 능력 향상을 위한 프로그램 개발 및 효과. **미래유아교육학회지, 10**(3), 271-300.

최해훈 (1997). 영아의 애착 유형과 성인의 애착 표상 유형에 대한 연구. 이화여자대학교 대학원 석사학위 논문.

한국브리태니커사 (1982). **브리태니커 어린이 백과사전 5**, 8.

한국유아교육학회 (1996). **유아교육사전**. 서울: 한국사전연구사.

한영미 (2009). 유아의 도덕적 자아와 정서조망수용 및 정서조절 능력의 관계. 이화여자대학교 대학원 석사학위 논문.

허 형 (1998). 우리나라 교육 평가 연구 · 개발의 발전 방향, 교육과정 및 교육 평가 연구 개발의 발전 방향, 한국 교육과정평가원.

홍순정 (1989). **창의적 학급 활동을 중심으로 한 유아를 위한 사회교육**. 서울: 창지사.

홍순정, 최석란, 신은수 (1999). **평화를 사랑하는 어린이: 평화적 갈등해결교육프로그램**. 서울: 학지사.

황희숙, 이희영, 이경화, 이정화, 신경숙 (2008). **아동발달과 교육**. 서울: 학지사.

Ainsworth, M. D. (1989). Attachment beyond infancy. *American Psychologist, 44*(4), 709-716.

Ainsworth, M. D. S., Blehat, M., Waters, E., & Wall. S. (1978). *Patterns of Attachment*. Hillsdale, New Jersey: Erlbaum.

Allport, G. (1952). *The nature of prejudice*. New York: Doubleday Anchor Books.

Arter, J. A. (1990). Understanding the meaning and importance of quarterly classroom assessment. Portland, Oregon: Northwest Regional Educational Laboratory.

Bandura, A. (1977). *Social learning theory*. Englewood Cliffs, New Jersey: Prentice-Hall.

Banks, J. A. (2008). *An introduction to multicutural education* (4th ed.). Allyn & Bacon.

Barclay, K. H., & Breheny, C. (1994). Letting the children take over more of their own learning: Collaborative research in the Kindergarten classroom. *Young Children, 49*(6), 33-40.

Baron, M. A., & Boschee, F. (1995). *Authentic assessment*: *The key to unlocking student success*. Basel.

Barr, R. D., Barth, J. L., & Shermis, S. S. (1997). Defining the social studies. *Bulletin*, 51, Washington: NCSS.

Bee, H. L. (1989). *The developing child* (5th ed.). New York: Harper & Row Publishers.

Bem, S. L. (1974). The measurement of psychological androgyny. *Journal of Consulting and Clinical Psychology*, 42, 155-162.

Bem, S. L. (1978). Beyond androgyny: Some presumptus prescriptions for a liberated sexual identity. In J. A. Sherman & F. L. Denmark(Eds.), *The psychology of woman*: *Future directions in research*. New York: Psychological Dimensions.

Bem, S. L. (1989). Genital knowledge and gender constancy in preschool children. *Child Development, 60*, 649-662.

Berti, A., & Bombi, A. (1988). *The child's construction of economics*. Cambridge: Cambridge Univ. Press.

Borker, H. (1971). Interpersonal perception of young children. Egocentrism or empathy? *Developmental Psychology*, 5, 263-269.

Bowlby, J. (1969). *Attachment and Loss Vol. 2. Attachment*. New York: Basic Books.

Bowlby, J. (1980). *Attachment and loss: Vol. 3. Attachment*. New York: Basic Books.

Bredekamp, S., & Rosegrant, T. (1995). Reaching potentials: Appropriate curriculum and assessment for young children, *Vol.* Ⅰ. NAEYC.

Brofenbrenner, U. (1989). Ecological system theory. In R. Vasta(Ed.), *Annals of child development*(Vol. 6, pp. 187-249). JAI Press.

Brophy, J. (1990). Teaching social studies for understanding and high-order applications. *The*

Elementary School Journal, 90, 351-419.

Brown, J. R., & Dunn, J. (1996). Continuities in emotional understanding from there to six years. *Child Development, 67*, 789-802.

Bruner, J. (1960). *The process of education*. New York: Vintage books. California State Department of Education (1987). *History social science framework*. Sacramento: Author.

Celkis, R. (1981). Achievement motivation and vocational development theory. (ERIC Document Reproduction Service No. ED 203-244)

Cervantes, C. A., & Callanan, M. A. (1998). Labels and explanations in mother-child emotion talk: Age and gender differentiation. *Developmental Psychology*, 34, 88-98.

Chaoin, J. R., & Messick, R. G. (1999). *Elementary social studies: A practical guide*. Longman.

Coie, J. D., & Dodge, K. A. (1998). Aggression and antisocial behavior. In N. Eisenberg(Ed.), *Handbook of child Psychology*: *Vol. 3. Social, emotional, and personality development*(5th ed., pp. 779-862). New York: Wiley.

Coletta, A. J., & Coletta, K. (1999). *Year'round activities for-year-old children*. Washington, DC: National Research in Education, Inc.

Coopersmith, S. (1967). *The antecedents of self-esteem*. San Francisco: Freeman. Cowan, P. A., Cohn, D. A., Cowan, C. P., & Pederson, J. L. (1996). Parents' attachment history and children's externalizing and internalizing behaviors: Exploring family systems models of linkage. *Journal of Counseling an Psychology*, 64(1), 53-63.

Cowan, P. A., Powell, D., & Cowan, C. P. (1998). Parenting interventions: A family systems perspective. In I. Sigel & A Renninger(Eds.), *Handbook of child psychology: Child psychology in practice* (Vol. 4, pp. 3-72). NY: Wiley.

Craven, R. G., McInreney, V., & Marsh, H. W. (2000). The structure and development of young children's self-concepts and relation to ac academic achievement. Paper presented at the conference of the American Education Research Association, 4, 24-28.

Denham (1998). *Emotional development in young children*. NY: The Guilford Press.

Derman-Sparks, L. (1989). *Anti-bias curriculum: Tools for empowering young children*. Washington, DC: National Association for the Education of Young Children.

Dewey, J. (1944). *Democracy and education*. New York: The Free Press.

Dewey, J. (1966). *Lectures on the philosophy of education*. New York: Reginald D. Archambault, Random House.

Dighe, J. (1993). Children and the earth. *Young Children, 50*(3), 58-63.

Dinwiddie, S. A. (1994). The Saga of Sally, Sammy, and the Red Pen: Facilitating Children's Social Problem Solving. *Young Children, 49*(5), 13-32.

Dunn, J., & Huges, C. (1998). Young children's understanding of emotions within close friendships. *Cognition and Emotion, 12*, 171-190.

Egeland, B., & Faber, E. A. (1984). Infant-mother attachment: Factors related to it's development and changes over time. *Child Development*, 55, 753-771.

Eggen, P., Kauchak , D., & Harder, R. (1979). *Strategies for teachers*. Englewood Cliffs, NJ: Pretice-Hall.

Eisner (1985). *Instructional and expressive objectives, curriculum design*. The Open University Press.

Engle, S. H. (1970). *The future of social studies Education and NCSS Social Education,* Vol. 34, Nov.

Essa, E. L., & Rogers, P. R. (1992). *An early childhood curriculum: From developmental model to apprication*. Delmar Publishers Inc.

Felker, D. W. (1974). *Building positive self-concepts.* Minnesota: Minneapolis Burgess.

Flavell, J. H. (1970). Concept development. In P. H. Mussen(Ed.), *Carmichael's Manual of Child Psychology* (Vol. 1). New York: John Wiley & Sons, Inc.

Flavell, J. H. (1985). *Cognitive development* (2nd ed.). Englewood Cliffs, NJ: Prentice-hall.

Flavell, J. H., Shipstead, S. G., & Croft, K. (1978). Young children's knowledge about visual perception: Hiding object from others. *Child Development, 49*, 1208-1211.

Fraenkel, J. R. (1980). *Helping students think and value: Strategies for teaching the social studies*. Englewood Cliffs,NJ: Prentice-Hall.

Fry-Miller, K. (1982). Energy education: Responding to the nuclear power controversy. *Young Children, 37,* 3-14

Ginsberg, H., & Opper, S. (1979). *Piaget's theory of intellectual development* (2nd ed.). Englewood Cliffs, NJ: Prentice-Hall.

Goldsmith, H. H., & Alansky, J. A. (1987). Maternal and infant temperamental predictions of attachment: A meta-analytic review. *Journal of Consulting and Clinical Psychology,* 55, 805-816.

Goodman, M. (1982). *Race awareness in young children*. Reading, MA: Addison-Wesley. Gross, D., Conrad, B., Fogg, L., & Wothke, W. (1994). A longitudinal model of maternal self-efficacy, depression, and difficult temperament during toddlerhood. *Reasurch in*

Nursing & Health, 17, 207-215.

Hall, N. S. (1999). *Creative resources for the anti-bias classroom.* MA: Addison-Wesley.

Hamilton, C. E. (2000). Continuity and discontinuity of attachment from infancy through adolescence. *Child Development, 71*, 690-694.

Hardwick, S. W., & Holtgrieve, D. G. (1992). *Geography for educators: Standards, themes, and concepts*. Upper Saddle River, NJ: Prentice Hall.

Harter, S. (1982). The perceived competence scale for children. *Child Development, 53,* 87-97.

Harter, S. (1983). Developmental perspectives on the self-system. In E. M. Hetherington(Ed.), *Handbook of child psychology: Socialization, personality, and social development* (Vol. 4). New York: Wiley. (P. H. Mussen, General Editor).

Harter, S. (1988). Developmental precesses in the construction of the self. In T. D. Yawkey & J. E. Johnson(Eds.), *Integrative processes and socialization: Early to middle childhood. Hillsdale, NJ: Erlbaum.*

Harter, S. (2003). The development of self-representations during childhood and adolescence. In M. R. Leary & J. P. Tangney(Eds.), *Handbook of self and identity* (pp. 610-642). New York: Guilford.

Hidi, S. (1990). Interest and its contribution as a mental resource for learning. *Review of Educational Research, 60,* 549-573.

Hills, T. (1992). Reaching potentials through appropriate assessment. In S. Bredekamp & T. Rosegrant(Eds.), *Reaching potentials: Appropriate curriculum and assessment for young children.* NAEYC.

Hinde, R. A. (1983). Etholgy and child development. In M. M. Haith & J. J. Campos(Eds.), *Handbook of child psychology: Vol. 2. Infancy and development psychology.* New York: Wiley.

Howes, D. S. (1983). Patterns of friendship. *Child Development, 54,* 1041-1053.

Howing, P. T., Wodarski, J. S., Kurtz, P. D., & Gaudin, J. M. (1990). The empirical base for the implementation of social skills training with maltreated children. Social Work, 35(5), 460-467.

Huges, C., Dunn, J., & White, A. (1998). Tick or treat? Uneven understanding of mind and emotion and executive function among hard to manage preschoolers. *Journal of Child Psychology and Psychiatry, 39,* 981-994.

Iran-Nejad, A., McKeachie, W. J., & Berliner, D. C. (1990). The Multi-source nature of learning: An introduction. *Review of Educational Research,* 60(4), 509-517.

Irwin, D. M., & Bushnell, M. (1980). *Observational strategies for child study.* New York: Holt, Rinehart and Winston.

Jaggar, A. M. (1985). Introduction and overview. In A. M Jaggar & M. T. Smith-Burke(Eds.), *Observing the language learner 1-7.* Newark, D.E.: International Reading Association.

Jalongo, M. (1989). Career education. *Childhood Education, 66*(2), 108-115.

Jarolimek, J., & Parker, W. (1993). *Social studies in elementary education* (5th ed.). Upper Saddle River, NJ: Merrill/Prentice-Hall.

Johnson, J. E., Christie, J. F., & Yawkey, T. D. (1999). *Play and early childhood development.* Longman.

Joyce, B., & Weil, M. (1972). *Models of teaching.* Englewood Cliffs, NJ: Prentice-Hall.

Kauchak, D., & Eggen, P .(1980). *Exploring science in the elementary schools.* Dallars: Houghton Mifflin.

Kemple, K. M. (1991). Understanding and Facilitating Preschool Children's Peer Acceptance [microform. Urbana, Illinois: ERIC Clearinghouse on Elementary and Early Childhood Education

Kluge, J. (1971). What the world needs now: Environmental education for young children. *Young Children,* 26(5), 26-32

Kohlberg, L. (1964). Development of moral character and moral ideology. In M. L. Hoffman & L. W. Hoffman(Eds.), *Review of child development research* (Vol. 1). New York: Russell Sage Foundation.

Kohlberg, L. (1966). A cognitive-developmental analysis of children's sex-role concepts and attitudes. In E. E. Maccoby(Ed.), *The development of sex differences.* Stanford, California: Stanford University Press.

Kohlberg, L. (1969). Stage and sequence: The cognitive developmental approach to socialization. In D. A. Goslin(Ed.), *Handbook of socialization theory and research.* Chicago: Rand McNally.

Kostlink, M. J., Whiren, A. P., Soderman, A. K., Stein, L. C., & Gregory, K. (2002). *Guiding children's social development: Theory to practice.* Boston: Thomson Learning.

Lamb, M. E., & Urberg, K. (1978). The development of gender role and gender identity. In M. E.

Lamb(Ed.), *Social and presonality development.* New York: Holt.

Lambert, W., & Klineberg, O. (1967). *Children's views of foreign people: A cross cultural study.* New York: Appleton-Century Crofts.

Lanser, S., & McDonnell, L. (1991). Creating quality curriculum yet not buying out the store. Young Children, 47(3), 4-11.

Lewis, M., & Brooks-Gunn, J. (1979). *Social cognition and the acquisition of self.* New York: Plenum Press.

Lewis, M., Young, G., Brooks, J., & Michalson, L. (1975). The beginning of friendship. In M. Lewis & L. Rosenblum(Eds.), *Friendship and peer relations.* New York: Wiley.

Lillie, D. L., & Sturm, T. M. (1987). *Carolina early learning activities.* Walker & Company.

Mathur, S. R., & Ruthurford, R. B. (1996). Is social skills training effective for students with emotional or behavioral disorders? Research Issues and needs. *Behavioral Disorders, 22,* 21-28.

McAfee, O., & Leong, D. (1997). *Assessing and guiding young children's development and learning.* Allyn & Bacon.

Mead, M. (1970). *Culture and commitment: A study of the generation gap.* New York: The American Museum of Natural History.

Melendez, W. R., Beck, V., & Fletcher, M. (2000). *Teaching social studies in early education.* Albany, NY: Delmar.

Mitchell, L. S. (1934). *Young geographers.* New York: Bank Street College.

Mussen. P. H., Conger. J. J., & Kagan J. (1984). *Child development and personality* (5th ed.). New York: Harper & Row.

Myers-Wall, J., & Fry-Miller, K. (1984). Nuclear war: Helping children overcome fears. *Young Children,* 39(4), 27-32

National Association for the Education of Young Children.(1996). NAEYC position statement: Responding to linguistic and cultural diversity - Recommendations for effective early childhood education. *Young Children, 51*(2), 4-13.

National Council for the social studies (1989). Social studies for early childhood/elementary school children: Preparing for the 21st century. Washington, DC

NCSS (1989). *Charting a course: Social studies for the 21st century.* New York: Author.

Noori, K. (1995). Understanding others through stories. *Childhood Education, 71,* 134-137.

Parker, J. G., & Asher, S. R. (1994). Friendship and Friendship Quality in Middle Childhood: Links with Peer Group Acceptance and Feelings of Loneliness and Social Dissatisfaction (Annual progress in child psychiatry and child development, 179.

Pederson, D. R., Moran, G., Sitko, C., Campbell, K., Ghesquire, K., & Acton, H. (1990). Maternal sensitivity and security of infant-mother attachment: A Q-sort study. *Child Development, 61,* 1974-1983.

Peterson, C. C., & Siegal, M. (2002). Mindreading and moral awareness in popular and rejected preschoolers. *British Journal of Developmental Psychology,* 20, 205-224.

Piaget, J. (1946). *The early growth of logic in the child* (E. A. Lunzer & D. Papert, Trans.) London: Routledge & Kegan Paul.

Piaget, J. (1965). *The moral judgment of the child.* New York: Free Press.

Piaget, J., & Weil, A.(1951). The development in children of the idea of the homeland and of relation with other countries. *International Social Science Bulletin, 3,* 66-73

Pickens, J., & Field, T. (1993). Facial expressivity in infants of depressed mothers. *Developmental Psychology, 29,* 986-988.

Reese, E., Bird, A., & Tripp, G. (2007). Children' self-esteem and moral self: Links to parent-child conversations regarding emotion. *Social Development, 16*(3), 460-478.

Robert, R., & Aman, C. (1993). Developmental differences in giving directions : Spartial frames of reference and mental rotation. *Child Development, 64,* 1258-1270

Robison, H., & Spodek, B. (1965). *New directions in the kindergarten.* New York: Teachers College Press.

Rokeach, M. (1968). The role of values in public opinion research. *Public Opinion Quarterly, 32,* 550.

Romano, E., Tremblay, R., Boulercie, B., & Swisher, R. (2005). Multilevel Correlates of Childhood Physical Aggression and Prosocial Behavior. *Journal of Abnormal Child Psychology, 33*(5), 565-578.

Rosegrant, T., & Bredekamp, S. (1992). Reaching individual potentials through transformation curriculum. In S. Bredekamp & T. Rosegrant(Eds.), *Reaching potentials: Appropriate curriculum and assessment for young children.* NAEYC vol. Ⅰ.28-42.

Rotenberg, B. (1970). Children's social sensitivity and the relationship to interpersonal competence, intrapersonal comfort, and intellcetuallevel. *Developmental Psychology,* 2, 335-350.

Saarni, C., Mumme, D., & Campos, J. (1998). Emotional development: Action, Communication, and understanding. In W. Damon(Series Ed.), & N. Eisenberg(Vol. Ed.), *Handbook of child psychology: Vol. 3. Social, Emotional, and Personality development* (5th ed., pp. 237-309). New York: Wiley.

Salovey, P., & Mayer, J. D. (1990). Emotional intelligence. *Imagination, Cognition and Personality, 9,* 185-211.

Seefeldt, C. (1992). *Social studies for the preschool-primary child.* Merrill.

Seefeldt, C. (2001). *Social studies for the Preschool/Primary child.* N.J.: Merril Prentice Hall.

Seefeldt, C. (2005). *Social studies for the Preschool/Primary child* (7th ed). Upper Saddle River, NJ: Merrill, Prentice Hall.

Selman, R. L. (1976). Social-cognitive understanding: A guide to educational and clinical practice. In T. Lickona(Ed.), *Moral development and behavior: Theory, research and social issues.* New York: Holt, Rinehart and Winston.

Selman, R. L. (1981). The child as a friendship philosopher. In S. R. Asher, & J. M. Gottman(Eds.), *The Development of friendships.* New York: Cambrige University Press.

Shackelford, R. L. (1996). Student Portfolios: A process/product learning and assessment strategy. *The Technology Teacher,* 55(8), 31-36.

Shaffer, D. R. (1988). *Social and personality development.* Belmont. Califorinal: Wad sworth. Inc.

Shaffer, H. R. (1966). The onset of fear of strangers and the incongruity hypothesis. *Journal of Child Psychology and Psychiatry, 7,* 95-106.

Shantz, C. U. (1983). Social cognition. In J. H. Flavell, E. M. Markman(Eds.), & P. H. Mussen (Series Ed.), *Handbook of child psychology: Cognitive developmet* (Vol. 3). New York: Wiley.

Slaughter, V., Dennis, M. J., & Pritchard, M. (2002). Theory of mind and peer acceptance in preschool children. *British Journal of Developmental Psychology, 20,* 545-564.

Spodek, B. (1973). Needed: A new view of kindergarten education. *Young Children, 49,* 191-197.

Sullivan, M. (1982). *Feeling strong, feeling free: Movement exploration for young children.* Washington, DC: National Association for the Education of Young Children.

Sunal, C. (1990). *Early childhood social studies.* Ohio: Merrill Publishing Company.

Taba, H. (1971). *A Teacher' handbook to elementary social studies.* Addison-Wesley.

Termine, N. T., & Izard, C. E. (1988). Infants'responses to their mothers'expressions of joy and sadness. *Developmental Psychology, 24,* 223-230.

Tierney, R. J., Carter, M. A., & Desai, L. E. (1991). *Portfolio assessment in the reading-writing classroom.* Nutwood, MA: Christopher-Gordon Publishers, Inc.

Valenzuela, M. (1997). Maternal sensitivity developing society: The context urban of urban poverty and enfant chronic undernutrition. *Developmental Psychology, 33*(5), 845-855.

Walsh, H. M. (1980). *Introducing the young child to the social world.* New York: Macmillian.

Walsh, H. M. (1984). 이경우, 서영석 (역). 유아를 위한 사회교육. 서울: 교문사.

Washington, V., & Bailey, V. J. (1995). *Project head start.* New York: Gorland Press.

Yarrow, M. R. (1978). Altruism in children. Paper presented at program, *Advance in Child Development Research.* New York Academy of Sciences, New York, October 31.

찾아보기

ㄱ

ㅇ

ㅈ

ㅊ

ㅋ

ㅌ

ㅍ

ㅎ

기타

저 / 자 / 약 / 력

박 찬 옥

중앙대학교 유아교육학과 학사 · 석사 · 박사
전 중앙대학교 부속유치원 원장
현재 중앙대학교 유아교육학과 명예교수
〈저서〉 놀이지도, 유아교육과정, 유아교육개론, 유아를 위한 감성교육 프로그램 외 다수

서 동 미

중앙대학교 사범대학 유아교육학과 학사 · 석사 · 박사
전 신양유치원 원감, 중앙대학교 · 건국대학교 강사
현재 경동대학교 유아교육과 교수
〈저서〉 놀이지도, 통합적 교과운영의 실제, 유아수학교육 외 다수

엄 은 나

중앙대학교 사범대학 유아교육학과 학사 · 석사 · 박사
전 대우유치원 교사, 중앙대학교 · 경인교육대학교 강사
현재 용인예술과학대학교 유아교육과 교수
〈저서〉 영유아교수방법론, 영유아언어교육 외 다수

2019 개정 누리과정을 반영한

유아사회교육 [개정판]

1판 1쇄 발행 — 2016년 8월 25일
2판 1쇄 발행 — 2020년 2월 28일
2판 5쇄 발행 — 2024년 3월 10일

저　　자 – 박찬옥 서동미 엄은나
발 행 인 – 강철원
발 행 처 – 양성원
주　　소 – 경기도 파주시 검산로 173번길 29-12
전　　화 – 031-946-3861(代)
팩　　스 – 031-946-3864
이 메 일 – tnwpub@naver.com
홈페이지 – tnwpub.co.kr
출판등록 – 2015년 8월 31일 제 2015-000211 호

ISBN 979-11-6126-265-9

정가 21,000원

지식과 인재를 양성하는
도 서 출 판　양 성 원

| 개정판 |

2019 **개정** 누리과정을 반영한

유아사회교육

EARLY CHILDHOOD
SOCIAL EDUCATION

93370

9 791161 262659

ISBN 979-11-6126-265-9